terapeuta de bolso

Liberte-se de velhos padrões
e transforme sua vida

terapeuta de bolso

Annie Zimmerman

Tradução de Paula Diniz

intrínseca

Copyright © Annie Zimmerman, 2024
Todos os direitos reservados. Nenhuma parte desta obra deve ser reproduzida, armazenada em um sistema de recuperação ou transmitida de qualquer forma ou por qualquer meio, eletrônico, mecânico, fotocópia, gravação ou outras maneiras, sem permissão prévia do proprietário dos direitos autorais e da editora deste livro.

TÍTULO ORIGINAL
Your Pocket Therapist

COPIDESQUE
João Guilherme Rodrigues

REVISÃO
Juliana Souza
Mariana Gonçalves

DIAGRAMAÇÃO
Victor Gerhardt | CALLIOPE

DESIGN DE CAPA
Jess Hart | Orion Books

CIP-BRASIL. CATALOGAÇÃO NA PUBLICAÇÃO
SINDICATO NACIONAL DOS EDITORES DE LIVROS, RJ

Z66t
    Zimmerman, Annie
        Terapeuta de bolso : liberte-se de velhos padrões e transforme sua vida / Annie Zimmerman ; tradução de Paula Diniz. - 1. ed. - Rio de Janeiro : Intrínseca, 2025.
        320 p.

        Tradução de: Your pocket therapist
        ISBN 978-85-510-1406-6

        1. Saúde mental. 2. Relações interpessoais. 3. Autorrealização (Psicologia). 4. Conduta de vida. I. Diniz, Paula. II. Título.

    24-94426   CDD: 158.1
                                        CDU: 159.947.5

Gabriela Faray Ferreira Lopes - Bibliotecária - CRB-7/6643

[2025]
Todos os direitos desta edição reservados à
EDITORA INTRÍNSECA LTDA.
Av. das Américas, 500, bloco 12, sala 303
22640-904 – Barra da Tijuca
Rio de Janeiro – RJ
Tel./Fax: (21) 3206-7400
www.intrinseca.com.br

SUMÁRIO

Prefácio 7
Introdução 9
Uma observação antes de começar 17

PARTE UM: O SELF
Compreendendo a si mesmo 25
1. Depressão 45
2. Ansiedade 63
3. Trauma, estresse e o sistema nervoso 81
4. Dependência 97
5. Autocrítica 117

PARTE DOIS: RELACIONAMENTOS
Compreendendo os relacionamentos 137

Seção Um: Estar solteiro
6. Ficar sozinho 143
7. Relacionamentos fantasiosos 150
8. Solidão 160

Seção Dois: Em busca de um relacionamento
9. Relacionamentos amorosos 169
10. Química sexual 174
11. Obsessão 183
12. Escolhendo um parceiro 192

Seção Três: No relacionamento
13. Estilos de apego — 209
14. Codependência, limites e o hábito de agradar às pessoas — 229
15. Brigas e comunicação — 253

Seção Quatro: Fora do relacionamento
16. Traição — 265
17. Términos e luto — 280

Conclusão — 295
Recursos — 309
Notas — 311
Agradecimentos — 315

PREFÁCIO

Todas as histórias dos pacientes são fictícias.

Não existe um termo perfeito para se referir a alguém que faz terapia, mas como acho a palavra "cliente" comercial e impessoal, prefiro usar "paciente", pois essa palavra implica um dever de cuidar e um senso de ser cuidado, algo que me parece importante. Para facilitar, então, ao longo do livro adotei o termo "paciente".

INTRODUÇÃO

Estou sentada no sofá em uma sala bem iluminada, olhando para um rosto sábio de olhos inquisidores. Tudo está prestes a mudar. Sinto-me inquieta na cadeira, tão nervosa quanto estaria antes de um primeiro encontro — mas não se trata do tipo de encontro em que alguém envia mensagens sorrateiramente para amigos quando a outra pessoa vai ao banheiro. Na verdade, ninguém sabe que estou aqui. Há uma espécie de vergonha em contar às pessoas, como se elas pudessem achar que, por estar ali, sou louca ou estou despedaçada.

O que me trouxe até aqui não foi um colapso mental. Para dizer a verdade, tenho quase certeza de que está tudo bem com a minha saúde mental. Nem sei bem por que estou aqui. Tudo o que sei é que estou sofrendo e não sei mais o que tentar fazer. Não consigo parar de comer. Não importa a dieta que teste, o novo tipo de exercício que pratique ou o grupo de alimentos que tente cortar, todos os dias exagero na comida até a minha barriga doer. Como sem controle até me sentir mal, até ficar inerte no sofá, quase inconsciente. Eu me sinto prostrada, feia e triste. Sendo bem sincera, acho que a terapia não vai ajudar em nada. Só estou desesperada.

Já tentei de tudo. Procurei no Google, baixei um aplicativo de mindfulness; comecei a fazer ioga; adotei a prática do pensamento positivo; escrevi em um diário da gratidão; trabalhei com mais afinco para me distrair; falei só de comida; parei por completo de falar de comida. Parei de ingerir açúcar; escrevi bilhetes de advertência para mim mesma; mantive o chocolate longe de casa; deixei de comer fora com amigos; contei até dez; contei até cem; fiz três refeições por dia; fiz cinco; não fiz nenhuma refeição. Por vezes, algumas dessas coisas ajudavam um pouco, mas o problema sempre voltava.

Não faço ideia da causa do meu sofrimento; só sei que não consigo parar.

Olho para esta mulher que me ouviu divagando a meu respeito durante uma hora e pergunto: "E aí, o que tem de errado comigo?"

"Você parece estar sofrendo muito", diz ela. "Vamos tentar resolver isso juntas."

Combinamos de nos encontrar uma vez por semana. Então eu saio me sentindo insegura e cética de que isso vá ajudar, mas, pela primeira vez em muito tempo, tenho uma pontinha de esperança de que as coisas possam melhorar.

Alguns meses mais tarde, me vejo com dificuldade para falar. Meus olhos estão marejados. Meu corpo grita comigo para não permitir que ela me veja chorar, mas respiro em meio à dor e deixo uma lágrima cair. Olho para ver se ela não está irritada; ela assente em uma espécie de incentivo. Estou contando algo do meu passado que até então nunca havia falado para ninguém. Eu tinha 7 anos, e gritavam comigo sem eu entender muito bem por quê. Para me sentir melhor depois desse episódio, recorri à despensa. Foi quando aprendi a usar a comida como forma de me confortar.

Ao longo de muitos meses, conversamos a respeito de tudo, exceto de comida. Acontece que as razões pelas quais comecei a terapia não têm absolutamente nada a ver com as coisas sobre as quais acabei conversando. Falo dos meus pais, da minha irmã, de namorados, das garotas más da escola. Falo dos meus desejos, das coisas de que tenho medo, de como me sinto em relação a mim mesma. No entanto, de alguma forma, sem nunca falar de fato a respeito da comida, o problema muda. Eu não estou apenas falando, também estou chorando, com raiva, com inveja, envergonhada, humilhada, solitária e profundamente triste. Antes disso, teria dito que estava bem (que, no geral, sou uma pessoa feliz). Agora, percebo que estou inundada de sentimentos.

Mais tarde, saio da sessão e a já conhecida vontade de comer me assola. Pego os habituais biscoitos de chocolate no armário, mas me detenho. "Tente perceber o que está acontecendo no seu corpo", ouço minha terapeuta dizer. Há uma pontada de tristeza. Fico com esse sentimento por um tempo e meus olhos marejam. Pisco e uma lágrima cai, e depois outra.

Meu corpo caminha até a cama e agora choro. É uma sensação boa, como uma catarse. Depois de alguns minutos, minhas lágrimas secam e me sinto vulnerável, mas um pouco melhor. Não comi os biscoitos. Eles permanecem no armário, intocados. Um sorriso se abre no meu rosto. Não há nada de errado comigo. Apenas estou muito triste e com raiva, e a comida tem disfarçado toda essa dor. Deitada na cama, a euforia me domina. Eu achava que a comida era o problema, mas percebi que estava comendo para tentar me sentir melhor. A única coisa que estava errada comigo era que ainda não tinha consciência das minhas emoções escondidas.

Foi aí que percebi que a maioria de nós não faz ideia da razão pela qual está em sofrimento. Grande parte dos nossos problemas psicológicos é uma tentativa de lidar com a dor. Os problemas criam um novo tipo de dificuldade em nossa vida, mas sua raiz inicial pode não ter qualquer relação com eles.

Isso não representou o fim da compulsão alimentar, mas foi o começo do fim. E, após vários anos de trabalho árduo, posso afirmar com orgulho que hoje em dia esse problema raras vezes volta a dar as caras. Quando acontece, entendo que é o sinal de uma questão mais arraigada. Nesses momentos, me permito olhar mais a fundo, com a mesma compaixão demonstrada pela minha terapeuta, e a questão mais uma vez desaparece.

Essa percepção inovadora me motivou a me tornar psicoterapeuta. Todas as mulheres da minha família são terapeutas. Sem tirar nem pôr. Minha mãe é terapeuta, minha irmã é terapeuta, todas as minhas quatro tias são terapeutas. Minha avó foi uma das primeiras mulheres do Reino Unido a estudar psicologia na universidade. É seguro afirmar que fui criada em uma seita voltada à terapia.

Portanto, não é de se admirar que eu tenha concluído o doutorado em psicologia e me qualificando para ser psicoterapeuta. Está aparentemente no sangue.

Embora isso às vezes seja muito irritante e torne as reuniões familiares bastante acaloradas, também me forneceu amor e apreço pela condição humana e me proporcionou uma base sólida de compreensão da saúde mental e da forma como a terapia funciona. No entanto, foi apenas fazendo terapia e me tornando terapeuta que entendi o ponto fundamental: a maioria de nós não tem ideia de qual seja o verdadeiro problema.

Na cultura ocidental moderna, tendemos a acreditar que seja nossa consciência está no comando. No entanto, na realidade é nossa inconsciência que comanda o show. Ela determina como reagimos às coisas, por que estamos ansiosos, por que procrastinamos, por que preferimos homens que nos tratam mal, por que garotas que chegam com tudo nos assustam, por que estamos motivados no trabalho, por que não conseguimos dormir, por que somos um amigo solidário, por que nos empanturramos de comida mesmo estando satisfeitos, por que achamos que todos nos odeiam; por que pensamos, sentimos e fazemos qualquer coisa.

Sigmund Freud descreveu a mente como um iceberg: o consciente representa os 10% que vemos, mas tem os outros 90% submersos, que é o inconsciente. E, sim, Freud era um pouco controverso, obcecado por sexo e costumava levar os pacientes para passar feriados com ele (bizarro, certo?), mas teve algumas ideias brilhantes e que continuam consistentes até hoje.

Muitos andam por aí com esses problemões que não conseguem resolver porque não fazem a mínima ideia de sua origem. Na minha prática, vejo muitas pessoas enfrentando dificuldades. Elas sabem que as coisas não estão indo tão bem quanto gostariam, que estão lidando com algumas questões e que desejam mudanças. O que não entendem é por quê ou o que fazer a respeito disso.

O que digo a meus pacientes, e o que é essencial que você entenda, é que não é possível mudar sem chegar à raiz dos problemas. O que *acreditamos* serem os problemas muitas vezes *não são* os problemas propriamente ditos. A comida era um mecanismo de enfrentamento que eu usava para me sentir melhor. Isso entorpecia as emoções mais profundas das quais eu nem tinha consciência. De modo contraintuitivo, a comida era uma solução. Para outras pessoas, outras coisas podem atuar como uma saída (relacionamentos, uso de substâncias, trabalho, autocrítica, ansiedade, depressão).

Os problemas são sinais de que há algo acontecendo por trás. Eles são a ponta do iceberg.

As ferramentas que podem ser aprendidas na terapia, e que você aprenderá neste livro, ajudam o paciente a se voltar para o seu interior e ver o que está acontecendo abaixo da superfície d'água. Não há nada que me dê mais prazer do que testemunhar um paciente ter um momento de revelação, no qual se dá conta de algo em que nunca pensou antes (uma "terapifania", como gosto de chamar). Às vezes, esses momentos de descoberta são um alívio, em geral dolorosos, mas sempre necessários para que ocorra uma transformação profunda.

Como queria muito levar para fora do consultório os insights que as pessoas aprendem na terapia e que transformam vidas, procurei destilar conceitos psicológicos complexos em postagens simples e acessíveis nas redes sociais. Em questão de meses, meu pequeno grupo de seguidores aumentou e passou a contar com centenas de milhares de usuários.

Mal pude acreditar na repercussão das minhas postagens na vida das pessoas.

O que isso me mostra é que elas buscam uma profundidade e querem mesmo compreender a si próprias. Há um movimento cada vez maior, em especial entre os jovens, para nos envolvermos com a saúde mental, além de uma revolução silenciosa que nos afasta da simplificação excessiva rumo à busca da verdadeira autoconsciência. As pessoas anseiam por respostas.

Ao responder às perguntas que mais recebo, por meio do resumo dos fundamentos da psicologia e dos relacionamentos, este livro fornecerá a profundidade que desejamos.

As pessoas buscam terapia por inúmeras razões, mas o que todas têm em comum é a vontade de mudar algo na própria vida. Pode haver centenas de problemas diferentes que queiram resolver, mas fundamentalmente elas se sentem presas e desejam que as coisas melhorem.

Parte do que nos mantém estagnados é que fazemos as perguntas erradas (as que nos impedem de avançar). Uma das primeiras coisas que nos ensinam no curso para se tornar terapeuta é que não existe uma pílula mágica ou uma resposta objetiva que simplesmente afaste os problemas de alguém. Acredite em mim, se existisse uma varinha de condão, eu a usaria. O que está ao meu alcance é ajudar as pessoas a fazer diferentes tipos de pergunta, aquelas que ficam abaixo da ponta do iceberg. E são essas as perguntas que vou responder neste livro.

Nada disso vai substituir a terapia, mas vai oferecer ao leitor os recursos necessários para o autoconhecimento, de modo que possa observar e aprender a respeito de si mesmo. Quando entendemos nossas reações e nossos comportamentos, temos escolha e poder sobre nossas decisões.

Este é o livro que todos precisam ler antes de iniciar a terapia ou qualquer jornada de cura. É o livro que eu gostaria de ter lido antes de começar a minha. Cada capítulo responderá às perguntas que mais me fazem, sejam meus pacientes ou pessoas que estão on-line. O material é repleto de dicas, histórias, exercícios e lições em tamanho digerível e gerenciável que ajudarão a explicar teorias complexas e inacessíveis sobre como se relacionar, como se tornar mais autoconsciente, como se sentir melhor e como melhorar a vida. Porque, embora a terapia possa ser extremamente transformadora, os mestres da nossa mente somos nós. E, quanto mais nos capacitamos com o conhecimento, mais bem-sucedida é a nossa cura.

Existem cinco etapas principais no meu processo para entender emoções e enfrentar o sofrimento:

1. **SEJA CURIOSO:** reconheça qual é o problema, ou seja, aquilo que está sinalizando uma questão mais profunda, e comece a pensar a respeito. Quando o problema se desenvolveu pela primeira vez? Qual poderia ser sua função? Pense em como isso aparece nos relacionamentos e em quaisquer padrões que você observou que continuam surgindo.

2. **COMPREENDA:** aprofunde-se em suas experiências passadas, tornando-se mais consciente de qual pode ser a raiz do problema e por que ele existe.

3. **SINTA:** experiencie as emoções que estão sendo reprimidas. Somos todos ótimos em evitar coisas que não queremos enfrentar, mesmo sem perceber.

4. **AJA:** coloque essa nova consciência em ação, de modo a fazer escolhas diferentes.

5. **REPITA:** observe quando esses padrões voltam a ocorrer, siga essas etapas e, em seguida, note quando

inevitavelmente eles aparecem de novo (e de novo, e de novo e de novo).

Isso pode parecer simples, e de fato é, mas requer repetição e prática, afinal nossa dor inconsciente nem sempre quer ser sentida de imediato. Não quero iludir ninguém dizendo que esse processo de cinco etapas é simples (a terapia é tudo, menos simples). A cura não é um processo linear. Você pode oscilar entre ser curioso e sentir, depois voltar à negação de que existe um problema, partir para a ação, sentir profundamente mais uma vez, fazer uma pausa por algum tempo e depois voltar à questão quando se sentir mais fortalecido. Não há uma forma "certa" de fazer isso. A jornada vai ser diferente para todos, mas esses são os cinco aspectos fundamentais em torno dos quais acho útil ancorar o processo. Portanto, não se assuste se a experiência for uma bagunça. Se algum dia você pensar *"será que estou fazendo do jeito certo?"*, saiba, por favor, que não há certo ou errado (a bagunça significa apenas que você é humano, como todo mundo).

Aqui vou perpassar alguns dos principais fatores que causam sofrimento às pessoas. Nós vamos nos concentrar no *self* (por exemplo: depressão, ansiedade, pensamento obsessivo, dependências, autocrítica) e nos relacionamentos (por exemplo: projeção, o motivo pelo qual não conseguimos superar o(a) ex, como parar de afastar as pessoas, solidão, término de amizade, conversas difíceis). E, ao longo do caminho, vamos aprender a colocar todo esse autoconhecimento em ação, com a ajuda de ferramentas práticas para você começar a compreender por que está sofrendo e o que fazer para sofrer menos.

UMA OBSERVAÇÃO ANTES DE COMEÇAR

Há apenas uma regra de ouro no meu consultório: meus pacientes devem dizer tudo que lhes vier à cabeça. Se tiverem um pensamento estranho, constrangedor ou aparentemente aleatório, eu sempre os encorajo a externalizá-lo. Isso também se aplica a você ao ler este livro. Quero que permita qualquer pensamento, lembrança ou sentimento vergonhoso e bobo que surgir do nada, que você lhes dê boas-vindas e que sinta curiosidade em relação a eles. Talvez até seja bom anotá-los.

Em geral, esses pensamentos aleatórios vêm do inconsciente. São comunicações de uma parte de nós que talvez desconheçamos. Quando prestamos atenção neles, nos tornamos mais conscientes dessas partes que estavam escondidas, mas que provavelmente estão tendo muito mais impacto em nossa vida do que fazemos ideia.

Claro, se o que surgir parecer muito avassalador, é importante observar, ser curioso, mas também talvez seja o caso de fazer uma pausa, se necessário. Se isso desencadear com facilidade algum gatilho, pode ser um sinal de que há algo específico com o qual você tem dificuldade de lidar e que pode exigir ajuda profissional.

Quando alguém entra no meu consultório, não consigo detectar a origem do sofrimento logo de cara. Os pacientes me dizem que muitas vezes se sentem sem energia, que pararam de ter relações íntimas com o parceiro e que têm essas dores de cabeça aleatórias, que têm certeza se tratar de um tumor cerebral. É em situações como essa que ser psicoterapeuta é um pouco como ser um detetive. Eu reúno tais informações e começo a elaborar minhas teorias, com base no que aprendi, a respeito do motivo de alguém ter desenvolvido os mecanismos de enfrentamento de que está me falando, mas, na verdade, não sei o que está acontecendo no interior do paciente. Juntos, nós embarcamos nessa jornada de descoberta.

Assim como no início minha terapeuta não sabia exatamente por que eu comia de forma compulsiva (tivemos que descobrir juntas), eu também estou no escuro quando um novo paciente chega. Então começo fazendo perguntas sobre a vida, a infância, como essa pessoa se tornou o que é hoje.

Ao longo deste livro, quero que você brinque de detetive na própria vida. Tenha curiosidade. De onde podem ter vindo certas crenças? Quais padrões você observa? Há algo que parece se repetir em diferentes partes da sua vida?

Você não pode se curar se não souber o que o despedaçou

As pessoas costumam me perguntar: "Como faço para me curar?", e minha resposta é sempre: "Autoconscientização." A conscientização é o primeiro passo rumo à transformação. Até descobrirmos com o que estamos lidando, não sabemos como ajudar a nós mesmos. Quando estamos cientes do *quê* e do *porquê*, podemos assumir a responsabilidade, desafiar velhos padrões e começar a fazer mudanças conscientes. Sem autoconsciência é penoso mudar.

Lembre-se de que comportamentos, padrões e hábitos têm um propósito, então os desenvolvemos por uma razão ou como um produto de fatos inconscientes reprimidos por nós, em geral desde a infância. Esses sinais são uma oportunidade para uma compreensão mais profunda. Agora é necessário seguir esses sinais e tentar entender exatamente o que está acontecendo.

Vou dar exemplos diversos de pessoas que sofrem com cada questão que descrevo no livro, mostrando o que pode ser a fonte de tais situações, dando algumas dicas sobre como agir e sugerindo métodos. Isso será algo específico de cada um. Embora o problema possa ser semelhante, é possível que a origem seja muito diferente.

Uma pessoa pode sofrer de ansiedade social porque o pai morreu quando ela era pequena. Quando criança, a mente se perguntou irracionalmente se aquilo aconteceu porque ela tinha feito algo (se ele tinha morrido porque ela se comportou mal). Outra pessoa pode ter tido uma mãe crítica que a deixou receosa do julgamento dos outros; uma terceira pode ter precisado cuidar dos irmãos mais novos, mesmo que ainda fosse uma criança, e agora sente que as pessoas estão sempre querendo algo.

Não estou aqui para determinar quais são as razões de seus sofrimentos e dificuldades, pois só você pode saber a causa. Em vez disso, vou fornecer as ferramentas para que você comece a desenvolver mais autoconsciência em torno de seus problemas e alguns caminhos para resolvê-los. Estou aqui com você a cada etapa neste percurso. Vamos começar com um exercício para prepará-lo para a jornada.

— *EXERCÍCIO* —

Quero que você banque o detetive. Ao ler cada seção, preste atenção em como se sente. Percebe alguma agitação no corpo? O coração está acelerado por causa da ansiedade, ou os olhos transparecem uma pontada de tristeza? Se a resposta for sim, deixe o livro de lado e preste atenção na sensação. Dê espaço a ela. Veja o que acontece. Ao ler o livro, mantenha o foco em como se sente... é aí que está a cura.

Anote quaisquer pensamentos, lembranças, sensações estranhas no corpo e sentimentos aleatórios. Essas são todas comunicações inconscientes que podem nos dar mais pistas a respeito do que está acontecendo lá dentro.

Reserve alguns minutos para refletir sobre qualquer coisa que você já tenha notado. Surgiram mais associações? Elas têm relação com algum dos problemas que você está tendo? Alguma nova explicação ou um momento de descoberta?

Se você não está percebendo nada, tudo bem também. Mantenha a mente aberta enquanto examinamos cada seção do livro, note sobre o que pode ficar curioso e investigue o que pode estar acontecendo por trás dos seus problemas.

Ao começar a brincar de detetive, é importante saber que entender a si mesmo não tem relação com ter uma consciência intelectual quanto ao que está acontecendo de errado. Você pode muito bem compreender que odeia confronto porque, por exemplo, sua mãe costumava ser controladora e agressiva, algo que o assustava. Embora este seja um insight importante, ele não mudará esse fato. Se fosse fácil assim, você ficaria curado apenas lendo um livro de desenvolvimento infantil e a terapia duraria só uma sessão — você se sentaria na cadeira, o terapeuta lhe diria que é tudo culpa da sua mãe (o que definitivamente fazemos, às vezes), explicaria que as dificuldades que você está enfrentando são reflexo da forma como atuava quando criança e você sairia de lá sem mais problemas, sem precisar desfalcar a conta bancária.

Infelizmente, não é assim que funciona, porque o que de fato precisa ser compreendido são os sentimentos que foram evitados. Em vez de apenas *saber* que a maldade de sua mãe fez com que você tivesse medo de conflitos, pouco a pouco é preciso se conectar emocionalmente com a forma como isso ressoava na época, com o medo, com suas tentativas de se manifestar. Para fazer mudanças, temos que liberar o que foi reprimido, voltando à sensação de como era ser aquela criancinha.

Compreender a si mesmo não tem tanto a ver com *saber* o porquê, mas sim com *sentir* o porquê.

Sei que isso pode parecer assustador. Também foi assim para mim. Mergulhar no passado e se permitir ficar triste, com raiva ou com medo pode ser a última coisa que alguém queira fazer. Isso pode parecer genuinamente terrível. Eu me lembro de quando comecei a terapia e me desvencilhava das partes difíceis, falava de coisas que eram completamente irrelevantes ou mudava de assunto quando conseguia sentir a agitação de uma emoção ou de uma lembrança dolorosa. Para ser sincera, ainda faço isso às vezes, mesmo sabendo muito bem que não vai me ajudar. O inconsciente fará qualquer coisa para evitar ser vulnerável se ele sentir que algo é ameaçador. Isso é completamente normal.

Pode ser que, em algum momento, você leia algo aqui e fique irritado com alguma coisa ou pense que estou falando bobagem. Seja curioso em relação a isso também, pois acontece com frequência na terapia. Quando um comentário nos afeta, normalmente está atingindo algo em nosso inconsciente que desejamos negar ou evitar. Se for capaz de perceber em vez de reagir, esse pode ser um momento de insight que o ajudará a se entender melhor.

Não tenha pressa. Se você passou a vida toda acreditando que não é seguro sentir certas coisas e, logo em seguida, um terapeuta aparece e lhe pergunta várias vezes como está se sentindo, você não vai de repente dizer: "Claro, vou revelar todas as partes obscuras que pensava que iriam fazer meus pais pararem de me amar, o que sem dúvida acabaria em morte." Não é assim. Mesmo que queira melhorar, e é provável que queira muito que esse profissional saiba exatamente como você está se sentindo, seu inconsciente vai resistir bastante.

É por isso que o processo de terapia pode ser longo: temos que ensinar com delicadeza à nossa parte amedrontada que é, sim, seguro sentir tais coisas. E, para a tristeza de nossa cultura de soluções rápidas, pílulas mágicas e recompensas instantâneas, esse desenvolvimento leva o tempo que for preciso.

Então, ao ler este livro, concentre-se no que está sentindo. E lembre-se: nós estamos tentando *sentir* os sentimentos, em vez de *pensar* neles.

Parte Um:

O SELF

COMPREENDENDO A SI MESMO

A maioria de nós só quer ser feliz. Alva, em especial, quer muito. Ela passou a vida inteira em busca da felicidade, mas, por alguma razão, não consegue encontrá-la. Não consegue precisar por quê (nada na vida dela é tão ruim assim), mas os dias de negativismo se arrastam. O tempo todo ela se vê rolando a tela do celular e jogando *Candy Crush* sempre que pode. Nas reuniões de família, ela se afasta e seus pensamentos giram em torno do fato de que ela está fracassando na vida, de que nada está dando certo e de que tudo é inútil. Às vezes ela se sente feliz (quando dança com os amigos, ri de vídeos bobos, abraça seu gato), mas a negatividade sempre retorna.

Mais uma vez, acorda com um peso no corpo. Antes mesmo de abrir os olhos, ela busca o celular para se preparar para mais um dia de insatisfação. Ela leva os polegares direto ao *Candy Crush* (àquela altura, uma ação tão automática quanto respirar). Olha para o relógio. Uma hora se passou; ela está atrasada para o trabalho e perdeu a aula de ginástica que, no dia anterior, em uma ilusão cheia de esperanças, prometeu a si mesma que faria. Resmungando com frustração, Alva arremessa o celular, que vai parar do outro lado do quarto. Aquele é o limite, algo precisa mudar. Aquele é o dia em que ela vai resolver esse problema: vai fazer tudo o que puder para ser feliz.

Alva investe pesado na indústria da felicidade. Renova o guarda-roupa, se perguntando se isso seria o suficiente. Não é. Então remove o *Candy Crush* do celular e define limites de tempo de uso dos aplicativos. Funciona por alguns dias, mas ela sempre acaba tendo recaídas. Então inicia uma nova dieta, tentando se alimentar bem e começando a correr. Isso lhe dá uma sensação presunçosa de superioridade, mas não a deixa feliz de verdade. Ela larga o emprego no escritório e parte em uma viagem de um ano para Índia, México e Bali. Alva passa a praticar ioga e se sente um pouco melhor, mas ainda assim a tristeza a acompanha por onde vai.

Talvez ela precise de mais significado, mais propósito. Portanto, muda de carreira e se requalifica como professora, na esperança de que seja gratificante trabalhar com crianças. E até é, sim, mas ela ainda tem esse sentimento mesquinho de profunda tristeza. Talvez ela precise de um relacionamento, alguém para amá-la e abraçá-la. Alva conhece Jamal. Ele é perfeito: engraçado, sexy, ambicioso e atencioso. Por alguns meses, funciona. Ela está inebriada e animada, tudo parece um pouco mais colorido. Quando está com ele, nem pensa no celular. Talvez essa seja a resposta. Talvez seu estranho sentimento de desconexão enfim tenha desaparecido.

Depois de um tempo, quando o período de lua de mel passa e a ocitocina (o "hormônio do amor") diminui, o mesmo temor sem nome retorna. Alva começa a ficar dispersa no trabalho de novo. Encontrar os amigos se torna custoso. Ela se pega dando risadas forçadas e várias vezes diz que está muito bem, mas por dentro a situação é outra. Sorrateiro, o hábito de jogar *Candy Crush* volta; ela joga no ônibus, assim que acorda e logo antes de dormir. Passa a jogar até quando está com Jamal, o que faz com que eles se sintam desconectados e sozinhos. Mais uma vez, o mundo perde a cor e Alva não sabe o motivo.

Por que ela simplesmente não consegue ser feliz? Não é como se não estivesse tentando.

O problema é que Alva não está chegando nem perto do cerne da questão. Todas as tentativas dela de solucionar os problemas estão atingindo a ponta do iceberg. Não me entenda mal; o trabalho, os relacionamentos e o estilo de vida têm enormes implicações para a saúde mental, mas esses fatores não acessam o motivo pelo qual nós (e Alva) sofremos.

Desesperada para que as coisas mudem, Alva marca uma consulta comigo. Na primeira sessão, logo de cara sinto o medo que ela tem de se abrir. A ansiedade que irradia dela é palpável. Ela sorri, mas não parece feliz. Parece distraída e distante. A voz quase some no final das frases, como se não estivesse acostumada a falar de si. Ela faz com que me lembre de mim mesma quando comecei a terapia: entorpecida, assustada e distante de mim. "O que eu faço?", pergunta ela. "Me diz o que tenho que fazer."

As pessoas procuram por respostas na terapia, mas muitas vezes começo fazendo-lhes mais perguntas (sim, os terapeutas são irritantes desse jeito; você aprenderá isso à medida que avançarmos). Eu não tenho as respostas. Gostaria de poder dar às pessoas a pílula mágica que elas estão procurando — isso tornaria meu trabalho muito mais fácil —, mas, infelizmente, algo desse tipo não é uma realidade. Todas as respostas se encontram dentro de Alva, mas a essa altura estão fora de sua consciência (na parte inferior do iceberg). Minha função aqui é ajudá-la a se sentir segura o suficiente para chegar até tais respostas.

Então, juntas, começamos o processo de escavação.

A primeira coisa que faço é perguntar sobre a infância dela (um clichê, eu sei).

Por que os terapeutas são obcecados pela nossa infância?

A maior parte do desenvolvimento cerebral se dá entre o nascimento e os 3 anos de idade, e aos 5 anos o cérebro já está praticamente todo desenvolvido. Isso significa que tudo o que acontece conosco durante esse período tem consequências profundas para quem nos tornamos. Pense em como aprendemos idiomas: bebês são capazes de aprender um novo com facilidade e vão permanecer quase totalmente fluentes pelo restante da vida, enquanto tentar aprender uma nova língua depois dos 12 anos é muito difícil para a maioria de nós.

Conforme aprendemos a falar, também adquirimos a linguagem das emoções. A maior parte do que sabemos a respeito de nós mesmos, de nossas relações e do mundo vem desses anos iniciais.

Infelizmente, a evolução é voltada para a sobrevivência, não para a felicidade. O cérebro não se importa se o vício em redes sociais está nos transformando em zumbis, ou que a incapacidade de nos motivarmos é um impedimento para nos sairmos bem no trabalho. Seu cérebro só quer protegê-lo de coisas que considera potencialmente prejudiciais.

E quando aprendemos o que é prejudicial à nossa sobrevivência? Na infância.

Como adultos, podemos nos alimentar e cuidar de nós mesmos, mas como crianças esse certamente não era o caso. Isso é mais verdadeiro para nossa espécie do que para qualquer outra, porque somos completamente indefesos quando bebês. Nos dois primeiros anos de vida, nossa sobrevivência depende dos outros, pois precisamos deles para nos alimentar, nos segurar e nos impedir de rolar e cair de cima da mesa.

Para que um bebê permaneça vivo, precisa manter a conexão com os pais. Precisa ser amado.

Então, quando bebês, estamos hipersintonizados com coisas que fortalecem ou enfraquecem nossos relacionamentos. Quando um dos pais não é presente, grita conosco ou fica altamente estressado, nosso cérebro libera sinais de medo. Esse sentimento de temor nos diz que algo está errado e, como bebês, tentamos tudo o que podemos para consertar o erro e deixar nossos pais felizes. Necessitamos que eles nos mantenham vivos e, para isso, eles precisam nos amar. Nós intensificamos tudo o que percebemos que vai fazer com que eles nos amem mais e descartamos totalmente qualquer coisa que, segundo nosso critério, vá fazê-los parar de nos amar.

Mesmo que seus pais tivessem preparo emocional e não julgassem, você teria aprendido de forma implícita e por osmose o que é socialmente aceitável em seu entorno. Os homens não devem chorar; as mulheres não devem ser assertivas; devemos ser confiantes, mas não orgulhosos; felizes, mas não arrogantes. Está na nossa composição cultural (e varia dependendo de cultura, etnia, raça, classe e país de origem). Há uma lista interminável de mensagens que recebemos da sociedade sobre quem *devemos* ser, como *devemos* agir, o que *devemos* pensar. Considere apenas as mensagens que recebemos sobre nossos sentimentos: "Pense positivo", "Não seja melancólico", "Vira homem", "Apenas continue", "Tenha coragem", "Não seja um fracote", "Homens não choram", "Mantenha a calma e siga em frente". Portanto, não é apenas a família mais próxima que nos molda, mas também a sociedade em geral, a cultura, a sexualidade, a raça, a etnia, a classe, a religião, a neurotipicidade... A lista não acaba aqui. À medida que crescemos, todas essas vivências no mundo moldam nossa forma de nos relacionar com as pessoas e com nós mesmos.

Quaisquer sentimentos, comportamentos ou identidades que provocaram respostas negativas são empurrados para o inconsciente, e não temos nenhuma consciência real do que existe lá.

É por isso que as coisas ruins que acontecem conosco quando somos jovens têm um efeito tão significativo quando somos adultos. Experiências Adversas na Infância (EAI) são o principal indicador de problemas de saúde mental e física, indo desde ansiedade até doenças cardíacas. Quanto mais difícil nossa infância for, pior será nosso sofrimento.

EAIs

Um estudo sobre as Experiências Adversas na Infância (EAIs)[1] revelou que pacientes que experienciaram quatro ou mais tipos de eventos adversos na infância exibiram taxas mais altas de doença cardíaca isquêmica, câncer, acidente vascular cerebral, bronquite crônica, enfisema, diabetes e hepatite. Pesquisas detalhadas mostraram que as EAIs também aumentam o risco de transtornos ligados à saúde mental, sendo uma em cada três ocorrências relacionadas a EAIs. Os resultados são tão expressivos que, nos Estados Unidos, os maus-tratos na infância se revelam como o problema de saúde mais caro, enquanto o fim do abuso infantil melhoraria em mais de 50% a taxa de depressão, em dois terços o alcoolismo e o suicídio, e em três quartos o abuso grave de substâncias e a violência doméstica.[2]

Mas minha infância foi ótima!

Pode muito bem ter sido, mas ainda assim o impactou. Agora, deixe-me ser explícita. Nossos pais já nos decepcionaram de diversas formas, e isso nos atrapalhou em muitos níveis. Mesmo aqueles com pais mais emocionalmente sintonizados, atenciosos e bem ajustados terão experienciado alguns momentos negativos que talvez ainda os afetem hoje em dia.

Abaixo estão algumas experiências que não são consideradas traumas, mas que ainda assim afetam uma criança:

- o nascimento de um irmão mais novo e a perda da atenção exclusiva dos pais;
- mãe que trabalha muito;
- pai que fala pouco sobre os próprios sentimentos;
- as provocações sofridas na escola;
- o envio a um internato e a separação da família;
- o tratamento do silêncio;
- o incentivo a ser feliz o tempo todo, em vez da permissão para sentir-se triste;
- as expectativas elevadas ou a pressão para alcançar algo na escola;
- o fato de morar em uma região perigosa e violenta;
- o fato de crescer em uma cultura diferente daquela das pessoas ao redor;
- o fato de se mudar constantemente.

Se você identifica qualquer uma dessas vivências na sua infância, pode parecer estranho ou assustador pensar que isso teve algum impacto negativo em sua educação. Talvez você queira desdenhar de mim e dizer que seus pais eram adoráveis (não duvido disso). É difícil pensar na infância como algo que não seja bom, mas "bom" não dá conta de todo o espectro de sentimentos. As coisas podem ser boas e, às vezes, também difíceis. Podemos amar as pessoas e ainda assim ficar chateados com elas. Quanto mais nuances pudermos admitir e aceitar, mais poderemos nos entender e nos sentir completos.

Existem dois tipos de trauma: trauma com "t" minúsculo e trauma com "T" maiúsculo. Em geral, traumas com "T" maiúsculo representam uma ameaça à vida ou são intensamente assustadores (como abuso físico ou sexual). Traumas com "t" minúsculo não são tão terríveis, mas podem ser bem angustiantes. São experiências que, mesmo que não envolvam ameaças à vida, ainda podem afetar a sensação de segurança de uma criança e, portanto, ser vivenciadas como traumáticas.

O trauma é definido como qualquer coisa que destrua a sensação de segurança em nossos mundos interno e externo. É a resposta emocional e física que vem do ato de experienciar um evento angustiante. Em outras palavras, quando coisas ruins acontecem, perdemos a confiança em nosso senso de segurança. Em grego, a palavra "trauma" significa "ferida", portanto trauma não é o evento em si, mas a forma como processamos tal evento e como o armazenamos na psique. Isso significa que as crianças podem ter exatamente a mesma experiência, mas, dependendo de fatores como sensibilidade, genética, base familiar e cultura, uma pode ficar traumatizada e outra pode ficar relativamente bem.

A jornada de cura para aqueles que sofreram abusos e traumas graves será, sem dúvida, mais complicada e dolorosa do que a de quem não vivenciou tais acontecimentos, como em um espectro; todos se encaixam em algum lugar dele. Não importa se as coisas foram boas ou ruins, a infância nos moldou de maneiras positivas e negativas e ainda nos afeta na fase adulta. É benéfico ter autoconsciência e compreensão do modo exato como ela interfere na sua vida.

É difícil pensar e falar da infância. Eu entendo. Levei cerca de um ano de terapia para admitir que meus pais não eram perfeitos (e, às vezes, ainda me vejo na defensiva em relação a isso). Nós podemos nos sentir culpados por sermos críticos, já que nossos pais fizeram tanto por nós — não deveríamos reclamar nem os culpar. Ao contrário do que você pode ter ouvido sobre terapeutas, não estou aqui para culpar seus pais. Eles fizeram o melhor que puderam. No entanto, ficar na defensiva quanto a eles serem ou não bons pais encerra qualquer curiosidade sobre quem você é e o que poderia aprender a respeito de si mesmo e do mundo.

Vamos deixar a culpa de lado e, em vez disso, ser curiosos.

— EXERCÍCIO —

Imagine-se na época da infância (com qualquer idade que lhe vier à mente). Que tipo de criança você era? Você tem conhecimento de algo que possa ter sido difícil para você? Pode ser algo aparentemente tão inofensivo quanto o falecimento do cachorro da família ou a transferência para uma nova escola. Como você se sentiu naquela época?

E quanto aos seus relacionamentos? Havia alguma dificuldade? Mesmo que você fosse uma criança muito feliz e com pais amorosos, havia alguma dinâmica aquém do ideal em suas relações familiares? Não temos como ser felizes o tempo todo; é natural ter toda uma gama de sentimentos mais complexos. E como foi isso para aquela criança?

Se você está lutando para encontrar respostas, tente pensar na sua memória mais antiga. O que estava acontecendo na sua família à época? O que isso pode lhe dizer sobre o tipo de infância que você teve?

Fazer essas perguntas para nós mesmos nos permite começar a juntar o que pode estar enterrado no inconsciente. Sem culpa ou julgamento em relação a nossos pais, podemos começar a tentar descobrir as experiências e os vínculos que moldaram quem somos.

Voltando para Alva...

Passo um bom tempo sem chegar a lugar algum com Alva. Ela fica dispersa com frequência e, quando estou com ela, meio que sinto como se não existisse de verdade, como se ela estivesse em uma caixa de vidro da qual me mantém de fora. Tento estabelecer uma conexão com Alva, ter empatia e entender o que ela sente, mas ela está entorpecida e, portanto, eu também. É como se minhas tentativas de me conectar só a fizessem se fechar mais.

Então começo a fazer a Alva as mesmas perguntas que acabei de fazer para você, na tentativa de descobrir onde ela aprendeu a se desconectar e do que exatamente está se desconectando. Enquanto ela me conta sobre a infância (em um tom monótono e distante), começo a ter uma ideia da origem de sua desconexão. Ela me diz que o pai vivia mal-humorado. Peço, então, que me dê um exemplo, para ver se ela consegue se lembrar de como isso costumava ser e também para conectá-la aos sentimentos que ela parece afastar de mim (e de si mesma).

Aos 6 anos, Alva está no jardim de casa com uma bola de futebol, chutando-a contra a parede. *Pá. Pá.* O pai está à mesa da cozinha tentando se concentrar no trabalho. *Pá.* Ele olha pela janela e tenta reler uma frase. *Pá.* Tensiona a mandíbula. *Pá.* Já chega. O pai perde a cabeça. Ele vai com tudo até o jardim. "Cala a boca! Para com isso agora mesmo. Por que você é tão irritante?". Em choque, Alva congela de medo. A mandíbula trava. Ela só estava brincando, não fez nada de errado. Ela se vira para o pai para gritar de volta, mas ele é grande e está vermelho de raiva e com a testa franzida. Os lábios dela tremem. É a primeira vez que Alva vê o pai assim; normalmente ele é amoroso e sorridente. O pânico toma conta dela. E se ele gritasse mais? E se ele achasse que ela não é uma pessoa boa e parasse de amá-la? Assustada e querendo que os gritos parem, ela se desculpa, para de brincar com a bola e entra em casa para jogar no computador.

Isso não significa que Alva não tenha ficado zangada ou magoada por ter sido repreendida quando só estava brincando; apenas não lhe pareceu seguro mostrar os sentimentos na época, porque podia deixar o pai mais bravo, e ele poderia parar de amá-la para sempre, o que, você deve lembrar, é o maior temor de uma criança. Em vez disso, a raiva e a mágoa foram reprimidas. E se voltaram contra ela.

Esse tipo de coisa começou a acontecer com frequência quando Alva era criança. Depois de algumas ocasiões, ela ficou tão acostumada a reprimir a raiva que parou de perceber que aquilo borbulhava dentro dela. Isso não significa que a raiva tenha desaparecido; o sentimento apenas estava reprimido no inconsciente.

Quando entrou para jogar videogame, ela percebeu que isso a fazia se sentir um pouco melhor. Ela ainda estava chateada e com raiva, mas o jogo liberou hormônios do prazer, o que, por um momento, a fez se sentir melhor. Da outra vez que o pai gritou e a deixou com muito medo de gritar de volta, Alva foi jogar de novo no computador para suprimir seus sentimentos.

Já adulta, raiva e medo estão completamente reprimidos. Na verdade, ela me diz que é o tipo de pessoa que não fica com raiva. Mas também passa horas jogando videogame, rolando a tela do celular, assistindo a vídeos pornográficos e se masturbando. Ela se vê quase constantemente entorpecida e desconectada, sem compreensão real do motivo.

Enquanto me conta tudo isso, um quentinho preenche meu peito. É a primeira vez que de fato sinto carinho por ela. Isso é importante, pois ela está me deixando entrar, está me deixando ver sua vulnerabilidade. Eu me inclino para a frente e ela olha para mim, assustada e pequena. É óbvio que Alva ainda precisa usar videogames para se acalmar e reprimir os sentimentos complicados. Ali dentro está uma garotinha que sente medo e raiva, mas que não tem permissão para expressar essas coisas.

Os pais nos ensinam como sentir

As crianças são incrivelmente sensíveis à forma como os pais lidam com as emoções. Pode não ter havido nenhuma comunicação direta de que você não deveria ter certos sentimentos, mas é possível que você tenha percebido que alguns deles eram mais aceitáveis do que outros.

É possível que você tenha aprendido a reprimir seus sentimentos porque:

- seus pais não demonstravam qualquer tipo de sentimento ou não falavam muito sobre emoções;
- seus pais estavam sempre incentivando você a ser feliz e pensar positivo;
- sua mãe vivia muito ansiosa e se chateava com facilidade; você percebia que ela estava muito frágil e poderia se chatear ainda mais;
- seu pai era muito sensível a críticas, então interpretava suas birras como ataques pessoais a ele, o que o fazia impor o tratamento do silêncio;
- você tinha um irmão mais novo agitado e dominador, e seus pais não tinham espaço para duas crianças problemáticas, então você aprendeu que ser sorridente e quieta fazia com que recebesse mais amor e atenção;
- coisas ruins aconteciam, mas nunca eram discutidas; tudo era varrido para debaixo do tapete;
- você tinha que cuidar dos irmãos mais novos, mesmo que ainda fosse uma criança;
- você sofria bullying na escola, foi ensinado a "virar homem" e ser forte, caso contrário seria visto como fraco.

Nessas situações, com o tempo aprendemos que nossos sentimentos naturais de tristeza, raiva, inveja e ódio vão nos impedir de receber amor. Embora seja muito normal ficar irritado ou chateado com nossos pais, pode não ser seguro demonstrar tais sentimentos porque precisamos do amor e da atenção deles para sobreviver.

É nesse ponto que as coisas começam a dar errado no desenvolvimento de nossa saúde mental. As crenças armazenadas no inconsciente foram criadas quando éramos crianças, enquanto aprendíamos a respeito do mundo. Nós as desenvolvemos com base nas coisas que nos mantinham seguros quando éramos mais novos. Talvez tenhamos aprendido que, quando choramos, os adultos ficam com raiva e nos dizem para parar, então chorar se tornou arriscado. Talvez tenhamos sido ridicularizados quando fizemos uma apresentação na escola, e por isso aprendemos que falar em público não é seguro porque nos traz o sentimento de exclusão e humilhação. Talvez nossos pais não fossem muito bons em falar sobre seus sentimentos, então se fecharam quando tentamos lhes dizer como nos sentíamos, o que era assustador. Você pode não estar consciente de nada disso; pode se sentir muito desconfortável quando tem que dar uma palestra no trabalho ou quando alguém o força a conversar sobre seus sentimentos.

Todas essas lições sobre o que é seguro e o que não é criam crenças limitantes que são conservadas em nosso inconsciente e sem que percebamos servem como uma bússola para a vida adulta. Talvez acreditemos que não somos bons o suficiente, então sabotamos nossa nova oportunidade de trabalho. Talvez não acreditemos que somos dignos de amor, então afastamos as pessoas que nos tratam bem em favor daquelas que nos tratam mal. Talvez acreditemos que não é seguro que outras pessoas fiquem com raiva de nós, então vivemos a vida fazendo tudo o que podemos para não as chatear.

O sabotador interno

Em geral, a autossabotagem vem do senso crítico interno que todos nós temos e que normalmente é construído a partir dos julgamentos negativos dos outros e da sociedade. O psicanalista Ronald Fairbairn chamou isso de "sabotador interno".[3] O sabotador está tentando nos proteger de passarmos vergonha ou de sermos rejeitados. Isso pode ter começado como uma proteção de que precisávamos para sobreviver a situações ameaçadoras quando éramos mais novos, mas, quando adultos, o sabotador tende a fazer mais mal do que bem, porque as ameaças já não existem mais. O sabotador continua nos lembrando das coisas que fizemos errado, catastrofiza sobre o futuro, evita certas situações, arruína relacionamentos e oportunidades. Ele não está tentando tornar nossa vida miserável, mas sim nos impedir de sermos feridos da maneira como fomos no passado. No entanto, a mesma coisa que antes nos mantinha seguros agora é a causa de nosso sofrimento e nossa inércia.

A autossabotagem é um sinal de que há algo acontecendo no inconsciente. Em vez de se culpar, tente ter curiosidade em relação ao que está se passando.

Outros exemplos de autossabotagem:

Fato: você quer muito começar uma nova rotina de exercícios, mas nunca consegue ir à academia.
O que pode estar por trás disso: no fundo, você pode não acreditar que merece cuidar de si mesmo. Ou você não gosta de se sentir desconfortável, ou tem medo de não ser bom em algo, então nem tenta.

Fato: você diz que quer se abrir mais, mas se esquiva de todas as conversas sobre emoções e sentimentos.
O que pode estar por trás disso: talvez você tenha muito medo de se ver em uma posição vulnerável.

Fato: você diz que está infeliz no trabalho, mas encontra razões pelas quais não pode sair ou sabota suas oportunidades de trabalho.
O que pode estar por trás disso: estar feliz ou ter a coisa que você quer parece assustador, porque algo pode lhe ser tomado. Escolher algo já conhecido, mesmo que isso o esteja deixando infeliz, dá segurança; tentar algo novo e desconhecido significa perigo.

Em vez de pensar nesse comportamento como algo que está arruinando tudo, talvez possamos pensar nele como uma tentativa de nos ajudar. O problema é uma compreensão distorcida do que é ajuda.

— EXERCÍCIO —

Pense em sentimentos que você não costuma ter. Talvez nunca sinta raiva ou não chore há anos. Qual era a cultura em torno desses sentimentos na sua família? Os seus cuidadores já demonstraram os próprios sentimentos?

Agora pense em quaisquer sentimentos com os quais não esteja familiarizado. A sua família os demonstrava? Que resposta você teria se demonstrasse esse sentimento? Havia alguma consequência, ou melhor, alguém ficaria chateado ou o encorajaria a ter uma postura mais positiva?

Qual o problema de guardar os sentimentos?

Se evitamos falar ou pensar no que nos aconteceu, isso nos mantém mentalmente presos. Um amigo comparou isso a pegar um monte de roupas sujas e molhadas e enfiá-las no armário para não ter quer lidar com elas. De certa forma, no fim acaba-se lidando com elas, porque as roupas estão fora de vista, mas estão apodrecendo no armário, criando mofo e ficando fedorentas, o cheiro permeando o entorno, assim como nossos sentimentos não processados permeiam nossa vida. Você pode até não querer retirá-las do armário para colocá-las para lavar (pode ser algo doloroso e difícil de encarar), mas, em última análise, é necessário lidar com a bagunça para impedir que a coisa piore.

Para quem está lendo isso e pensando: "Eu sinto TUDO; tenho sentimentos demais… não estou reprimindo nada", pode parecer estranho, mas talvez até mesmo você esteja reprimindo algo sem perceber. É possível reprimir não apenas sentimentos no inconsciente, mas também pensamentos e lembranças. Ter muitos sentimentos em geral tem a ver com não ser capaz de se acalmar e precisar que outras pessoas regulem seus sentimentos no seu lugar. Vou falar mais a respeito disso no Capítulo 2: Ansiedade (veja a página 63), mas saiba que não é porque você tem muitos sentimentos que deixa de evitar algumas coisas (claro, não necessariamente é intencional).

Quando evita as coisas, você:

- tem muitos problemas de saúde, como gripes e resfriados frequentes;
- tem dificuldade de relaxar;
- fica entorpecido, cansado e deprimido;
- acha que é uma pessoa muito tranquila, mas depois se vê exagerando ou explodindo por pequenas coisas;
- tem baixa autoestima;
- tem muitos pensamentos acelerados, com frequência se vê com muita ansiedade, mas incapaz de parar de se preocupar;
- fica constantemente distraído (por TV, bebida, excesso de comida, trabalho);
- não gosta de ficar sozinho com os próprios pensamentos;
- não costuma chorar ou ficar com raiva;
- sofre de dependência;
- cria rituais para evitar sentimentos;
- tende a se autossabotar ou a manifestar comportamentos autodestrutivos;
- sente solidão mesmo quando está com outras pessoas, como se ninguém o conhecesse de verdade;
- não consegue focar no presente e muitas vezes vivencia alguma confusão mental e se sente distraído.

É importante saber que, na maioria das vezes, nós não temos consciência de que estamos reprimindo sentimentos. Tudo acontece fora do nosso controle. Alva não tem ideia de que está amedrontada e com raiva; ela apenas sente vontade de olhar para o celular ou jogar *Candy Crush*.

Vejo muitas pessoas sofrendo sem saber que estão reprimindo algo. Também vejo pessoas que nem sequer estão cientes do quanto estão sofrendo.

Alguns de vocês podem estar lendo isso e pensando: "Mas não há nada errado comigo. Minha vida é agradável, minha infância foi ótima; eu só tenho um pouco de ansiedade, estou sobrecarregado e ganho mal, sou um pouco dependente de redes sociais e vinho, vivo levando *ghosting* e há essa voz na minha cabeça que continua me dizendo que sou caótico. Tirando isso, estou ótimo."

Um amigo me disse uma vez que ele tem "uma saúde mental perfeita". Na época, ele também estava beirando o alcoolismo, tinha insônia crônica e não conseguia manter um relacionamento amoroso. Para mim, o interessante é que ele não relacionou nenhuma dessas coisas à saúde mental ou ao psicológico dele. Muitas pessoas pensam que a saúde mental se limita a distúrbios específicos, como esquizofrenia ou transtorno bipolar. No entanto, todos nós temos que cuidar da saúde mental, e muitos dos sintomas que nos informam que algo não está certo podem ser bastante sutis.

Aqui está uma lista de coisas que são reflexo de algo que ocorre na mente:

- roer as unhas;
- dormir mal;
- ficar obcecado por uma pessoa com quem só saiu uma vez;
- ter problemas intestinais;
- ficar estressado por causa do trabalho;
- trair parceiros;
- ter fadiga crônica;
- gritar com os filhos e depois se sentir culpado;
- pensar em excesso;

- ter dores de cabeça esporádicas;
- comer em excesso;
- ter impotência.

Você pode notar que se identifica com alguns itens. Não se assuste. Isso não significa que você está em frangalhos; significa apenas que é humano. Todos nós temos uma saúde mental da mesma forma que todos temos saúde física.

À medida que abordarmos os problemas comuns que todos enfrentamos, pedirei que deixe de lado qualquer tipo de ceticismo e, em vez de insistir que está bem, tente pensar em algumas das experiências e emoções que podem estar vindo à tona.

Dicas para entender o que está acontecendo:

1. **Seja curioso.** Reflita sobre quaisquer pensamentos, imagens ou lembranças que lhe venham à mente, mesmo que pareçam completamente não relacionados ou estranhos. Esses tipos de pensamento em geral vêm do inconsciente. Ao perceber quaisquer temas ou padrões que surjam, você pode identificar pistas sobre o que pode estar acontecendo ali. Tente não se julgar ou descartar pensamentos que lhe pareçam irrelevantes (muitas vezes esses são os que têm mais significado). Seria bom anotá-los à medida que surgirem.

2. **Compreenda.** Pense no seu passado. Tente se lembrar de como você era na infância e de quaisquer momentos particularmente difíceis. Para entender a raiz do sofrimento, temos que voltar para onde ele começou. Como você foi ensinado a lidar com os sentimentos? Que papel você assumiu na sua família? Onde aprendeu a se comportar da maneira que se comporta? Continue

lembrando enquanto lê. O passado, e como ele desponta no presente, é a chave para a autoconsciência.

3. **Sinta.** Preste atenção no seu corpo. Nossa mente pode não ter consciência das coisas que estamos reprimindo, mas nosso corpo costuma ter. Os sentimentos são sensações físicas, então tente perceber o que está acontecendo em seu corpo enquanto lê e dê espaço para qualquer coisa que surja. Às vezes, se você está se sentindo estressado ou desconfortável, pare e tente descobrir o motivo. Simplesmente nomear o sentimento pode ajudá-lo a se sentir um pouco melhor, mesmo que nada seja feito a respeito.

DEPRESSÃO

Por que me sinto para baixo?

Todos consideram George um cara feliz. Ele é uma daquelas pessoas que você acha que tem tudo em ordem: camisas limpas e arrumadas, sapatos brilhantes e cabelos encantadoramente esvoaçantes. No geral, ele tem mesmo tudo em ordem, ou pensa ter. Está sempre disposto a rir com os amigos, é amoroso com a esposa e tem um emprego respeitável, sendo considerado um integrante querido da equipe.

Um dia, meses após o casamento, a esposa anuncia que está grávida durante o café da manhã. Felizes, os dois dançam na cozinha; tudo está indo exatamente como ele planejou. Então, nos meses seguintes, George percebe que não se sente tão animado quanto pensava que estaria. Na verdade, ele não sente muita coisa. Acorda cansado, a visão um pouco embaçada. Muitas vezes, tem dificuldade para dormir, mas é o tipo de fadiga profunda que não tem sono que resolva. O chefe o coloca em um projeto novo e de maior destaque, e ele não fica empolgado como de costume. No passado, isso teria sido o tipo de coisa que o empolgaria, mas ele percebe que na verdade já não se importa mais. Em seguida, ele para de fazer trabalho extra, desmarca a ida ao pub com os amigos, não quer fazer nada além de ficar sentado na frente da televisão. Levantar-se e ir para o trabalho passa a ser uma tarefa árdua; ele perde a vontade de fazer sexo; a comida não lhe dá o mesmo prazer; e até mesmo se levantar para tomar banho parece cansativo.

George não conta nada a ninguém, pois não quer ser julgado por não se sentir feliz com a chegada do bebê. Ele encontra conforto no chuveiro (o único lugar onde pode desabar sem ter vergonha porque a água se mistura às lágrimas que escorrem por seu rosto todas as manhãs). Em particular quando está sozinho, ele se pergunta: "O que é que eu tenho de errado?"

O que está acontecendo com George?

Sentir-se cabisbaixo é algo normal do ser humano, mas sentir-se assim o tempo todo (quando há mais dias ruins do que bons) tira o colorido da vida, que é o que aconteceu com George. Quando a depressão surge, pode parecer completamente aleatória e injustificada. Vejo muitas pessoas que questionam por que se sentem deprimidas quando sabem que têm muito privilégio ou que tudo na vida está indo bem. Isso ocorre porque a verdadeira razão para a depressão se esconde de nós (enterrada no inconsciente; no momento, insuportável demais para ser sentida). O problema é que muitas vezes, quando alguns sentimentos negativos são reprimidos, outros positivos também acabam anulados, então ficamos com uma ausência de sentimentos. Nossa mente nos entorpece para que não sintamos a emoção negativa, mas acaba acontecendo com todo o restante, então também não sentimos muita alegria ou prazer.

O que "sentir seus sentimentos" realmente significa?

Você já deve ter ouvido terapeutas (e grande parte da internet) dizendo para você se permitir *sentir seus sentimentos*, mas o que isso significa? O que fazemos com os sentimentos se não conseguirmos senti-los?

Os sentimentos são energia no corpo. (Alguém se lembra da regra de ouro da física na época da escola? A energia não pode ser criada ou destruída, apenas transferida de uma forma para outra ou de um lugar para outro.) E-moção = energia em movimento. Uma emoção ou um sentimento é simplesmente a experiência de energia se movendo pelo corpo. Por exemplo, quando estamos animados, podemos sentir um friozinho na barriga; quando sentimos medo, a garganta pode se contrair e o coração acelerar; a tristeza parece um peso e traz lágrimas; a raiva nos deixa quentes, ruborizados e alertas. Já chorou muito e depois se sentiu exausto? Isso acontece por causa de toda a energia gasta em experienciar determinado sentimento.

Então o que acontece quando tentamos aprisionar nossos sentimentos? Ainda MAIS energia é necessária para esmagá-los lá dentro. Pense em todos eles como energia que está tentando sair, debatendo-se, contorcendo-se, pulando, explodindo, querendo desesperadamente ser liberada. Manter essa energia requer muito esforço, como se estivéssemos continuamente empurrando para baixo uma caixa que exerce a força contrária. Depois disso, bate um cansaço grande. Reprimir nossos sentimentos consome uma enorme quantidade de energia, o que pode causar depressão por conta do desperdício de energia em comprimi-los por tanto tempo.

A depressão não tem a ver apenas com o entorpecimento, mas também com a exaustão física e a baixa motivação. Uma boa metáfora para isso é pisar no freio e no acelerador de um carro ao mesmo tempo. O carro pode não sair do lugar, mas ainda assim vai consumir muito combustível. Sem perceber, fazemos exatamente a mesma coisa quando guardamos nossas emoções, o que nos deixa exaustos, entorpecidos e de baixo-astral.

É aqui que a terapia, ou uma boa prática de cura, nos ajuda a suportar o que parece insuportável, para que possamos parar de nos entorpecer e permitir que o sentimento flua. Quando conseguimos processar tais sentimentos, a energia usada para reprimi-los é liberada, e a depressão pode começar a desaparecer.

Como você sente seus sentimentos?

Nós sabemos que afastamos alguns sentimentos, como quando tomamos uma taça de vinho para afastar uma sensação de desconforto. Outros sentimentos estão tão enterrados que nem chegamos a registrá-los.

Há muitas maneiras de se conectar aos sentimentos mais profundos. Aqui estão três coisas práticas que você pode fazer:

- **Conecte-se com o seu corpo.** Para chegar tanto ao nível mais superficial quanto aos sentimentos mais profundos, temos que ouvir o corpo. Os sentimentos são apenas sensações físicas, lembra? Sintonizar-se com os sentimentos é sintonizar-se com o corpo. Na sessão de terapia, muitas vezes pergunto a meus pacientes o que eles estão sentindo no corpo (se há qualquer sensação de desconforto). Algumas pessoas não sentem nada, outras sentem as pernas tremendo, um nó de tensão no peito ou uma pontada na cabeça. Eu, então, peço que deem uma forma ou cor à sensação. Surge alguma associação? Existe uma imagem que acompanha o sentimento? Uma palavra? Tem ligação com alguma lembrança? Quando foi a primeira vez que tiveram esse sentimento? Você pode fazer isso, que é conhecido como "associação livre". Como está seu corpo agora? Se você tem dificuldade em se conectar consigo mesmo, dê um tempo para si. Seu corpo vai lhe dizer como se sente; basta dar espaço a ele.

Associação livre

A associação livre é uma técnica psicanalítica comum que pode ser usada para entrar em contato com o inconsciente, permitindo que uma pessoa expresse pensamentos, sentimentos e lembranças sem autocensura ou julgamento. Quando permitimos que a mente flua sem filtro, verbalizando o que vier à mente e sem analisar de forma consciente, damos espaço para surgirem as recordações ou emoções inconscientes. Associar e visualizar sentimentos dessa maneira pode ser útil para nos conectarmos a eles em um nível mais físico, explorando quaisquer lembranças iniciais desses sentimentos que possam nos ajudar a entender por que temos dificuldades com eles.

- **Tenha um diário.** Outra maneira de se conectar com os sentimentos é escrevendo em um diário. Quando você se senta com caneta e papel, é importante deixar-se escrever livremente, sem se censurar pelo que diz. Isso permitirá que os verdadeiros pensamentos fluam. Escrever sem planejar ou monitorar o que dizemos pode permitir que os sentimentos inconscientes sejam expostos por meio das palavras. Você pode se surpreender ao ler o que escreveu.

- **Faça exercícios de respiração.** Algumas técnicas de respiração específicas, como a respiração holotrópica, em geral recomendam um padrão de respiração rápida que pode ajudar na liberação emocional. A respiração holotrópica foi desenvolvida na década de 1970 por Stanislav Grof, especialista em psicologia transpessoal e em pesquisa da consciência. Essa técnica aumenta o oxigênio no corpo, o que pode mover emoções reprimidas e ajudar a liberar o estresse, trazendo o corpo de volta a um estado de calma. A esposa de Stanislav, Christina Grof, ministrava oficinas nas quais as pessoas executavam esses exercícios de respiração e tinham uma poderosa liberação emocional (soluçavam, gritavam, batiam no chão). Pode parecer loucura, mas, na verdade, os Grof descobriram que a respiração ajuda as pessoas a sair da mente consciente, para que pensamentos e emoções reprimidos possam se mover em direção à superfície e ser liberados. Uma meta-análise de estudos em 2023 comprovou as observações de Grof, mostrando que a respiração pode melhorar de modo significativo o estresse e a saúde mental.[4] Se você vai tentar essa técnica pela primeira vez, eu recomendaria procurar uma aula ou um especialista para garantir que se sinta em segurança caso surja alguma emoção desconfortável.

Muitas vezes, as pessoas acham que, ao iniciar esse processo de experienciar todos os sentimentos, as coisas pioram um pouco antes de melhorarem. Isso acontece porque, para conseguirmos nos curar completamente, precisamos passar por todas as emoções dolorosas que temos evitado. É como tirar aquelas roupas sujas do armário e enfim encará-las de frente. Pode não ser agradável fazer isso, mas é melhor do que deixá-las mofando.

Você tem que se conformar com as partes de si que talvez não queira aceitar. Ser vulnerável pode parecer assustador, ainda mais se fomos ensinados que não é seguro se sentir assim. Seja gentil consigo e deixe vir à tona o que está sentindo. É assustador, mas os sentimentos não duram para sempre; eles vão passar por você... basta permitir que isso aconteça.

Peça ajuda

Se você está lutando contra a depressão e tendo ideações suicidas, falar da dor que está sentindo e expressá-la podem ser atitudes muito úteis. É por isso que é tão importante falar com alguém (um amigo, um terapeuta ou seu médico). Se você está em crise e precisa conversar agora, pode entrar em contato com linhas de apoio disponíveis 24 horas que contam com pessoas prontas para ouvir e que podem ajudá-lo a entender como você está se sentindo. Veja o contato do Centro de Valorização da Vida e de outros serviços ao final deste livro.

Como George conseguiu melhorar?

Pela primeira vez na vida, ideações suicidas passam a ocupar a mente de George. Isso o assusta; ele sempre se viu como uma pessoa feliz, que ama a vida; nunca pensou que cogitaria algo do tipo. Ele sabe, então, que algo está errado e cria coragem para admitir para a esposa o que está acontecendo. Mais tarde naquela noite, eles procuram um terapeuta juntos, aliviados e um pouco assustados com o que está por vir.

As primeiras sessões parecem estranhas para George, e ele não acha que estão ajudando. Diz à esposa que é um desperdício de tempo e dinheiro. Eu consigo sentir a frustração dele por não encontrar as respostas que espera. George quer que eu tenha uma varinha de condão para fazê-lo se sentir melhor, mas continuo voltando à infância, que ele diz ter sido cheia de amor. As cenas que ele descreve são idílicas: a família é unida, os pais ainda estão juntos, havia muita brincadeira, risos e amor. Ele me garante que a fonte do problema não se encontra ali.

Talvez ele esteja certo; talvez eu tenha encontrado alguém cuja criação realmente foi perfeita. Então, em uma sessão, enquanto ele conta que anda chorando no chuveiro, a irmã mais nova liga. "Você se importa se eu atender?", pergunta ele. "Se ela está ligando, provavelmente é urgente." Assinto com a cabeça, interessada em ver no que aquilo ia dar. Ele atende o telefone como um pai preocupado, perguntando repetidamente se ela está bem, se precisa de ajuda. Fico confusa, porque, de acordo com tudo o que ele já me contou sobre a irmã, ela é uma pessoa capaz e independente, uma advogada que mora na cidade e já construiu a própria família. Eu me pergunto se tem algo errado ali.

"Está tudo bem?", pergunto quando ele termina a ligação. "Você parece muito preocupado com ela."

"Ah, sim, ela está bem. Só somos muito próximos." Há uma tensão em sua voz. Não sei exatamente por que, mas tenho a sensação de que existem sentimentos mais complicados ali além da adorável relação de proximidade que ele descreve.

"Ao telefone, você soou como se fosse o pai dela, como se estivesse cuidando dela."

George suspira profundamente, como as pessoas costumam fazer antes de soltar a Grande Revelação (o momento que mudou para sempre a maneira como viam o mundo).

A irmã dele nasceu com complicações e precisou de muitos cuidados no primeiro ano de vida. Ele tinha apenas quatro anos e já estava chateado por ter que dividir a atenção da mãe e do pai. A partir de então, passou a vê-los sempre tomados de ansiedade por causa da filha prematura. "Deve ter sido muito difícil para você", falei, tentando chegar à dor que eu conseguia notar que existia por trás. George não queria minha empatia. Ele insiste que era a irmã quem tinha problemas. Peço-lhe, então, para me contar mais sobre como foi para ele, e, na defensiva, George me corta logo de cara — estava tudo bem, não tinha mais nada (uma batida de porta forte bem na minha cara). Onde há defensividade costuma haver dor escondida. Deixo o assunto de lado e anoto para voltar ao tema da irmã quando ele estiver pronto.

Se não sentimos nossos sentimentos, outra pessoa os sentirá

Sentimentos que não são expressos são notados pelos outros. Como terapeuta, a coisa mais importante a fazer é sempre verificar como me sinto quando estou perto da pessoa com quem estou falando. Quando George estava no meu consultório, muitas vezes me sentia muito triste. A tristeza vinha do nada; antes da chegada dele, eu estava de bom humor. Então, minutos depois do início da sessão, eu me via com lágrimas nos olhos, tendo que morder as bochechas por dentro para não chorar. George não sentia nada.

Foi aí que comecei a juntar as peças para entender o que George poderia estar evitando. Quando ele falava da irmã, eu estava ciente de que me sentia profundamente triste por ele. A reação não é igual para todos. Quando estou com algumas pessoas, posso me sentir com raiva, sem energia e desinteressada, inferior, com ciúme, com medo ou, às vezes, desconectada e entorpecida. Se elas não estão sentindo, mas eu estou, em geral se trata de uma pista de que os sentimentos que elas evocam em mim são aqueles que preciso trabalhar nelas.

Chegando à raiz da questão

George acaba revelando mais sobre a doença da irmã. Tudo mudou depois que ela adoeceu. Os pais ficavam tão preocupados com a filha que parecia (de acordo com sua percepção de criança) que os dois tinham parado de se importar com ele. Os pais começaram a ter que ficar no hospital por longos períodos enquanto George ficava com uma babá. Eles não riam mais das piadas do filho nem brincavam com ele como costumavam fazer. Diziam-lhe que tinha que ser um rapazinho, que precisava ser corajoso pela irmãzinha, então foi isso que George fez. Ele assumiu a missão de animar os pais e manteve quaisquer sentimentos de ciúme, tristeza ou medo para si mesmo.

A irmã melhorou, e as coisas se reequilibraram; aquele ano difícil praticamente não foi mencionado de novo, ficando esquecido na estrutura da história da família.

Enquanto conversamos a respeito, percebemos que a gravidez da esposa pode ter desencadeado lembranças inconscientes do nascimento da irmã e da perda de amor que ele sentiu por parte dos pais. No início, George se sente muito culpado e resiste à minha insistência irritante de que ele sentia tudo, menos alegria, com o nascimento iminente da filha. Mas depois de um tempo, ele admite que, por dentro, há uma agitação: o peito fica apertado e os dedos ficam agitados quando ele fala da irmã. Ele se sente mal por ter sentido ciúme porque ela estava doente; a culpa não era dela. Eu lembrei a George que ele era uma criança, que os sentimentos eram compreensíveis, que deve ter sido um momento difícil pra ele. Seus olhos se enchem d'água. Pela primeira vez, ele se permite chorar. Enquanto tentamos relacionar o passado ao presente, ele percebe que, de modo inconsciente, tem andado preocupado com a possibilidade de que a esposa pare de se importar com ele quando o bebê nascer, assim como parecia que a mãe tinha feito. Ele nunca contou isso para ninguém, e as mãos de George tremem ao dizer isso (todo o corpo gritando para ele não contar), mas, quando era pequeno, às vezes desejava que a irmã nunca tivesse nascido. Ele costumava imaginar livros grandes e pesados caindo em cima dela ou o cachorro a comendo.

"Isso faz de mim uma pessoa horrível?", pergunta ele. "Há algo terrivelmente errado comigo?"

Não, é claro que não havia nada de errado com George. Ele está processando todos os sentimentos insuportáveis que não foram sentidos à época. Os sentimentos foram suprimidos e ficaram adormecidos durante a maior parte de sua vida. A gravidez desencadeou todos os sentimentos e lembranças inconscientes relativos ao nascimento da irmã, o que (lembre-se: emoções = energia) exigiu uma enorme quantidade de energia a ser reprimida. É por isso que George passou a se sentir para baixo, pesado e sem motivação. A repressão de todos esses sentimentos o estava exaurindo.

Quando George entrou no consultório pela primeira vez, não tinha as respostas. Eu jamais conseguiria saber que essa era a causa de sua depressão, porque ele próprio não sabia disso. Juntos, fomos detetives, seguindo o sentimento até a fonte da ferida original.

*

Com o tempo, à medida que os sentimentos e as lembranças começam a vir à tona, George passa a se sentir um pouco melhor, mais leve. O que o ajuda não é apenas *sentir* os sentimentos, mas *senti-los* com mais alguém presente, uma pessoa que mostre que é seguro ser vulnerável, que ele pode se expressar sem sobrecarregar os outros, como ele temia quando era jovem e sentia que os pais não lhe davam espaço para ele ser a pessoa que não estava bem. A terapia dá a George o espaço para assumir o papel daquele que precisa de cuidado, um local onde ele não precisa ser bom ou forte, onde pode ter esses sentimentos com segurança e perceber que nada terrível acontece quando ele os sente.

Ficamos sem nos ver por algumas semanas, período em que a filha dele nasce. Nesse intervalo, fico um pouco preocupada com George, pensando em como ele iria se sentir quando a criança nascesse. Será que a depressão iria piorar ou ele encontraria uma forma de permitir e expressar os sentimentos complicados para que pudesse se conectar com a filha?

Suspiro aliviada ao ver o sorriso em seu rosto quando ele entra pela porta. George está bem. Então percebo que talvez eu estivesse precisando que ele ficasse feliz, assim como todas as outras pessoas na vida dele. Por isso, tento ficar neutra e dar espaço para o que George está sentindo (seja tal sentimento algo bom ou ruim).

"Bem […]", diz ele.

"Bem", respondo.

"Estou completamente apaixonado."

Uma onda de alívio toma conta do escritório. George sorri, e posso garantir que é um gesto genuíno. Consigo sentir isso pela maneira como ele continua falando dela, mostrando fotos e se gabando de pequenas coisas, como o fato de ela dar risadinhas enquanto dorme. Ele também se sente aterrorizado. Conforme cresce sua capacidade de sentir, ele se conecta tanto ao imenso amor quanto ao imenso medo. Durante a pausa das sessões, ele começou a conversar com alguns dos amigos a respeito do assunto, e até mesmo com a esposa. Às vezes, quando ela está preocupada com a filha e se esquece de perguntar como foi a reunião importante no trabalho dele, George se sente rejeitado e amargurado, e o sentimento de depressão retorna. Lembrando-se da roupa suja no armário, ele tenta admitir para si, e para mim, como realmente está se sentindo — George sente ciúme da filha, que recebe a atenção total de sua esposa, um senso irracional de injustiça com a perda da atenção. Ele sabe que esses sentimentos vêm de uma ferida na infância e que não há nada errado em se sentir assim. George diz a ela, sem culpá-la ou criticá-la, que tem se sentido rejeitado e, juntos, o casal lida com a questão. George consegue se apropriar de seus sentimentos, de modo que não tomem mais conta dele.

Isso é o que acontece em um dia bom; em um dia ruim, quando nenhum deles consegue dormir direito, George volta às velhas estratégias de enfrentamento, fica de mau humor e se sente abatido. Afinal, ele ainda é humano e está sempre em construção, assim como todos nós.

— EXERCÍCIO —

É hora de brincar de detetive de novo. Quero que você pense em um período da sua vida em que se sentiu um pouco como George. Não necessariamente deprimido, mas com dificuldade para ter motivação, sentindo-se abatido e muitas vezes não reconhecendo os próprios sentimentos. O que estava acontecendo durante esse período da sua vida? Havia algum evento (mesmo feliz), mudanças, momentos significativos? O que você acha que pode ter servido de gatilho em seu inconsciente?

Lembre-se: não há respostas certas ou erradas, estamos apenas sendo curiosos. Em vez de se punir por se sentir abatido, dizendo a si mesmo que você deveria estar trabalhando mais ou se sentindo mais feliz o tempo inteiro, como todos no Instagram parecem fazer, apenas aguce um pouco a curiosidade para o que pode estar acontecendo.

E se eu não conseguir encontrar a razão por que me sinto abatido?

A depressão, na verdade, pode ser apenas uma ausência de sentimento. Não quero enganar você com a história de George, afinal nem sempre há um momento de revelação ou uma explicação clara do motivo por que alguém se sente deprimido. Tavez não haja uma razão do passado que seja óbvia; pode ser que tenha mais a ver com um desligamento emocional generalizado.

Quando há uma sobrecarga, o sistema nervoso pode entrar em modo de congelamento. O estresse crônico e os eventos difíceis que acontecem podem parecer perigosos, o que nos leva a desligar. É como se o fusível estivesse sobrecarregado e nosso corpo entrasse em curto-circuito.

O congelamento é uma resposta à ameaça, semelhante a bater ou correr, o que pode parecer depressão. O corpo e a mente se desligam (fingindo-se de mortos), o que nos impede de nos comunicar, agir ou sentir.

Sinais de que estamos em resposta de congelamento:

- incapacidade de se mover;
- sentimento de desconexão e distanciamento entre pensamentos e sentimentos;
- entorpecimento;
- impotência;
- rigidez ou ganho/perda de peso.

Repare que todos esses são sintomas de depressão.

Respostas ao medo

Quando estamos muito assustados ou sobrecarregados, nossa taxa de adrenalina e de cortisol aumenta, o que pode desencadear diferentes respostas ao medo. O objetivo de tais respostas é nos manter a salvo do perigo e, se funcionarem, nosso corpo pode acioná-las na próxima vez que sentirmos medo. A maneira como respondemos ao estresse no início da vida molda as respostas ao medo que usaremos quando adultos.

Foram observadas cinco respostas ao medo:

- **lutar** – atacar física ou verbalmente a fonte da ameaça;
- **fugir** – recuar física (correr ou se esconder) ou emocionalmente (desligar-se, evitar, mudar de assunto);
- **congelar** – ficar parado e quieto (como se fingir de morto). Isso ocorre tanto física (tornando-se imóvel, incapaz de se mover ou falar) quanto mentalmente (dissociando-se, entorpecendo-se);
- **colapsar** – perder as forças, o que pode envolver doença física e exaustão;
- **bajular** – tentar agradar a pessoa ameaçadora para impedi-la de causar mais danos; ceder para minimizar a perturbação ou a agressão por parte dela.

O medo pode ser motivado por uma única experiência: alguém grita com você, ou você se envolve em um acidente. Ou, se a ameaça for contínua, o corpo pode ficar preso a uma resposta de congelamento, o que pode se tornar um estado permanente, em geral quando um trauma ocorre no passado ou quando se está passando por estresse crônico ou situações que mexem muito com o emocional.

A ideia de que temos uma "janela de tolerância" para esses sentimentos foi desenvolvida pelo professor de psiquiatria dr. Daniel J. Siegel, em seu livro de 1999, *The Developing Mind* [A mente em desenvolvimento, em tradução livre], para ilustrar nossas diferentes respostas à sobrecarga. Todos nós temos uma zona de "excitação ideal", em que conseguimos funcionar bem e gerenciar nossas emoções. Pessoas que enfrentaram traumas tendem a ter uma janela de tolerância menor, então oscilam tanto entre hiperexcitação quanto hipoexcitação com mais facilidade.

A hiperexcitação é um estado elevado de vigilância que pode parecer com ansiedade, medo ou raiva elevados. Isso desencadeia as respostas de luta ou fuga relacionadas ao medo (trata-se sempre de uma questão de agir, seja lutando ou correndo). Quando se está hiperexcitado, pode parecer difícil controlar as emoções, se acalmar ou desligar.

A hipoexcitação é um desligamento de sentimentos, semelhante aos estados de congelamento ou colapso. O sistema nervoso acha que ajuda quando nos desliga ou nos afasta da dor. Infelizmente, ele na verdade está criando uma grave desconexão entre nós e os outros.

Esses dois estados podem ser desencadeados por qualquer coisa que pareça ameaçadora ou por um sentimento associado a um trauma passado. Para George, foi a gravidez da esposa que evocou lembranças do passado e desencadeou a hipoexcitação.

Dicas para sair do modo de resposta de congelamento se você estiver lutando contra a depressão ou a desconexão:

- **Seja curioso.** Identifique seus gatilhos. Tente pensar em áreas da sua vida que provocam estresse elevado ou são emocionalmente desgastantes. Quais são os padrões ou comportamentos que tendem a fazer com que você se sinta pior? Ao ter curiosidade sobre o que pode estar desencadeando esses sentimentos, é possível começar a se tornar mais consciente da raiz do problema.

- **Compreenda.** Existem sentimentos, pensamentos ou lembranças que você sabe que está enfiando no armário de roupas sujas e que provavelmente precisam de atenção? Comece a entender exatamente o que você pode estar evitando e por quê.

- **Sinta.** Conecte-se com o seu corpo. Observe o que está sentindo e as sensações (qualquer uma) das quais está ciente.

- **Aja.** Movimente-se. Para escapar da resposta de congelamento, é necessário se mexer e expressar sentimentos para mostrar ao cérebro que agora você está em segurança. Ao movimentar o corpo de modo consciente, você envia ao cérebro sinais de que é seguro se mover, de que é seguro sentir. Também por isso é importante regular o sistema nervoso. Mais adiante (veja a página 95), ofereço ferramentas práticas, pois ter estratégias para se acalmar e se tranquilizar pode ajudá-lo a se sentir seguro para conseguir tolerar mais sentimentos.

- **Repita.** Assim como em todos os outros casos, essa não é uma solução definitiva. Seu corpo provavelmente voltará repetidas vezes a essa resposta de medo. Seja paciente consigo, pois esse é um mecanismo de enfrentamento que você desenvolveu porque já o ajudou a superar algo difícil. Continue observando quando isso acontece e siga as etapas para tentar se sentir seguro de novo.

ANSIEDADE

Por que sou ansioso?

Kelley começa a falar e continua ininterruptamente ao longo de cinquenta minutos. Enquanto fala, seus movimentos me distraem. Ela veste calça legging e um colete de renda com um fio solto que insiste em escorregar do ombro. O cabelo louro está preso em um coque alto, com algumas mechas soltas na frente que ela ajeita enquanto fala. Em geral é o que acontece em uma primeira sessão (a história que as pessoas querem desesperadamente contar está na ponta da língua, ansiando para sair). O que acontece com Kelley é que, mesmo tendo concordado em trabalharmos juntas, a falação não para. Ela começa a falar assim que abro a porta e não para nem para respirar até eu encerrar a consulta. Embora isso seja muito comum no início da terapia, o fato de o paciente não parar de falar pode prejudicar as sessões, porque fico sem espaço para dialogar. Eu preciso lutar para ser ouvida, interrompendo-a no meio da frase. Toda a conversa me impede de pensar, e imagino que esteja impedindo-a de fazer o mesmo.

O problema, me revela ela, é que está sobrecarregada. É como se ela estivesse em ponto de ebulição, o tempo inteiro à beira de um ataque de pânico. "Sou muito sensível", diz. "Eu sinto tudo. É como se não tivesse pele e absorvesse todas as coisas ao meu redor."

Os pensamentos ansiosos permeiam cada elemento na vida de Kelley. Ela tem uma sensação constante de medo, como se algo terrível estivesse prestes a acontecer. Também não atende o telefone porque pode ser alguém ligando para dar más notícias.

Ela não entra em um avião, pois tem certeza de que vai cair, e toda dor de cabeça que sente só pode ser um tumor cerebral. Ela repete as situações várias vezes, não para de se perguntar se falou algo idiota, se os outros gostam dela, se as pessoas estão bravas com ela.

Pergunto há quanto tempo ela se sente desse jeito. Kelley me diz que sempre foi uma criança ansiosa, mas que piorou depois que terminou a faculdade. É comum que a ansiedade surja durante transições, seja ao terminar a faculdade, ao mudar-se de casa ou trocar de emprego, terminar um relacionamento, divorciar-se, ter filhos, com a saída de filhos adultos de casa; qualquer coisa que desestabilize seu senso de segurança e traga incerteza pode desencadear ansiedade.

Sem um emprego de nível superior ou noção do que quer fazer, o futuro das possibilidades é aterrorizante para ela. Kelley quer ser artista, mas nem sabe por onde começar. Confronta-se com opção atrás de opção e não tem ideia de como descobrir o que quer. Tudo é um dilema com final catastrófico. E se ela tentar entrar no mundo da arte e fracassar? E se ela se candidatar a um emprego e não conseguir a vaga? E se conseguir um emprego, mas acabar odiando o cargo? Talvez ela deva tirar um ano de folga, mas depois sentirá que ficou para trás em relação a todos os amigos. E se não puder se dar ao luxo de sair da casa da mãe? Talvez ela deva se mudar para um país diferente, mas e se não gostar? Sua vida amorosa praticamente se repete a cada parceira; toda sessão ela traz dilemas de relacionamento que são mais caóticos do que os da semana anterior. Ela deve responder à mensagem? Aquela é a garota certa para ela? Será que Kelley não está percebendo os sinais de alerta?

Fico exausta (assim como você deve estar agora) só de ouvir as ruminações de Kelley. É difícil permanecer em um mesmo tópico — ela muda de assunto, rearruma o cabelo, roda os anéis nos dedos. Tenho dificuldade em ficar calma e focada diante daquela pilha de nervos. Ao mesmo tempo, começo a ter empatia com a agonia em que ela se encontra (um lembrete de como a ansiedade pode ser incapacitante).

Por que temos ansiedade?

É muito normal ficar ansioso, em especial neste mundo incerto em que vivemos. Um pouco de ansiedade até ajuda: é nosso sistema de sobrevivência nos dizendo que algo pode ser perigoso e precisa de atenção. Mas muitos de nós ficam ansiosos o tempo todo. Parece que essa condição está nos consumindo e tomando conta do nosso corpo, sem nos dar espaço para ser outra coisa senão uma pilha de nervos.

A ansiedade pode assumir muitas formas: pensamentos ruminantes, preocupações com a saúde, ansiedade acerca de relacionamentos, medo do que as outras pessoas pensam de nós, pensamento ou comportamento obsessivo, catastrofização e uma sensação geral de inquietação e pavor. Independentemente de como ela se apresenta para você, é importante ouvi-la, porque está avisando que algo não anda bem.

Os sintomas de ansiedade costumam ter uma origem da qual não estamos cientes, e essa origem será diferente para cada um. Para alguns, a ansiedade será a consequência do trauma — nunca nos sentimos seguros; somos hipervigilantes e sensíveis a coisas que voltam a dar errado; nosso sistema nervoso está em alerta máximo. Para outros, é desencadeada por relacionamentos — podemos nos sentir socialmente ansiosos porque nos achamos inferiores aos outros; talvez tenhamos ansiedade porque tememos ser rejeitados e precisamos nos sentir escolhidos. Ou talvez a origem venha da maneira como nos enxergamos — talvez você esteja ansioso com alguma prova ou trabalho porque, no fundo, não se sente bom o suficiente. Também pode ser uma combinação de muitas coisas diferentes, um caldeirão que gera uma sensação de desconforto.

Consegue perceber que a ansiedade em si não é o problema? Ela é um sinal de que há algo por trás. Em vez de tentarmos nos livrar dela, precisamos compreender o que esse sentimento está tentando nos dizer.

A catástrofe já aconteceu

Pensamentos ansiosos como os de Kelley (de que algo ruim vai acontecer) em geral decorrem de experiências passadas. Em algum lugar, em algum momento, é provável que algo ruim de fato tenha acontecido. Por exemplo, em uma revisão de estudos sobre depressão e ansiedade, foi revelado que o trauma infantil é um dos fatores de risco mais significativos para transtornos de ansiedade, com a exposição ao trauma associada a um risco de três a quatro vezes maior de depressão e ansiedade.[5]

Nós projetamos no futuro as adversidades do passado para nos proteger e evitar que voltem a acontecer. O medo de se machucar, de se meter em problemas ou de ser abandonado costuma vir de experiências passadas nas quais essas coisas aconteceram. Se você tem medo de rejeição, por exemplo, é provável que tenha se sentido rejeitado antes. As pessoas que não enfrentaram o abandono tendem a não o temer tanto. Portanto, a raiz da ansiedade costuma ser o desamparo sentido anteriormente.

Precisamos ouvir essa ansiedade. Ela aponta para uma história do nosso passado que requer atenção. Ao falar e processar nossa história, podemos realocar os medos que estamos projetando para o futuro de volta no lugar ao qual eles pertencem, libertando-nos para um futuro mais criativo, esperançoso e menos assustador.

Nem sempre o que causa a ansiedade é um evento específico. Uma sensação de instabilidade pode ser mais sutil do que um trauma pontual. Pode ser que você tenha crescido com pais instáveis que lutavam contra a ansiedade e que talvez lhe transmitissem as preocupações deles de que o mundo não é um lugar seguro. Se você não teve segurança emocional suficiente, pode ser que viva pensando que não estará protegido se algo ruim acontecer. Isso pode nos deixar vulneráveis e expostos, e é aí que entra a ansiedade. Quando nos preocupamos e ficamos obcecados com algo, nossa mente se sente um pouco mais no controle, o que nos alivia do terror de nos sentirmos inseguros.

Mantendo o controle

Imagine que você está em um dia tranquilo e feliz e de repente um amigo lhe envia uma mensagem curta e grossa. Você entra em pânico. O que fez de errado? Por que a pessoa está chateada? O que responder? Será que ela não gosta de você? Você tenta mapear todas as coisas que possam ter deixado a pessoa chateada. Afinal, vai encontrar com ela na semana seguinte e agora está pensando em todos os cenários possíveis. Será que ela vai agir de modo diferente? O que pode dizer para fazê-la voltar a gostar de você?

Ficamos obcecados com o que responder porque assim sentimos que podemos controlar os sentimentos da outra pessoa em relação a nós, mas é impossível ter esse controle, embora isso não nos impeça de tentar, claro.

Como precisamos de relacionamentos para sobreviver, ser rejeitado pode parecer (em um sentido físico) uma ameaça à nossa vida. Muitos de nós tememos ser odiados; levamos tudo para o lado pessoal e tentamos desesperadamente controlar as percepções das pessoas a nosso respeito.

Uma das principais maneiras de aliviar a ansiedade é aceitar que há coisas que não podemos controlar. A princípio, se conseguimos deixar o controle de lado, a ansiedade pode diminuir. A ansiedade de Kelley mantém o sentimento dela sob controle. Sua catastrofização sobre o futuro é, de certo modo, uma tentativa de administrar o medo do desconhecido. Se ela conseguir aceitar que não pode mudar ou controlar o futuro, talvez consiga aliviar um pouco mais essa parte ansiosa de si.

A ansiedade bloqueia os sentimentos

Às vezes, ficamos ansiosos porque é mais seguro sentir ansiedade do que qualquer outra coisa. Quando estamos ansiosos, isso nos domina por completo; as mãos começam a suar, as pernas podem tremer, a garganta fica seca, os pensamentos aceleram, o corpo se agita. Podemos ter dificuldade para dormir ou comer ou até mesmo para falar sobre qualquer assunto que não tenha a ver com a nossa preocupação.

Se você foi ensinado a não ter certos sentimentos e teve pais que não conseguiram reconhecer sua dor e acalmá-lo de forma adequada, é possível que inconscientemente você acredite que não deve demonstrar certos sentimentos. Cada vez que esse sentimento é desencadeado, a emoção real é reprimida, o que provoca bastante ansiedade.

No entanto, mesmo que a ansiedade possa parecer enorme e viva, ela não é um sentimento central. Na verdade, a ansiedade bloqueia totalmente o corpo, então ficamos sem perceber nenhum de nossos outros sentimentos.

Mas você pode estar pensando: "Mas eu ESTOU sentindo! O meu problema é que estou sentindo demais." Isso é exatamente o que Kelley sentia também (e, de fato, ela sente muito), mas a ansiedade não é necessariamente o mesmo que sentimento.

Às vezes, pensar demais e se estressar é, na verdade, uma forma de evitar algo mais doloroso. Mesmo que pareça que está tendo diversas emoções intensas o tempo todo, muitas vezes ainda há coisas em seu inconsciente desconhecidas de todos. A ansiedade pode ser um mecanismo para evitar lembranças ou sentimentos mais profundos e difíceis. Por exemplo, quando um relacionamento termina, podemos ser consumidos pela ansiedade (pensar o tempo todo, planejar o que dizer, ficar obcecados pela respectiva pessoa), mas esse sentimento é uma forma de nos impedirmos de sentir as emoções mais dolorosas de perda, luto, raiva e tristeza profunda.

E se eu tiver sentimentos demais?

Kelley parece sofrer por sentir demais. Ela chora com facilidade, entra em pânico com a simples queda de um chapéu, é altamente sensível e muitas vezes se esforça para acalmar as emoções avassaladoras. Há algo que soa infantil nela, como se fosse uma criança incapaz de ficar calma. Quando as pessoas não foram muito confortadas emocionalmente quando crianças, podem ter dificuldade para se acalmar quando adultas. Eu me pergunto se aquela criança interior de Kelley nunca foi ensinada a se acalmar.

Se nossas necessidades forem amplamente atendidas durante a infância (tivermos pais consistentes, calmos e emocionalmente sintonizados), é provável que aprendamos estratégias para nos acalmar quando tivermos sentimentos demais. No entanto, se tivermos pais que não são capazes de atender às nossas necessidades, podemos aprender que as pessoas não são confiáveis, e esses sentimentos nunca somem por completo, o que pode acarretar uma espécie de ansiedade constante.

Ou talvez nossos pais se esforcem demais para atender às nossas necessidades, de modo que não aprendemos a ter resiliência. Um dos meus psicanalistas favoritos, Donald Winnicott,[6] explicou em seu livro de referência, *O brincar e a realidade*, que as crianças precisam de um equilíbrio entre ter as necessidades atendidas e serem capazes de suportar um pouco de frustração por não terem tudo de imediato. Se elas conseguem aprender a sobreviver sendo sobrecarregadas pelos próprios sentimentos desconfortáveis, apenas por um curto período antes que os pais atendam às suas necessidades, elas aprendem a se acalmar.

Se você nunca aprendeu a se acalmar, a sensação pode ser a de que é prisioneiro de suas emoções e variações de humor. Grande parte do trabalho da terapia é aprender a se acalmar, a tolerar o desconforto e a regular os sentimentos — falaremos mais a respeito disso no Capítulo 3 (veja a página 81).

Geralmente, a ansiedade quer nos dizer que algo não parece muito seguro. O que às vezes não fica evidente é de onde vem essa falta de segurança: talvez você tenha crescido em uma área onde foi exposto à violência; talvez seus pais tenham brigado muito, o que o assustou quando criança; talvez seus pais tenham tido as próprias dificuldades com a saúde mental ou façam parte de um grupo marginalizado que se sentiu inseguro. Não importa se vem da família, dos amigos ou da sociedade, a ansiedade é uma pista de que em alguma parte de nós reside uma criança que não se sente segura no mundo.

No caso de Kelley, comecei a suspeitar de que a ansiedade dela estava sendo agravada pela falta de limites. Quando se vive em um mundo sem limites bem estabelecidos, ele pode parecer um local muito inseguro e fora de controle, o que só alimenta o sentimento ansioso.

Limites

Um limite indica uma fronteira, é uma linha pessoal traçada entre você e outra pessoa. Os limites definem quem somos, o que permitimos e o que não permitimos. As pessoas falam muito de limites porque são eles que nos mantêm seguros, que nos impedem de sermos usados pelas pessoas. Sem limites, ficamos completamente à mercê dos outros, sentindo-nos fora de controle e ansiosos. Se você se sente ansioso em relação a uma situação, pode ser sinal de que precisa estabelecer um limite para se sentir seguro. Aprender a colocar em prática limites saudáveis pode aliviar a ansiedade, o que colabora para nos sentirmos mais capacitados e no controle.

Os limites são ensinados quando somos crianças. Se nossos pais não sabiam estabelecê-los, é possível também que nós também tenhamos essa dificuldade. Seguem alguns indícios da falta de limites parentais:
- pais narcisistas que nos tornaram responsáveis pelos sentimentos deles;
- pais que colocam grandes expectativas sobre nós;
- abuso, em que os limites das crianças são violados quando são expostas a sexo ou violência;
- obrigação de fazer coisas que não queríamos fazer;
- ausência de regras, nunca ter ouvido *"não"* ou ter muito poder;
- pais que não viram os filhos como indivíduos com pensamento próprio.

O que os limites têm a ver com a ansiedade?

As dificuldades de Kelley com limites logo vêm à tona na terapia. Ela comparece às sessões muito adiantada ou muito atrasada, muitas vezes se esquece de pagar pelas sessões, não para de me fazer perguntas pessoais, como se não suportasse não saber tudo a meu respeito ou preservar qualquer mistério ou diferença entre nós.

A terapia é um mundo muito guiado por limites. O paciente chega e sai na hora, toda semana a sessão é no mesmo horário, o pagamento deve ser feito de acordo com o combinado, o foco é o paciente e não o terapeuta. A dinâmica é essa por uma razão: os limites mantêm as pessoas seguras. É reconfortante saber que você vai para a mesma sessão no mesmo horário toda semana, que o terapeuta sempre estará lá, que algumas coisas são imutáveis. É um pouco como ter uma base segura em nossos primeiros relacionamentos de apego; quando confiável e consistente, a terapia ajuda a nos sentirmos contidos e amparados, para que possamos nos abrir e assumir mais riscos. Quando as pessoas testam limites, como Kelley, isso em geral significa que nunca estabeleceram limites para elas.

Pergunto a ela como funcionavam os limites em casa. Ela ri e explica: "Que limites? Minha mãe é minha melhor amiga. É como se fôssemos a mesma pessoa."

A mãe de Kelley teve muita ansiedade nos primeiros anos de vida da filha. Quando o marido morreu, poucos meses depois de Kelley nascer, ela ficou preocupada em ser uma mãe boa o suficiente. Foi difícil ficar por conta própria, e a morte do marido desencadeou seus problemas de abandono. Determinada a provar a si mesma sua capacidade, ela ficou obcecada em garantir que Kelley gostasse dela. De certa forma, funcionou: as duas eram melhores amigas, contavam tudo uma para a outra, não tinham segredos entre si.

Embora esse relacionamento de mãe e filha à la *Gilmore Girls* possa parecer idílico, também tinha um lado sombrio. Não existia privacidade. A mãe abria a porta do quarto sem bater, entrava no banheiro enquanto Kelley estava sentada na privada, fazia a filha se sentir culpada se pedisse privacidade e espaço ou caso expressasse uma necessidade diferente da sua. Como a mãe ficava tão desesperada para estar por perto e era sensível ao abandono, Kelley se sentia completamente responsável pela felicidade da genitora. Nesse processo, a filha perdeu a capacidade de dizer não, desenvolvendo uma grande ansiedade. Quando Kelley tinha uns 8 anos, a mãe começou a namorar, o que gerou uma ansiedade ainda maior. Ela voltava para casa depois dos encontros, enrolava-se no sofá com Kelley e, embora a filha fosse muito nova para entender, contava todos os detalhes de sua vida sexual, como se as duas fossem adolescentes.

Quando crianças são obrigadas a crescer muito rápido, isso pode causar uma grande ansiedade, porque isso é, por si só, uma violação de limites (ser exposto a ideias de adultos ou se sentir responsável pelos sentimentos dos pais). Elas também podem se tornar codependentes em seus relacionamentos adultos (veja a página 231). Eu me pergunto se isso é o que ela quis dizer com: "É como se não tivesse pele." Talvez a sensação seja a de que não há barreira alguma entre a mãe e ela, nenhum senso de privacidade ou limite entre as duas.

No consultório, Kelley faz o mesmo comigo: não respeita os limites da terapia, provavelmente porque nunca lhe ensinaram como fazê-lo. Vamos abordar a imposição de limites com mais profundidade na seção de codependência (ver página 244), na qual descobriremos mais a respeito de Kelley e de como ela aprendeu a lidar com a ansiedade.

— *EXERCÍCIO* —

Tente se lembrar da última vez que sentiu a ansiedade aumentar.

Seja curioso. Ouça a sua ansiedade como um sinal de que há um sentimento bloqueado e investigue. Para fazer isso, é necessário encontrar uma forma de deixar o autojulgamento de lado. Em vez de combatê-la ou querer se livrar dela, tente ouvi-la com compaixão, como se uma criança tentasse lhe dizer o que está errado.

Compreenda. A ansiedade é um sinal de que há algo a mais querendo ser sentido. Em vez de nos punirmos quando nos sentirmos ansiosos, podemos encarar isso como uma pista útil de que há um sentimento por trás que precisamos aceitar e permitir.

Sinta. Tente definir o que pode estar por trás desses sentimentos. O que pode tê-los desencadeado? Existem outros sentimentos ou sensações se manifestando? Quando se sentir ansioso, tente encontrar um lugar tranquilo onde possa fechar os olhos e se concentrar no próprio corpo. Analise-se da cabeça aos pés. Onde você sente a ansiedade? Consegue se imaginar cavando mais fundo e vendo o que mais pode estar ali? Existem espasmos de tristeza ou rompantes de raiva? Será que é uma onda de empolgação ou medo? É possível que você esteja sentindo várias dessas coisas de uma vez só, e talvez seja confuso sentir-se animado e assustado ao mesmo tempo, ou zangado e feliz. Mas é normal experienciar mais de um sentimento ao mesmo tempo. Em vez de julgar, apenas permita que tudo o que você pode sentir esteja presente.

Aja. Como você se acalmaria se fosse uma criança? Em vez de ficar com raiva ou frustrado por causa da ansiedade, tente *oferecer a si aquilo de que precisaria se fosse uma criança com medo. O que você poderia fazer para se sentir mais seguro? Existem limites que podem ser colocados em prática nessas situações para que você se sinta mais acolhido?*

Nossos gatilhos são nossos mestres

Não estou insinuando aqui que todos os leitores que sofrem de ansiedade tenham passado por experiências semelhantes às de Kelley. Alguns de vocês podem ter tido pais que eram o oposto da mãe de Kelley (frios e distantes, ou que evitavam os próprios sentimentos), o que criou um tipo específico de ansiedade. O motivo da existência de sua ansiedade será só seu. A cura da ansiedade está em encontrar a razão, processar o que está por trás e, em seguida, dar a si o necessário para sentir-se seguro.

Então, em vez de tentar combatê-la, vamos pensar em como mudar sua relação com ela. A ansiedade está tentando protegê-lo de ser ferido novamente. Trata-se de um sinal de que pode haver limites que você precisa estabelecer, uma sensação de que você está fora de controle ou de que há áreas de seu passado que precisam de atenção. Parece clichê, mas é necessário aprender a parar de odiar esse sentimento. A ansiedade é a parte de você que está tentando mantê-lo longe do perigo.

Tente agradecer e lembrá-la de que você está em segurança agora, de modo que ela não precisa mais se preocupar. Geralmente é inútil tentar se livrar dos sintomas da ansiedade, porque eles estão lá por um motivo; estão servindo a um propósito. Então, em vez de combatê-la, tente compreendê-la. Tenha compaixão e, educadamente, informe que ela não é mais necessária.

O que ajudou Kelley?

Com o passar dos meses, Kelley começa a desacelerar. Ela passa a chegar na hora e a me pagar com regularidade. Também para de me fazer tantas perguntas pessoais. Começo a notar a mudança quando ela chega no horário, se senta, dá um grande suspiro e se recosta na cadeira. "Sobre o que vamos conversar hoje?", pergunta, alegremente. No geral, as ruminações ansiosas de Kelley começavam antes mesmo de ela se sentar. Naquele dia ela está parada, presente, em paz.

"Você parece diferente", comento.

Ela olha para mim. "Sim, me sinto estranhamente calma." Kelley faz uma pausa. "Isso é errado?"

Eu dou risada. "Agora você está ficando ansiosa por não se sentir ansiosa." Ela também ri, e percebo a leveza, o clima de brincadeira entre nós. Algo em Kelley está mudando.

A primeira coisa que pareceu ajudar Kelley foi mudar a relação dela com a própria ansiedade. Em vez de encará-la como uma aflição terrível da qual precisava se livrar, nós começamos a prestar atenção nela, a ouvir o que a ansiedade tentava dizer. "Ela existe desde que eu era pequena, quando as coisas estavam superinstáveis e minha mãe andava muito preocupada. O tempo todo eu achava que algo ruim ia acontecer só porque minha mãe estava sempre nervosa", explicou ela. Eu me perguntava se a ansiedade de Kelley não teria vindo tanto da mãe quanto de uma voz que ela criou para se sentir segura quando as coisas pareciam assustadoras. "Então ela está tentando me ajudar? A ansiedade?" Eu assenti com a cabeça, e Kelley franziu a testa. Tratava-se de um novo pensamento: o de que a ansiedade poderia estar tentando protegê-la, em vez de tornar sua vida miserável. No entanto, ao protegê-la, estava lhe fazendo mais mal do que bem.

Entender por que a ansiedade está presente é o primeiro passo para mudá-la. Em vez de combatê-la, culpá-la ou mesmo odiá-la, precisamos reconhecer que é um sintoma de uma parte assustada de nós e, então, oferecer a essa parte a compaixão de que precisamos para nos sentirmos seguros, de modo que possamos baixar um pouco a guarda.

Enquanto falávamos do passado de Kelley, outros sentimentos começaram a surgir além da ansiedade dominante. Ela admitiu que muitas vezes ficava furiosa com a mãe, embora sentisse que ela fosse muito frágil para lidar com a sua raiva. A falta de espaço, a carência, as exigências, tudo havia se acumulado em Kelley ao longo dos anos, pois ela não tinha um lugar seguro para expressar as frustrações. Essa raiva era saudável, pois isso permitiu que Kelley começasse a desenvolver alguma independência ao expressar a diferença em relação à mãe, estabelecendo limites para a frequência de jantares por semana (passando de todos os dias para duas vezes), para os assuntos que conversavam (encerrando as conversas quando ela começava a sentir que a mãe estava falando demais dos próprios encontros amorosos) e para as decisões que a própria Kelley tomava (carinhosamente deixando explícito para a mãe que ela já era adulta, que agradecia pela preocupação, mas que decidiria sozinha). Estabelecer tais limites ajudou Kelley a se sentir no controle da própria vida, como se agora ela estivesse no comando. Sentir-se mais no controle da própria vida, e não sob os caprichos de outra pessoa, faz com que o senso interior de confiança e força se desenvolva. "A minha casca está um pouco mais grossa", anunciou Kelley um dia após decidir se inscrever em um curso de arte, o que significaria sair da casa da mãe. "Eu sinto que consigo lidar melhor com isso."

Em uma sessão posterior, quando os dias calmos se tornaram mais frequentes, Kelley chegou com uma pergunta. "Estou confusa quanto ao motivo de isso estar funcionando... tipo, não entendo a terapia. Estou muito mais calma e menos preocupada, mas, por mais que tente, não consigo determinar o que ajudou." Eu sorrio. Trata-se de uma pergunta comum, e com a qual eu mesma tenho travado batalhas, porque o que ajuda é uma junção de muitos fatores; não se trata de uma solução isolada. Se eu tivesse que dizer o que ajudou Kelley, diria que foi uma combinação entre processar os sentimentos sobre o passado, aceitar o que ela não pode controlar no presente e encontrar o máximo de estabilidade possível (ao aprender a estabelecer limites e a defender suas necessidades) para que o futuro não parecesse tão assustador.

Mesmo assim, restringir o tratamento a uma única solução (sentir os sentimentos, estabelecer limites ou acalmar o sistema nervoso) faz com que um dos aspectos mais importantes seja perdido, a qualidade quase mágica que é difícil de colocar em palavras: o relacionamento terapêutico em si.

Não é coincidência que Kelley tenha começado a estabelecer limites na vida assim que começou a se acostumar com os limites da terapia. Até então, ela não tinha vivenciado a experiência de alguém que pudesse acolher e suportar seus sentimentos. Isso era algo novo: uma relação segura e confiável com alguém que não queria se tornar um só com ela, que não era frágil demais para suportar a raiva e o medo que ela sentia, alguém que apoiava a independência dela e estabelecia limites. Não estou tentando me gabar ou levar o crédito pelo trabalho duro de Kelley, mas, como faço terapia, sei o valor de experienciar um relacionamento com alguém que pode tanto abraçá-lo emocionalmente quanto ajudá-lo a se sentir seguro, em especial se você nunca teve isso.

É por isso que não há solução rápida para a cura e que é difícil resumi-la em alguns pontos bem definidos: o que funciona é uma junção de diferentes fatores. A tendência não é melhorar da noite para o dia. Não há esse "momento eureca" em que tudo muda de repente e a ansiedade desaparece em um piscar de olhos. Em vez disso, a cura se parece mais com um dia bom aleatório, depois uma cadeia de dias ruins, depois outro dia bom... até que chega um momento em que percebemos que faz muito tempo desde a última vez que tivemos um ataque de pânico ou uma crise de ansiedade. A cura se aproxima lenta e silenciosamente; é gentil e sem drama. E, claro, isso não significa que nunca mais ficaremos ansiosos.

A ansiedade de Kelley não desapareceu por completo. Como é natural, ela ainda dá as caras em momentos de incerteza e estresse. Mas agora sabemos que, quando os pensamentos começam a acelerar e o pânico aumenta, é um sinal de que Kelley precisa colocar o pé no freio, refletir sobre o que está acontecendo na sua vida, prestar atenção nos próprios sentimentos, ajustar os limites e fazer o que estiver ao seu alcance para ter estabilidade e se acalmar.

Dicas para acalmar a ansiedade momentânea:

- **Conecte-se consigo.** Faça o que puder para se sentir mais no controle (nomeie os itens no cômodo, use as mãos para fazer algo, observe o que consegue ouvir e tocar ao seu redor).

- **Respire.** Expire por mais tempo do que inspira. Isso relaxa o sistema nervoso.

- **Abra-se com alguém.** Guardar as coisas para si pode torná-las maiores. Contar como está se sentindo para alguém que lhe transmite segurança pode te ajudar a se acalmar.

- **Escreva.** Anote todos os pensamentos ansiosos para que eles não circulem na mente. Sem filtro, apenas expresse-se sem restrições.

- **Movimente-se.** Libere a energia física do corpo (faça um passeio, dance pelo quarto, pratique boxe, grite com a cabeça enfiada num travesseiro). Tente dar espaço aos sentimentos, expressando-os da maneira que o corpo quiser se mover.

- **Reflita.** Quando estiver mais calmo, tente pensar no que pode ter desencadeado a ansiedade e se há outros sentimentos sendo mascarados por ela.

Essas ferramentas podem ajudar no momento de ansiedade, mas não necessariamente impedirão que ela volte. São técnicas para lidar com a ponta do iceberg — mostram-se úteis na hora, mas para reduzir de verdade a ansiedade a longo prazo é preciso ir mais fundo.

TRAUMA, ESTRESSE E O SISTEMA NERVOSO

Por que não consigo relaxar e como me recupero do trauma?

O relógio faz tique-taque. Uma luzinha pisca no canto do teto. Um motor ronca em algum lugar. Um vizinho anda até o banheiro. Uma sirene toca em algum local próximo. Dá para ouvir Arlon suspirar. Ele se atreve a olhar para o relógio. São quatro da manhã. Suspira novamente, dessa vez soltando um som parecido com um rosnado, e se vira de lado. Por cinco noites seguidas, o sono não vem.

Enquanto a luz do dia inunda a sala, as consequências de outra noite sem dormir tomam conta de seu corpo. A cabeça lateja, os olhos estão pesados e o corpo parece de chumbo. O humor é o mais afetado; ele se sente deprimido, irritado e está prestes a chorar.

A privação de sono provoca estragos em seu sistema imunológico. Resfriados o derrubam quase toda semana, erupções cutâneas aleatórias surgem do nada, dores de cabeça se iniciam em momentos inoportunos, muitas vezes durante períodos em que está sobrecarregado no trabalho e não pode se dar ao luxo de tirar uma folga. Ele está lento e com dor, vive doente e nunca se sente bem o suficiente para se dedicar 100% a qualquer coisa.

Tudo na vida de Arlon estaria bem se não fosse seu corpo tentando sabotá-lo.

Ele procura as respostas para o que está errado. Pulando de uma consulta para outra com clínicos gerais e especialistas, Arlon sai com novas prescrições médicas para combater problemas de nomes impronunciáveis. O diagnóstico é de fadiga adrenal, deficiência de vitaminas, desequilíbrio do microbioma intestinal e várias alergias. Assim que trata um sintoma, outro surge, como naquele jogo, em que se tenta marretar toupeiras que saem de múltiplos buracos.

Arlon sofre ao longo dos dias, confuso e incerto quanto ao que está errado.

Durante um dos períodos sombrios em que luta para dormir à noite, ele ouve um podcast sobre estresse e saúde física. Desesperado para se sentir melhor e motivado por um impulso, marca uma sessão de terapia. Uma sessão não vai matar ninguém. À medida que a data da consulta se aproxima, a ansiedade se infiltra na forma de uma lista de razões por que a terapia não vai funcionar. Dez minutos antes da sessão, ele cancela a consulta. Arlon não é o tipo de pessoa que vai à terapia (não precisa desse tipo de ajuda). Além disso, se é uma questão física, então de que adiantaria falar das coisas? Ele precisa de tratamentos, não de conversas.

Arlon passa mais um ano em busca de respostas, ficando cada vez mais doente e estressado. As dores de cabeça passam a ser mais fortes e mais frequentes. Com alguma regularidade, ele pega alguma variante de gripe. Mal dorme e, quando acorda, seus olhos estão vermelhos e ele, mal-humorado. Por fim, depois de tentar de tudo, o parceiro dele o convence a buscar a terapia de novo. Como está exausto demais para discutir, Arlon cede. O que teria a perder?

Como o estresse nos deixa doentes?

Você já se viu tossindo e balbuciando, incapaz de sair da cama logo após um período estressante em sua vida? Talvez estivesse trabalhando muito, tentando fazer mil coisas ao mesmo tempo, não estivesse dormindo bem, e aí acabou pegando uma gripe. É como se seu corpo dissesse: "Chega, precisamos de descanso e recuperação agora mesmo." O corpo de cada um é diferente: alguns terão fortes dores de cabeça, noites maldormidas, talvez dores de estômago e problemas intestinais. O corpo está comunicando algo: ele precisa de uma pausa.

O que acontece quando esse estresse é constante? Quando nosso corpo está estressado há anos e alguns dias na cama não são suficientes para nos acalmar? Esse quadro pode levar a condições mais crônicas, como doenças autoimunes, câncer, diabetes, ataque cardíaco e AVC.

Tudo o que já nos aconteceu vive em nosso corpo, seja positivo ou negativo, quer nos lembremos ou não. Nosso corpo é o receptáculo constante que experimenta tudo pelo que passamos. Conforme vivemos, nosso corpo se adapta constantemente para a sobrevivência.

Até aqui você já entendeu que, quando as coisas são muito traumáticas, a mente e o corpo se separam, e que todas as partes difíceis podem ficar reprimidas no inconsciente. Embora a mente possa esconder nossas experiências negativas, o corpo não faz isso. É possível se sentir completamente à vontade em sua mente, como se o passado não o afetasse, mas seu corpo conta uma história diferente.

Você está preso na resposta ao medo?

Em seu livro best-seller *O corpo guarda as marcas*, o psiquiatra Bessel van der Kolk[7] entra em detalhes a respeito dos efeitos do trauma no corpo e menciona toda uma gama de tratamentos para ajudá-lo a se curar.

Ele explica que o trauma é, em essência, um grande choque para o sistema. Quando estamos com medo, nosso corpo aciona uma resposta (lutar, fugir, congelar ou colapsar) e secreta adrenalina, cortisol e outros hormônios do estresse.

Para liberar esse choque e sair do modo de resposta ao medo, as emoções precisam ser processadas. No entanto, quando esse choque não é liberado (o que muitas vezes acontece com os humanos), ele fica retido no corpo, escondido, então o sistema nervoso fica preso no modo medo. Se você não tiver espaço para processar os sentimentos após o trauma, eles não serão liberados do corpo, e o sistema nervoso permanecerá em estado de alerta.

Quando estamos presos nesse estado constante de medo e alerta, não sabemos a diferença entre uma ameaça real e uma ameaça percebida, então, como um alarme de incêndio hipersensível, a qualquer leve noção de perigo o sistema nervoso é acionado, liberando todos os hormônios do estresse e mais uma vez desencadeando essa resposta ao medo. Indivíduos traumatizados podem reagir com exagero a ruídos altos ou serem muito sensíveis ao humor de outras pessoas. Eles podem nunca se sentir relaxados, achar difícil ficar quieto ou podem ficar nervosos e ser hipervigilantes porque o sistema nervoso está aprisionado a um estado de medo, em alerta para o caso de algo ruim acontecer novamente.

Por que os humanos não completam o ciclo de estresse com facilidade?

Você sabia que quando presas, como antílopes, são perseguidas por leões e conseguem escapar, o corpo inteiro do animal treme de medo logo depois do acontecimento? No livro do dr. Peter Levine, *O despertar do tigre: curando o trauma*,[8] ele notou que o sistema nervoso de animais selvagens não costuma ser desregulado como o dos humanos. O autor percebeu que antílopes tremem para liberar toda a adrenalina e os hormônios do estresse ocasionados pelo choque. Depois que o tremor acaba e os hormônios do estresse são liberados, o antílope simplesmente se ergue, se sacode e continua como se nada tivesse acontecido. O ciclo de estresse foi, portanto, concluído.

Para os humanos, não é tão simples assim. Nós enterramos os sentimentos quando achamos que seremos rejeitados por mencioná-los ou expressá-los — ainda mais se nossos pais não se sintonizaram com nossos sentimentos ou não foram bons em se regular.

Quando jovens, somos muito mais vulneráveis e dependemos dos outros para nos sentirmos seguros. Portanto, se os traumas ocorrem quando somos jovens e não temos um cuidador carinhoso para nos acalmar, nosso sistema nervoso pode permanecer no modo do medo durante a maior parte de nossa vida adulta.

É possível que esse modo se torne trivial a ponto de não o notarmos. Por isso, aqui estão alguns sinais-chave de que o sistema nervoso está desregulado.

Sintomas de um sistema nervoso desregulado:

- Dificuldade em adormecer ou permanecer dormindo;
- dores de cabeça;
- problemas autoimunes;
- problemas intestinais e digestivos;
- memória prejudicada;
- dificuldade para relaxar;
- ansiedade e ataques de pânico;
- fadiga crônica;
- raiva explosiva;
- baixa autoestima;
- dificuldade em se acalmar;

- problemas de pele e inflamação;
- dependências;
- transtornos alimentares;
- sentimento de entorpecimento emocional ou dissociação;
- incapacidade de ficar parado;
- dor crônica;
- catastrofização;
- quadro de doenças frequentes;
- hipervigilância (estar nervoso ou excessivamente sensível a sons altos).

Se você tiver qualquer um desses problemas, sem razões físicas óbvias que os justifique, pode ser sinal de que seu corpo está mais estressado do que imagina. Muitas vezes, problemas físicos de saúde são um sinal de que o corpo está expressando o que a mente não consegue. Ficar aprisionado à resposta ao estresse afeta nosso sistema imunológico, o que pode nos impedir de combater doenças. Existem inúmeros estudos que mostram a ligação entre estresse elevado, trauma e problemas físicos de saúde, como câncer, diabetes, ataque cardíaco e AVC, doenças autoimunes, problemas intestinais, problemas do sono, entre outros.[9] Mesmo que não percebamos que estamos estressados ou que enfrentamos algum trauma, o corpo pode estar nos dizendo algo que não queremos ouvir. Portanto, em vez de ignorar o corpo, tente ouvi-lo.

O apego e o sistema nervoso

Nem todo sistema nervoso estressado é causado por um único evento traumático, como sofrer um acidente de carro ou ser agredido física ou verbalmente. Os estilos de apego também podem afetar o sistema nervoso (ver página 209). Relacionamentos seguros são essenciais para proteger as crianças, pois elas não são capazes de se regular sozinhas nos primeiros anos. Quando os pais são bons o suficiente, pode ocorrer a corregulação, na qual eles ajudarão as crianças a regular os estados emocionais, para que sejam capazes de se acalmar sozinhas quando adultas. Relacionamentos de apego inseguro podem levar a uma corregulação inadequada do sistema nervoso na vida adulta, resultando em um sistema nervoso desregulado.

Isso é especialmente verdadeiro se os pais forem uma das causas do estresse. Quando a resposta usual ao estresse (recorrer ao cuidador) está fora de cogitação, as crianças não sabem como regular os próprios sentimentos sem recorrer a ferramentas externas (como comida, dissociação, repressão, evitação e excesso de emoção). Isso porque a regulação inadequada nessa fase de desenvolvimento pode ter consequências significativas no cérebro, no sistema nervoso e na saúde física.

O sistema nervoso de Arlon

Em uma de nossas primeiras sessões, logo percebo o quanto Arlon é temeroso. Ele fala de uma situação no trabalho. Estava fazendo uma apresentação para um cliente quando começou a sentir indícios de enxaqueca. Conforme a visão embaçava, ele tentou continuar, torcendo para que ninguém percebesse as marcas de suor se formando nas axilas ou a maneira como ele estremecia a cada palavra. Enquanto ele me conta a respeito do olhar punitivo do chefe, a campainha do consultório toca. Arlon se assusta. Ele respira fundo e se endireita na cadeira. As bochechas ficam pálidas. É como se um leão tivesse rugido ou uma bomba tivesse explodido. Ele olha para mim com as pupilas dilatadas, como uma criança observando para ter certeza de que tudo vai ficar bem.

"Desculpa por isso", tento falar, gentilmente, para acalmar o pavor dele. "Parece que você ficou assustado."

"Tudo bem", responde ele (uma versão educada de "que isso não se repita"). Respeito as defesas dele e espero. O lábio inferior treme. "Acho que nunca deixei de sentir medo."

No momento, pode parecer que essas duas coisas não estão relacionadas (o nervosismo de Arlon e os problemas de saúde física), mas meu palpite é o de que ele pode ter enfrentado algum trauma que o deixou com medo crônico (ou seja, ele está com o sistema nervoso desregulado), o que pode ser o motivo de ele ficar doente com frequência.

Então, primeiro tento entender o que pode ter acontecido para deixar Arlon com tanto medo.

Por que ficamos presos à resposta ao medo?

Podemos pensar nesse tipo de nervosismo como uma forma de transtorno de estresse pós-traumático (TEPT) que uma pessoa desenvolve após ir para a guerra, sofrer um acidente ou ser abusado. Embora esses eventos sejam mesmo traumáticos, agora sabemos que há diferentes níveis de trauma. O sistema nervoso pode ficar desregulado como resultado tanto do trauma com "T" maiúsculo quanto do trauma com "t" minúsculo. A resposta ao medo será mais intensa em pessoas que sofreram abuso ou negligência sexual, física ou emocional, mas nosso sistema nervoso também pode ficar desregulado por conta de traumas com "t" minúsculo.

As crianças podem ficar traumatizadas por qualquer experiência em que suas necessidades não sejam atendidas, o que, se não for processado de modo adequado, pode gerar uma resposta exagerada ao medo. É possível que você não se lembre perfeitamente de algo ruim que aconteceu na infância, mas o seu corpo se lembra.

Ter pais cujo sistema nervoso é desregulado pode resultar em um sistema nervoso com a mesma característica. Talvez um dos seus pais seja ansioso, ou esteja zangado ou traumatizado. Mesmo que você não tenha sofrido um trauma óbvio, ser criado por alguém que vive em alerta máximo pode impedi-lo de aprender a se acalmar e a se sentir relaxado, então você também fica nesse estado apreensivo. Por meio da forma como reagem às coisas, eles acabam ensinando a você que o mundo não é um lugar seguro.

— *EXERCÍCIO* —

1. *Observe o que está acontecendo em seu corpo. Respire fundo e perceba quaisquer sensações.*

2. *Agora pense na sua segurança. Você consegue identificar um momento em que tenha se sentido calmo e seguro? Lembre-se de como seu corpo sentiu isso. Imagine-se lá, completamente relaxado e*

despreocupado, e volte a essa sensação sempre que precisar se reorientar no aqui e no agora.

3. *Pense em um momento em que se sentiu estressado. Não precisa ser um grande trauma. Vamos começar com algo pequeno. Qual foi a sensação de estar estressado? Onde você notou isso? Como seu corpo está reagindo ao se lembrar disso? Há alguma mudança em seu corpo em relação ao estado de calma? Permita que quaisquer sentimentos venham à tona. Se quiser chorar, chore; se quiser gritar, grite; deixe o corpo fazer o que quiser. Alguma imagem ou palavra lhe veio à mente? Observe tudo sem julgamento.*

4. *Quando se sentir pronto, volte para o lugar de segurança e conexão. Observe como o corpo muda. Consegue se sentir relaxado? Que mudanças ocorrem em sua respiração, no tórax ou em outras áreas de tensão? Não tenha pressa e deixe o corpo entrar em estado de calma.*

Este exercício é a primeira etapa para sair do estresse e passar para o modo segurança. Ao se permitir processar os sentimentos do evento estressante, você libera os hormônios do estresse (como o tremor do antílope) e, em seguida, permite que o corpo retorne ao estado de segurança e calma.

Esse tipo de exercício pode ser usado após qualquer evento estressante para auxiliar você a processá-lo no momento, evitando que seu corpo fique aprisionado à resposta ao medo. Essa técnica também funciona após eventos traumáticos, mas sugiro que faça isso na companhia de um profissional que possa ajudá-lo a de fato se sentir seguro e a processar o trauma de modo gradual e prudente.

Como Arlon começou a se curar

Depois de aprender sobre a resposta ao medo, Arlon percebe que seu sistema nervoso esteve em alerta máximo a vida toda. Para ele, dormir é perigoso. É o momento em que está mais vulnerável e não consegue se proteger. Juntos, percebemos que o corpo dele não vai deixá-lo dormir porque ele precisa ficar de olho no que pode dar errado.

O processo de cura dele envolve múltiplas camadas. Conversamos a respeito das coisas assustadoras que lhe aconteceram quando criança. Da maneira como ele pisava em ovos ao lidar com o padrasto, tentando dizer e fazer todas as coisas certas para não o irritar. Da maneira como o coração quase saía pela boca quando ouvia o barulho de pneu no cascalho. De como ele puxava as cobertas sobre a cabeça, tentando bloquear o barulho de vidro quebrando e os gritos da mãe no andar de baixo.

Juntos, trabalhamos para ajudar a mente e o corpo dele a aprenderem que ele não está mais em perigo. Primeiro, é importante que ele conte sua história. Isso se dá em parte porque, até então, ele nunca tinha falado de si mesmo de maneira reflexiva e em parte porque precisamos estabelecer uma sensação de segurança entre nós antes que ele possa começar a relacionar a própria história aos sentimentos difíceis em seu corpo. Depois disso, começamos a trabalhar em sua conexão com o próprio corpo. A cada sessão, pergunto o que acontece no corpo dele, como ele se sente e onde se encontra qualquer sinal de tensão. No começo, é difícil (ele costuma se sentir ansioso e nervoso, incapaz de sustentar um sentimento por muito tempo), mas, com o passar do tempo, fica um pouco mais fácil. Arlon começa a notar um arrepio sobre a nunca, uma sensação de pânico nos dedos. Também percebe sensações agradáveis: um calor no peito ou o conforto das costas contra a cadeira.

À medida que se conecta mais ao corpo, ele começa a levar isso para fora do consultório também. Usa um aplicativo de mindfulness e se junta a um grupo de respiração, no qual passa uma hora por semana se concentrando na respiração e relaxando o corpo. Depois dessas sessões, percebe que passa a ter um sono um pouco mais profundo. Ao longo do dia, naturalmente presta mais atenção no corpo, percebendo quando se sente mais estressado e nervoso em comparação aos momentos de relaxamento.

Depois do que classifica como dias "intensos", ele faz um esforço consciente para voltar para casa e respirar fundo, ou fazer uma caminhada leve para se acalmar. Também percebe a efervescência no trabalho. Quando as coisas realmente estão intensas e ele fica sobrecarregado, se permite usar cinco minutos para respirar fundo no banheiro ou dar uma volta pelo quarteirão.

Não se trata de uma cura milagrosa e instantânea. Ele chega à terapia com a cabeça latejando depois de uma semana de noites sem dormir, frustrado com o fato de não ver resultados após todo esse esforço. "Sei que é frustrante, mas você esteve com medo durante toda a vida... dê tempo ao tempo", falo. Ele persevera e, devagar, sem que nenhum de nós de fato perceba, começa a melhorar. Arlon consegue dormir oito horas pela primeira vez em anos.

Como traumas são curados?

Primeiro, é importante saber que é possível curar um trauma. O processamento dessa condição pode ter consequências que mudam a vida das pessoas. Isso não significa que estaremos completamente livres de seus efeitos. A realidade é que não podemos desfazer o trauma, mas sim encontrar maneiras de conviver bem com ele.

As pessoas costumam me perguntar como se faz para curar traumas e quanto tempo levará. É difícil dar uma resposta objetiva porque a cura é multifacetada e para cada um funciona de um jeito. Quem sofre traumas vai responder de forma diferente aos gatilhos e tratamentos. Mesmo para uma só pessoa, nenhum tratamento sozinho vai ser a resposta. A cura é, muitas vezes, uma combinação de diferentes práticas mentais e corporais.

O primeiro passo é reconhecer que o trauma aconteceu. Se você considera essa palavra muito forte para o que passou, uma opção é chamá-lo de outra coisa. Talvez algumas de suas necessidades não tenham sido atendidas quando criança. O importante é reconhecer que o passado interferiu na sua vida.

Portanto, o objetivo é se sentir seguro na própria pele e tolerar os sentimentos enterrados. Ao se conectar aos sentimentos e às lembranças que estão aprisionados no corpo, é possível liberá-los. Para sair da resposta ao medo que está introjetado no sistema nervoso, o corpo precisa aprender que agora ele está em segurança, que o perigo do passado ficou lá atrás. Isso pode reverter a divisão entre a mente e o corpo e verbalizar o que aconteceu com você como uma maneira de reintegrar os sentimentos que foram aprisionados.

Mesmo que você não se lembre conscientemente de um evento, é provável que o corpo se lembre. Quando se percebe as sensações no corpo e se permite que quaisquer sentimentos surjam, é possível começar a liberar o trauma.

Embora realmente possa ser útil dar sentido às coisas que aconteceram com a gente, falar sozinho não basta. Para processar o trauma, é preciso se conectar fisicamente a ele. Falar de um trauma sem se conectar aos sentimentos nem sempre ajuda, porque o que estamos tentando liberar são os sentimentos inconscientes aprisionados no corpo.

Em *O corpo guarda as marcas*, Bessel van der Kolk escreve que o corpo precisa de "experiências que respondam de maneira profunda e visceral à impotência, à raiva ou ao colapso resultantes do trauma".

Quando se experiencia sentimentos reprimidos e nada de ruim acontece, a mente e o corpo conseguem aprender que não há mais nada a temer e começar a sair da resposta ao medo.

Três regras de ouro para curar traumas:

1. **Não tenha pressa.** Como você precisa se sentir seguro para efetivamente se conectar à dor emocional, esse processo pode levar algum tempo. Não é algo que se deva apressar. A prioridade é garantir a sensação de segurança e a tranquilidade no processo. Isso pode significar ter que voltar aos eventos repetidas vezes, mas, a cada retomada, é possível se aprofundar um pouco mais e se conectar mais aos sentimentos.

2. **Não se retraumatize.** Pode ser traumatizante voltar a detalhes das coisas que aconteceram, sobrecarregando novamente o sistema nervoso, como se os traumas estivessem se repetindo. O processamento tem menos a ver com repetir as coisas traumáticas que aconteceram e mais com o fato de permitir que surjam quaisquer sentimentos ou imagens do passado. Muitas vezes não se trata de revisitar eventos passados; em vez disso, fatos que estão acontecendo neste momento podem desencadear esse processo. Em vez de voltar ao trauma, podemos trabalhar com os sentimentos que estão surgindo aqui e agora.

3. **Peça ajuda.** Passar por esse processo de cura não é fácil. Embora você seja o único que realmente pode se curar, ter uma testemunha para vivenciar o processo ao seu lado e ajudá-lo a se sentir seguro pode ser muito benéfico. Muitas vezes enterramos os sentimentos porque aprendemos que não é seguro ser vulnerável diante do outro. É o próprio ato de nos conectarmos a esses sentimentos na presença de outra pessoa que pode nos ajudar a nos sentirmos seguros novamente.

Dicas para se sentir seguro no próprio corpo:

- **Corregule.** Sentar-se com alguém que ouça sobre suas dores, além de contê-las, como acontece na terapia, pode acalmar o sistema nervoso. Ao notarem que o terapeuta está bem, não perdeu a cabeça nem abandonou você por ter se demonstrado vulnerável, sua mente e seu corpo aprendem que é bom ter esses sentimentos, que já não é mais preciso sentir tanto medo. Quando os pais ajudam a regular as emoções das crianças, elas acabam aprendendo a regulá-las por conta própria. Se você passou por um trauma, talvez nunca tenha aprendido a se regular. É um processo semelhante ao que acontece na terapia quando você corregula com o terapeuta.

- **Respire.** Quaisquer práticas de mindfulness, como ioga, respiração ou meditação, podem ajudá-lo a se acalmar e tirá-lo dessa resposta ao medo. Uma maneira comprovada de acalmar o sistema nervoso é expirar por mais tempo do que se inspira. Inspire contando até quatro e expire contando até oito. Faça isso por dez minutos quando estiver estressado e veja como se sentirá mais calmo.

- **Movimente o corpo.** Não digo fazer exercício, embora isso também tenha muitos benefícios para a saúde mental e física, mas sim movimentar o corpo para expressar os sentimentos. Talvez você queira berrar, socar um travesseiro ou gritar com a cabeça enfiada nele. Talvez queira ficar moroso, se abraçar e demonstrar carinho ou mesmo correr para imitar a resposta de fuga. Seja lá o que o corpo queira fazer, deixe-o se movimentar como bem entender. Pense naquele antílope tremendo para liberar os hormônios do estresse. Se você se sentir idiota, tudo bem. Sentir-se idiota é um preço baixo a pagar.

- **Toque e massageie.** Ao conhecer melhor o seu corpo, ao tocar-se ou permitir-se ser tocado por outras pessoas, você ensina ao sistema nervoso que é seguro estar no próprio corpo e o incentiva a relaxar em um estado mais regulado e calmo. Isso pode envolver abraços de uma pessoa de confiança, massagens profissionais ou o autotoque, que é quando você se abraça ou se acaricia.

Por fim, duas partes importantes da cura são reconhecer que nunca estamos totalmente curados e cuidar de nossas feridas, tendo compaixão e compreensão com nós mesmos, em vez de sermos autocríticos. Isso pode significar reconhecer que, em uma festa animadíssima, talvez precisemos de dez minutos sozinhos, ou então que não devemos assumir muitos compromissos de trabalho estressantes, em vez de nos compararmos desfavoravelmente com pessoas que parecem conseguir gerenciar coisas do tipo com facilidade. Talvez nunca sejamos capazes de desfazer por completo o que nos aconteceu, mas podemos aprender a aceitar a situação e a viver com ela de maneira diferente.

DEPENDÊNCIA

Por que não consigo parar?

A primeira coisa que Lana faz depois que nos sentamos é pegar o celular para enviar um e-mail rápido antes de começarmos a sessão. Eu me sinto um pouco deixada de lado, mas isso me dá a oportunidade de observá-la — terninho cinza-carvão, salto alto, cabelo penteado para trás, rosto com expressão concentrada. A segunda coisa que ela faz é perguntar se as sessões podem ser de meia hora, em vez dos cinquenta minutos habituais. Está ocupada com o trabalho e não tem certeza se pode abrir mão de uma hora inteira de seu tempo.

O que Lana está me dizendo de fato? Ela está me dizendo que o trabalho é mais importante do que a terapia, que não considera isso uma prioridade, que quer controlar os limites do nosso tempo. Em geral, a terapia começa com uma luta de poder desse tipo (às vezes, as pessoas precisam testar os limites do terapeuta para garantir que o profissional está seguro, que não vai tombar se for pressionado). Embora pareça que ser complacente poderia ser útil para Lana, tenho a sensação de que ela está querendo que eu deixe explícito que ela está segura comigo, que ali há limites definidos, que ela não pode comandar esse show.

Eu digo a ela que as sessões são de cinquenta minutos. Ela revira os olhos, mas concorda em tentar, o que interpreto como um sinal de que passei no primeiro teste do limite.

Então ela me diz com todas as letras que não tem um problema. Lana tem consciência do que é saudável, raramente bebe, nunca fumou, pratica atividade física três vezes por semana e é altamente comprometida com o trabalho. É um desafio ser mulher na área de direito, notoriamente dominada por homens, mas ela é batalhadora além de ser uma advogada bastante respeitada. Com orgulho, me conta que as pessoas a temem. Eu entendo. Também estou com um pouco de medo dela. Não digo isso, claro, e a deixo continuar. Ao longo dos anos, a pressão aumentou, e o trabalho passou a ser seu único foco na vida. Lana não dorme muito. Ela acorda às seis da manhã para chegar ao escritório mais cedo, e sai por volta das nove da noite (quando tem sorte). "Estou aqui por causa de Antony", explica ela. O parceiro, Antony, sente que ele e os filhos estão sendo negligenciados. Ele mal vê Lana; as crianças perguntam por que a mamãe não janta com elas ou por que nunca vai assistir aos seus jogos.

"Eu não quero ser pai solo, mas a configuração tem sido essa", diz-lhe Antony. Ele não quer ir embora, mas talvez não lhe reste escolha se Lana não conseguir encontrar uma forma de estabelecer limites melhores para o trabalho, então ela está ali, contra a vontade, para salvar o casamento. Ela não acha interessante trabalhar menos.

A primeira vez que ela se atrasa vinte minutos, dou-lhe o benefício da dúvida. Ela não conseguiu sair da reunião; isso não vai se repetir. Então temos uma sessão de trinta minutos, como ela pediu no início. Na segunda e na terceira vez, ainda não digo nada, esperando para ver se ela chega na hora. Na quarta vez, começa a parecer um padrão. Um padrão no consultório de psicologia costuma significar uma comunicação inconsciente de algo. Eu só ainda não tenho certeza do quê.

Como Antony, começo a me sentir negligenciada, como se ela não se importasse comigo ou com a terapia, e passo a questioná-la se ela realmente se importa consigo mesma. Se ela despeja sua energia no trabalho, precisa pensar em si. Então, quando enfim chega, vinte minutos atrasada, pergunto a ela se se sente desconfortável em ter uma sessão completa, se está se atrasando para evitar algo. "Não, é só que eu priorizo o trabalho", responde Lana.

"Mais do que a si mesma?", pergunto. "Este é o seu momento para você."

Ela revira os olhos. "Você está falando exatamente como o Antony."

Esta não é a imagem clássica de uma pessoa dependente, mas a dependência é, sim, qualquer comportamento compulsivo usado para controlar uma dor psicológica. Lana não consegue parar de trabalhar — e a minha suspeita é a de que, se parasse, ela teria que sentir a dor.

Nathan

Por outro lado, as dependências de Nathan são mais convencionais. Desde os 14 anos, ele luta contra as drogas e o álcool. No início, ele estava apenas seguindo a maré, mas agora está com 35 anos e os amigos estão começando a desacelerar. Desse modo, ele percebeu que é o único que ainda quer ir para a farra todo fim de semana. O trabalho está sendo afetado, muitas vezes ele fica de ressaca e já passou vergonha em muitas festas do escritório. O parceiro dele acabou de terminar o relacionamento porque queria alguém mais sério, menos descontrolado. O irmão tentou até organizar uma intervenção.

Nathan começou a beber para se enturmar. Havia meninos mais velhos que não gostavam dele porque "desmunhecava" e era afeminado. Espalhavam boatos de que Nathan era gay antes mesmo de ele entender o que isso de fato significava. "Eu estudava em uma escola só para meninos na década de 1990", contou ele. "A palavra 'gay' era um insulto naquela época. Ninguém queria ficar perto de mim." O bullying era sutil, mas insidioso: davam risadinhas quando ele entrava em uma sala, distanciavam as carteiras para o mais longe possível dele, sempre o deixavam por último ao formar os times. Os amigos se voltavam contra ele por medo de serem condenados por associação. Na escola, Nathan passava a maior parte dos intervalos sozinho e triste.

Um dia, um "valentão" e seu grupo entraram furtivamente no vestiário enquanto Nathan tomava banho depois da aula de educação física. Ele precisou se esforçar muito para conter as lágrimas enquanto o grupo ria dele, pingando só de toalha e procurando suas roupas, em pânico. Mais tarde, encolhido na sala do diretor e usando trajes manchados do "Achados e Perdidos", Nathan prometeu a si mesmo que não deixaria isso voltar a acontecer. Ele precisava fazer algo para impressioná-los, para mostrar que era viril, aceitável, legal.

No dia seguinte, apareceu na escola com algo para compartilhar: uma garrafa de rum do armário de bebidas do pai. Na hora do almoço, tomaram goles adocicados nos fundos do ginásio. Ele nem acreditou em como o plano tinha dado certo. Um dia, ele estava sendo humilhado; no outro, bebia com o grupo dos garotos descolados. Os meninos limparam a boca com a manga da camisa e esconderam a garrafa vazia atrás de uma árvore. "Você pode arranjar outra?"

"Claro." Nathan assentiu como se sua vida dependesse daquilo.

Ao pagar seu imposto diário com as garrafas, ele começou a ser aceito pelo grupo. Deixou de ser espancado e ridicularizado e passou a ser convidado para festas. Os insultos homofóbicos pararam e, quando teve que lidar com sua sexualidade, não se atreveu a se assumir por medo do que as pessoas poderiam fazer com ele. Em vez disso, passou a beber. Quanto mais selvagem era seu comportamento, mais era aprovado. Ele era o mais alcoolizado em todas as festas, o único a comprar identidades falsas para os novos amigos, o primeiro a fumar maconha e depois o primeiro a ingerir medicamentos. A bebida foi a porta de entrada para ganhar respeito e poder. Infelizmente, não era uma solução a longo prazo. Agora ele é adulto, e as pessoas não o respeitam mais. Na verdade, quando é o único cambaleando no bar assim que as luzes se acendem, ele percebe olhares como os da época de escola, como se ele fosse patético, um fracassado. Mas Nathan não consegue parar.

É isto o que define a dependência: não a substância ou o comportamento em si, mas algo que alguém não consegue parar. Por que não conseguimos parar? Por que Lana não pode simplesmente trabalhar menos para salvar seu relacionamento? Por que Nathan não consegue parar de beber, como todos lhe dizem para fazer? Por que eu não conseguia parar de comer?

Nós não conseguimos parar porque o comportamento de dependência está servindo a um propósito importante: ele está nos impedindo de sentir dor. Mesmo que a dependência e suas terríveis consequências criem dificuldades potencialmente maiores, nossa mente pensa que a dor original da qual estamos fugindo é mais perigosa. Ao distrair nossa mente da ansiedade subjacente, estamos fugindo da verdade inconsciente que não queremos enfrentar.

O que causa a dependência?

Para curar a dependência, temos que entender o que é a dor emocional e por que não conseguimos nos acalmar. Os bebês dependem dos pais para ficarem calmos. Pais seguros vão ensinar ao filho que os sentimentos dele são administráveis, identificando as necessidades do bebê e, assim, ajudando a acalmá-lo. Muito disso não precisa sequer de palavras. Pais seguros que respondem às necessidades do filho fazem o bebê se sentir protegido, o que acalma seu sistema nervoso e o ensina a regular os sentimentos. Se os pais sofrem de estresse ou depressão, são ausentes, emocionalmente despreparados ou ativamente abusivos, é provável que não transmitam segurança nem acalmem os filhos. O que nos leva a encontrar outras maneiras de lidar com as situações, como por meio de comportamentos de dependência que liberam hormônios prazerosos e gratificantes que, por um momento, nos confortam.

Estamos tentando preencher um vácuo de cuidado e atenção que não recebemos. Em seu trabalho sobre narcisismo, o psicólogo Heinz Kohut fala de dependência e outros problemas de saúde mental em termos de déficits[10] (esses fatores são o resultado de déficits nos relacionamentos da infância). O uso de substâncias químicas ou outras dependências são tentativas de compensar o déficit, como se a droga de que somos dependentes fosse uma pseudomãe que nunca tivemos, que nos acalma e está sempre presente.

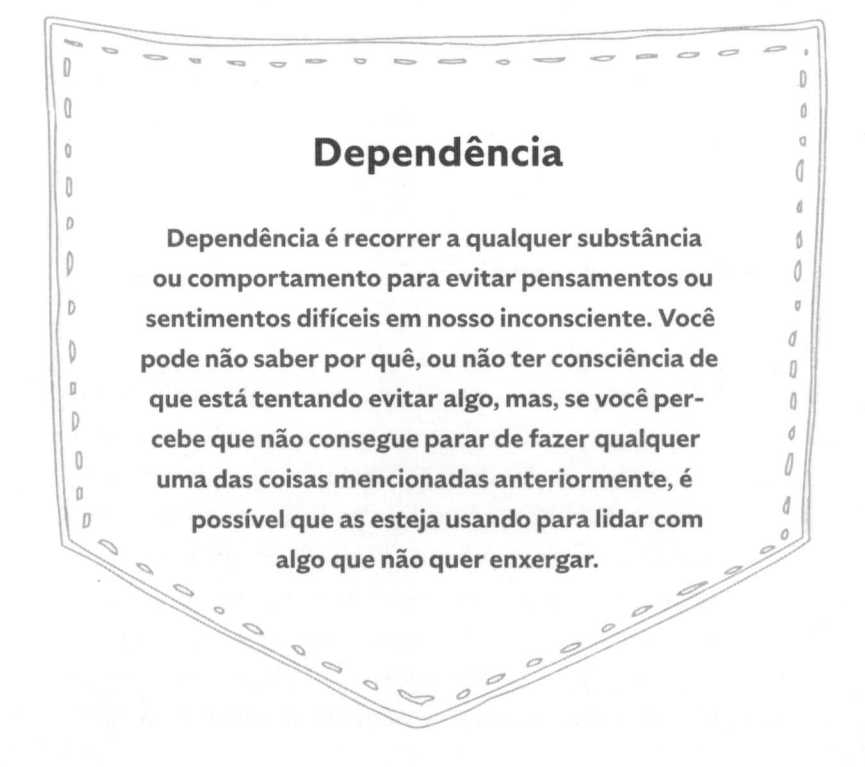

Dependência

Dependência é recorrer a qualquer substância ou comportamento para evitar pensamentos ou sentimentos difíceis em nosso inconsciente. Você pode não saber por quê, ou não ter consciência de que está tentando evitar algo, mas, se você percebe que não consegue parar de fazer qualquer uma das coisas mencionadas anteriormente, é possível que as esteja usando para lidar com algo que não quer enxergar.

Isso não quer dizer que um trauma desenvolvido na vida adulta não possa desencadear o vício (com certeza pode), mas muitas vezes esses primeiros relacionamentos moldam nossa forma de responder a experiências difíceis quando adultos. Se tivermos um déficit de cuidado e de atenção emocional, é provável que não tenhamos desenvolvido as habilidades para regular nossas emoções e cuidar de nós mesmos de maneira saudável.

Quando passamos por traumas e não temos pais emocionalmente atentos o suficiente para nos ajudar a lidar com a situação, a vida cria mais dor do que nossa mente jovem é capaz de processar. Algo profundamente difícil acontece e está além do que suportamos. O que acontece nesses casos? De forma muito inteligente, nossa mente e corpo dividem tudo em compartimentos. Pegam todos esses sentimentos avassaladores e os enviam para o inconsciente, onde não precisamos senti-los.

Não estamos entorpecidos porque estamos vazios, mas sim porque estamos lidando com muita dor. Para mitigar esse sentimento, recorremos a mecanismos de enfrentamento, que podem assumir muitas formas...

Uma lista (não exaustiva) de comportamentos usados para lidar com a dor interior:

- Praticar exercícios em excesso;
- ter uma alimentação desregulada;
- gastar com comprinhas;
- usar as redes sociais;
- apostar em jogos de azar;
- consumir pornografia e/ou masturbar-se;
- assistir à televisão;
- ter obsessão por limpeza;
- fazer sexo e ter relacionamentos;

- trabalhar;
- jogar videogame;
- usar drogas e álcool;
- buscar conflitos e drama;
- exagerar no açúcar (e comer em excesso no geral);
- conferir as notícias;
- ter pensamentos ou comportamentos obsessivos (TOC).

Você pode ler isso e reconhecer em si alguns desses comportamentos. Não se assuste! Distração e entorpecimento são perfeitamente normais, ainda mais no mundo em que vivemos hoje.

O comportamento ou a substância em si não importam, embora, é claro, eles sem dúvida interfiram na gravidade dos problemas que isso cria em nossa vida. Uma dependência em heroína é um monstro diferente de uma dependência em exercício físico ou em televisão, mas a raiz é a mesma (está sendo usada para manter distantes sentimentos e pensamentos mais sombrios).

Pensamos nessas coisas como autodestrutivas, e é exatamente isso. Estamos tentando destruir uma parte de nós mesmos: a parte vulnerável, ferida e aterrorizada demais para sair à luz do dia.

O que ajudou Lana?

Vamos usar nossa abordagem para ver o que ajudou Lana a começar a se curar.

Seja curioso

Lana só foi capaz de explorar a dependência do trabalho quando admitiu que era um problema para ela (e não para mim ou para o marido). Mais uma vez, ela estava atrasada para uma sessão, e eu comecei a ficar irritada. Lá estava eu, na hora certa, pronta para começar, e tive que me sentar girando os polegares à espera da paciente, que, por sua vez, não teve sequer a gentileza de me enviar uma mensagem avisando que se atrasaria. Não são apenas os dependentes que sofrem as enormes consequências do próprio comportamento; muitas vezes, outras pessoas ao redor também sofrem e, portanto, têm que segurar a barra — primeiro Antony e agora eu. Eu queria que Lana admitisse que era um problema, em vez de segurar a barra para ela.

Quando ela enfim entra pela porta, estabeleço um limite rígido. "Lana, seu atraso está privando você de uma sessão completa", digo. "Talvez seja o caso de pensarmos juntas se você consegue se dedicar à terapia." Era um risco — eu não queria parar de trabalhar com Lana, mas também precisava que ela, e não eu, experienciasse as consequências.

Ela me lança um olhar furioso, e então sua expressão se desfaz e seu corpo se desarma, aliviado. "Você está certa, não estou conseguindo me dedicar", diz ela. "Não consigo me dedicar a nada. O trabalho está arruinando meu relacionamento, agora está arruinando isso... Está arruinando a minha vida." Solto um longo suspiro de alívio, e ela também. É muito custoso manter essas defesas. Consigo ver que, ao admitir o problema, algo se liberta em Lana. "Por que sou assim?", pergunta ela, mostrando vulnerabilidade.

"Não sei", respondo. "Vamos tentar descobrir juntas."

Compreenda

Lana chega irritada, mas na hora. Está menos arrumada do que o normal, com um nível de ansiedade que eu nunca havia notado antes.

"Tive um sonho estranho ontem à noite", relata ela rapidamente. "Teve um vazamento em um barco e a água estava inundando tudo. Eu estava tentando dar um jeito, criando um bloqueio com o que encontrava pela frente, mas esse cara continuava vindo e tirando tudo, e eu tentava enfiar mais coisas, mas aí acabei ficando muito irritada porque a água estava subindo cada vez mais e então eu gritei para esse homem: 'O que você está fazendo?' Olhei para cima e era o Jack."

"Jack?", pergunto. "Quem é Jack?"

"Hum, ninguém." Lana faz uma pausa. "Eu tenho um tio chamado Jack", diz, de forma quase inaudível. Tento olhar nos olhos dela, mostrar minha confusão. Lana volta o olhar vazio para a parede, como se tivesse sido tomada por um espírito ou simplesmente saído de seu corpo. Fica sem dizer nada. Tenho vontade de acenar, de trazê-la de volta à vida. Ela continua a olhar para o nada enquanto as palavras saem.

"Tio Jack", recomeça ela falando com a parede, "ele não era uma boa pessoa." Ela balança a cabeça e se recompõe, voltando a olhar para mim. "Não quero falar disso, tudo bem?"

Assinto com cuidado, sabendo que Lana precisa se sentir segura neste momento, mas que talvez precisemos voltar ao assunto em outra oportunidade.

Ela falta às duas sessões seguintes (compromissos de trabalho, aparentemente) e na próxima chega na hora, nervosa e pronta para contar sua história.

Os pais de Lana trabalhavam até tarde da noite, então o tio Jack a buscava na escola, lhe dava comida e a colocava para dormir. Ela não se lembra de muita coisa (as lembranças viraram um borrão), mas sabe que ele costumava tocá-la. Ela rapidamente volta os olhos para mim, certificando-se de que está tudo bem. Eu faço que sim com a cabeça, percebendo como é importante para ela expressar aquilo em palavras. Ela não contou a ninguém; era muito jovem para saber o que estava acontecendo, que dirá falar a respeito daquilo. Ela só sabia que era errado. Então começou a ficar até mais tarde na escola, ganhando tempo para não precisar ir para casa e ficar com o tio Jack. Ela fazia lição de casa extra, revisava atentamente a matéria antes de cada prova, participava de atividades extracurriculares e, às vezes, quando já tinha acabado tudo, até inventava trabalho para fazer, tudo para não ir para casa.

Ela considerava o trabalho reconfortante, seguro e livre de perigos. Já adulta, continua a trabalhar arduamente, embora tenha perdido o contato com o motivo pelo qual se esforça tanto.

Expressar em palavras uma história indescritível é profundamente importante. De fato, nem sempre temos como dar sentido às coisas que nos aconteceram. Não há sentido no abuso sexual, nenhum significado maior. Às vezes, coisas horríveis acontecem sem uma explicação lógica. Mas o que podemos fazer é tentar encontrar as palavras para expressar os horrores que vivem no nosso corpo.

Falar é um componente muito importante de remodelação das experiências traumáticas (dar sentido às coisas que nos aconteceram e contar as histórias que estão bloqueadas dentro de nós há anos). Para ser sincera, esse é um dos maiores privilégios do meu trabalho. Nada é mais comovente do que me sentar com alguém que está contando a história pela primeira vez ou vendo-a sob uma nova perspectiva. Para Lana, colocar em palavras essa coisa indescritível tornou o que aconteceu um pouco mais suportável e a ajudou a diminuir a vergonha que carregou durante todos esses anos.

Sinta

Enquanto colocamos em palavras algo como o que aconteceu com Lana, os sentimentos vêm à tona. Ela soluça, grita, choraminga, às vezes até ri. No início, os sentimentos têm que ser provocados aos poucos; é muito desconfortável para Lana admitir que era um pouco vulnerável. Já pensei assim também e aprendi, depois de muito tempo, que sou vulnerável, e você também é. Todos nós somos, independentemente de nos sentirmos ou não assim.

À medida que vamos falando mais a respeito do passado de Lana e de como ela age no presente, ela percebe que o trabalho a ajuda a fugir não apenas do passado, mas também do seu relacionamento atual. Ela também se dá conta de que ficou mais ocupada quando ficou mais íntima do parceiro. "Do que você tem medo?", pergunto.

"Não sei", responde ela. "De que ele veja que me importo, de que ele pare de se importar se eu deixar transparecer que preciso dele, ou algo assim, e então vai doer ainda mais." Parece que Lana é dependente do trabalho também para evitar ter que se sentir dependente do marido e assim mitigar a dor e o medo de não se sentir cuidada.

Aja

Lana começa a reconhecer o medo que tem de depender de Antony. Para se proteger do abuso sexual, ela deixou de se aproximar de todos, em especial dos homens. O trabalho servia como uma rota de fuga. Juntas, criamos um plano: quando sentisse vontade de trabalhar mais ou cancelasse os compromissos com Antony porque tinha que trabalhar, aquele provavelmente seria um sinal de que, por trás, ela estaria com medo e sentindo a necessidade de se proteger ou se acalmar. Demora bastante tempo, entre algumas tentativas fracassadas e muitos rascunhos no aplicativo de notas, até Lana contar a Antony sobre seu passado e o motivo por ter focado tanto no trabalho todos esses anos. Os dois choram, e ele a abraça, prometendo que não vai machucá-la. Quando ela começa a falar de seus medos, a necessidade de trabalhar diminui. Ela estabelece limites com a equipe e reduz as horas de trabalho para ter mais tempo para o lazer em sua vida. O propósito a que o trabalho estava servindo (fugir de si mesma e do relacionamento) não era mais necessário.

Repita

Para os propósitos da história, isso pode parecer um processo linear, mas, acredite em mim, não é. Lana ficava curiosa, assimilava as coisas e sentia algo, depois voltava a dizer que estava bem e não sentia nada, trabalhava até tarde e cancelava uma sessão. Em seguida, havia outra fissura, ela mostrava alguma vulnerabilidade, chorava e talvez isso se traduzisse em ação. Então na semana seguinte mais uma vez ela chegava vinte minutos atrasada, de volta à estaca zero, dizendo que a terapia não estava funcionando e que ela não tinha problema algum. Era como se Lana fosse uma tartaruga assustada, que ousava colocar a cabeça para fora por um momento e depois imediatamente recuava para seu casco de segurança. Depois de um tempo, ela colocava a cabeça um pouco mais para fora e se escondia de novo. O processo consiste em pausas e retrocessos, porque é isso que as pessoas precisam fazer para se sentir seguras. Mas isso faz parte da magia, porque, a cada repetição, uma outra camada é processada. E Lana acabou conseguindo sair de seu casco com segurança e viver uma vida diferente.

Então como faço para me curar?

Como terapeuta, tento falar pouco da real dependência ou distração, para a infelicidade dos meus pacientes (a dependência é muitas vezes a única coisa da qual eles querem falar), e, em vez disso, busco direcionar a conversa para aquilo de que eles não querem falar: a dor que estão escondendo.

Combater a dependência, tentar parar, praticar a força de vontade e criar melhores hábitos são ocupações úteis, mas também são a ponta do iceberg e é improvável que curem a raiz do vício. Quando descrevemos a nós mesmos ou aos outros como alguém com uma personalidade propensa à dependência, na verdade estamos descrevendo uma pessoa que é sensível ou traumatizada e que está tentando regular os sentimentos difíceis. Pode-se tentar retirar a substância ou mudar o comportamento, mas a necessidade de se regular vai persistir.

Eu já trabalhei no atendimento de controle de peso do Serviço Nacional de Saúde do Reino Unido (NHS, em inglês) como terapeuta de quem passaria pela cirurgia bariátrica, e muitas vezes acontecia algo interessante após o procedimento cirúrgico. Muitos pacientes usavam a comida para lidar com alguma situação (o que eu chamaria de "dependência alimentar", embora alguns possam discordar), mas a cirurgia bariátrica de bypass gástrico tornava esses pacientes incapazes de comer o suficiente para se acalmar. A dependência da comida, de certa forma, estava curada; no entanto, a dor que tentavam amenizar com os alimentos persistia. O que víamos era algo chamado "dependência substitutiva", quando há troca de uma dependência por outra. Os pacientes adotavam novos mecanismos de enfrentamento que viciam, como alcoolismo ou jogos de azar. Por meio desse processo, eles encontravam uma solução rápida para o problema da comida (a ponta do iceberg), mas, em última análise, o problema nunca tinha sido a comida, e sim o vazio que estavam tentando preencher (a maior parte do iceberg).

Portanto, em vez de se culpar por sucumbir a qualquer dependência, tente reconhecer que seu vício está servindo a um propósito. Ele está ajudando você a lidar com algo que parece insuportável. A tarefa é tentar se conectar com o que pode ser isso, para que não precise mais recorrer à dependência.

Sei que é muito difícil. Pode parecer assustador. Foi para mim também. Infelizmente, às vezes as coisas pioram um pouco antes de melhorarem. Isso porque, para nos curarmos, precisamos passar por todas as coisas dolorosas que temos evitado.

O antídoto para a dependência é a conexão

O oposto da dependência é conexão. Conexão com outras pessoas e conexão com as partes vulneráveis de si mesmo que a dependência mascara. A dopamina e as endorfinas que buscamos através da dependência substituem o amor e a conexão que não temos. A dependência preenche o vazio deixado pela falta de conexão e amor. Mesmo que você esteja cercado de pessoas, é possível que não se sinta profundamente conectado e amado se estiver mantendo dentro de si as partes mais vulneráveis.

Quanto mais vulneráveis estivermos diante de pessoas seguras (ou seja, aquelas que suportam e abraçam nossa vulnerabilidade), mais conectados vamos nos sentir. Isto é o que acontece na terapia: aos poucos as pessoas começam a confiar no terapeuta e a mostrar a dor subjacente. O terapeuta, ao contrário dos pais, não julga ou rejeita, mas apoia e aceita. *É isso o que cura.* Não temos como nos curar sozinhos; a cura acontece dentro dos relacionamentos. Isso pode ser feito fora do consultório, compartilhando os sentimentos com as pessoas e permitindo-se depender e ser dependente dos outros. Quanto mais genuinamente conectados nos sentimos, e quanto mais comunidade temos ao nosso redor, menos precisamos nos acalmar por meio da dependência.

Isso começa com a conexão consigo mesmo.

Saber não é o suficiente

Saber qual trauma desencadeou a dependência é muito diferente de processá-lo. As pessoas me dizem o tempo todo: "Eu sei exatamente qual é o meu trauma, mas isso não me ajuda!" E elas estão certas, porque há o saber em um nível intelectual (por exemplo, "Eu sei que ter um pai abusivo surtiu efeitos negativos em mim") e o saber em um nível emocional (por exemplo, sentir como era assustador ter um pai que era agressivo e como não era seguro).

Lana sabia o que tinha acontecido com ela, mas até que fosse capaz de se permitir expressar a confusão que vivenciou, o desgosto, a tristeza e o horror, ela precisou usar o trabalho para lidar com a situação. O mesmo acontecia com Nathan. Ele sempre soube que o bullying o levara a começar a beber. A tarefa dele era se conectar aos sentimentos de inferioridade, isolamento e exclusão; a vergonha pela qual passou quando jovem, o que o levou a acreditar que havia algo de errado com ele.

Quando Nathan começou a falar do passado, descreveu em detalhes o que acontecia. Nas aulas, ele tinha que fazer dupla com a professora porque ninguém ousava chegar perto dele. O silêncio que tomava conta do ambiente quando ele tentava falar com alguém. Ser ignorado pelas pessoas que ele considerava amigas. A vergonha e a confusão do silêncio. A sensação de ser tão sujo e repulsivo que ninguém o tocaria. Foi agonizante ouvir aquilo. Eu olhava para Nathan, esperando que ele estivesse experienciando o mesmo tipo de tristeza e desconforto que eu, mas, em vez disso, ele estava sorrindo para mim, radiante e aprumado, como se tivesse acabado de me contar uma história sobre um cachorro fofo. Ele não estava conectado ao sentimento das palavras que havia acabado de me dizer. Eu estava sentindo tudo por ele.

Uma das razões de termos sobrevivido às coisas dolorosas que nos aconteceram é termos nos afastado de toda a dor para não precisarmos de fato vivenciá-la. Todo um arco de lembranças de grandes eventos é reprimido. O número de pessoas que não conseguem se lembrar de grandes partes da infância é surpreendente. Isso nos impede de enfrentar qualquer uma das coisas ruins que nos aconteceram. A questão é que elas não desaparecem, mas sim nos levam a procurar mecanismos de enfrentamento, mesmo que não consigamos nos lembrar da respectiva situação.

A cura vem com a tarefa de reunir todas essas partes separadas para que possamos voltar a nos sentir inteiros, para que a dependência não seja mais necessária para gerenciar esses fragmentos indesejados. Mais uma vez, a história do que aconteceu está ligada à dor. É um trabalho árduo ter que sentir as coisas que realmente não queremos sentir. É por isso que esse processo requer tempo, repetição e segurança.

A chave virou para Nathan quando ele foi trabalhar em uma quinta-feira, abriu a gaveta e descobriu que alguém havia embrulhado com papel de presente todos os seus itens individualmente. Enquanto os colegas de escritório riam e sussurravam, os olhos de Nathan marejaram. Ele correu para o banheiro para esconder a consternação e chorou copiosamente na cabine. Os colegas ficaram assustados. Era para ser apenas uma brincadeira inofensiva, e Nathan em geral era alegre e brincalhão, então eles acharam que ele aceitaria bem. Enquanto Nathan me contava o que aconteceu, dos colegas rindo enquanto ele desembrulhava o caderno e o lápis, ele se esforçava para pronunciar as palavras, como se algo o estivesse sufocando. Sua mandíbula tremia e a fala ficou quase incoerente. Parecia inofensivo, mas a reação de Nathan foi desproporcional.

Embora possa parecer que tais sentimentos têm a ver com o que estava acontecendo no momento presente de Nathan, a sensação foi a de que ele estava começando a processar o passado. Isso é muito comum durante o processo de cura. Quando começamos a falar do bullying pelo qual ele passou, os sentimentos vieram à tona, desencadeados pelo evento que espelhava o passado. Embora a brincadeira dos colegas parecesse inofensiva e engraçada, Nathan reagiu ao bullying de quando era criança. Isso tudo faz parte do que compreendo como "processamento". Ao passar pelo processo de terapia, é possível estar com raiva de um parceiro, quando, na verdade, se está com raiva do pai ou da mãe. Ou talvez alguém se pegue chorando ao ver uma criança fofa tomando uma advertência, quando, na verdade, a pessoa está chorando pela sua criança interior.

À medida que começamos a expressar em palavras as coisas que nos aconteceram, é normal que sentimentos difíceis apareçam. Ao sentir todas essas emoções, liberamos as histórias e a vergonha escondidas dentro de nós.

O desejo de beber de Nathan não desapareceu. Ele ainda tem gatilhos, ainda tem desejos de se entorpecer quando é inundado por emoções. A diferença é que agora ele consegue responder de forma diferente a tais impulsos. Ele sabe que o impulso de beber é um sinal de angústia, de que ele precisa voltar para si e se conectar com a parte que está implorando para ficar calma. "Meu Deus, eu só quero um drink", diz ele em uma sessão depois de uma briga com o parceiro, Adam. Eu não digo nada, esperando para ver como ele vai elaborar isso — o objetivo como terapeuta não é intervir, não é dizer ao paciente o que fazer ou o que isso significa, mas ajudá-lo a chegar a essa conclusão sozinho. Ele olha para mim ansioso, na expectativa de que o repreenda ou lhe diga para não fazer isso. Depois sorri. "Eu sei o que você vai dizer: que eu quero que a bebida me acalme. Que eu deveria me conectar com os meus sentimentos, blá-blá-blá." Continuo em silêncio. "Acho que estou me sentindo rejeitado. Brigar com Adam faz com que me feche, como se precisasse correr para me proteger, mas beber não vai me proteger, não de verdade." Eu faço que sim com a cabeça, impressionada com a evolução dele e me sentindo um pouco redundante. "É engraçado... Se você resistir à vontade de beber por tempo suficiente, isso se transforma em outra coisa."

"No quê?", pergunto, intrigada.

"Em dor, medo, vulnerabilidade. É como uma criança, o pequeno Nathan, querendo um pouco de amor. Mas aí, se você ficar com esses sentimentos por tempo suficiente, se deixar a criança fazer birra, isso se torna algo bastante suave, quase como um alívio. Em todo esse tempo que passei bebendo, fiquei impedindo esse processo, me mantendo longe da dor, mas também do alívio."

Fico pensativa e cheia de orgulho. Quero abraçá-lo ou aplaudi-lo (obviamente, não faço isso). Na formação de terapeuta, dizem que não se pode ficar muito satisfeito com os pacientes, porque isso os pressiona a achar que precisam se sair bem. Mas às vezes as regras existem para serem quebradas. Às vezes, temos que permitir que os outros mexam com nossas emoções e lhes mostrar que eles têm essa capacidade. Então, hoje, abro um sorriso largo, sabendo muito bem que ele pode não estar "curado", que ele pode nem sempre ser capaz de enfrentar a dor e encontrar o alívio do outro lado, que ele pode voltar a beber um dia e ter que reaprender essas lições. Ele sorri de volta para mim, satisfeito consigo. Ficamos sentados assim por um tempo, em comemoração silenciosa, sem mais nada a dizer.

Dicas para se conectar a emoções difíceis:

- **Permita-se sentir tudo.** Não tente forjar sentimentos. Você pode não sentir nada, se sentir entorpecido ou sem energia. Talvez você genuinamente só tenha sentimentos felizes e positivos.

- **Sintonize-se com o corpo.** Os sentimentos são apenas sensações físicas, lembra? Sintonizar-se com eles é sintonizar-se com seu corpo. Você pode fazer isso por si. Como está seu corpo agora? Dê-se um tempo para se conectar consigo mesmo. Seu corpo vai lhe dizer como se sente; você só precisa dar espaço a ele.

- **Escreva tudo.** Buscar um espaço para escrever livremente o que está pensando e sentindo pode ajudar a liberar emoções que você nem sabia que tinha. Separe alguns minutos todos os dias apenas para escrever, sem tentar melhorar o texto ou imaginar que alguém o lerá. Você está tentando criar um lugar livre de julgamentos, no qual seu inconsciente pode ficar seguro para despejar o que quiser.

- **Conecte-se à sua criança interior.** Às vezes, é mais fácil sentir empatia por uma criança do que por nós mesmos. Visualize-se como uma criança. Ela sempre se sentiu cuidada? Ela às vezes se sentia solitária ou incompreendida? Tente imaginar exatamente como ela se sentiu durante os momentos mais difíceis. Do que aquela criancinha precisava naquela época? O que ela precisa de você agora? Quanto mais visualizamos e nos conectamos à nossa criança interior, mais podemos ter compaixão e empatia por nós mesmos e mais podemos começar a nos conectar aos sentimentos dolorosos daquela criança, dos quais podemos ter nos desligado.

AUTOCRÍTICA

Por que sou tão duro comigo mesmo?

Por que você é tão idiota? Todo mundo odeia você... Todos estão falando pelas suas costas. Acham que você é irritante, boba, desinteressante, gorda, feia, irrelevante. Mesmo que você dê o seu melhor, nunca será boa o suficiente. As pessoas não te amam, e por que deveriam? Você é horrível. Você é patética, sensível demais, além da conta. Você é burra. Não importa quantas conquistas tenha, se seu desempenho é bom ou não... Por trás de tudo isso você não é nada.

Foi desconfortável escrever essas coisas, ver as palavras escritas. Essas são todas as coisas que já falei para mim mesma. Tenho certeza de que você se reconhece em algumas delas. Quando penso na quantidade de pessoas que falam assim consigo mesmas todos os dias, possivelmente dizendo coisas ainda piores, fico de coração partido.

O estranho é que nenhum de nós sonharia em dizer coisas tão horríveis para outras pessoas. Eu costumava conduzir sessões de terapia em grupo, e nós fazíamos um exercício que sempre me afetava profundamente. Nele, todos tinham que escrever em um pedaço de papel todas as piores coisas que diziam para si mesmos. Então as pessoas formavam pares e repetiam essas coisas em voz alta umas às outras, como se estivessem falando do parceiro.

Na verdade, quero que você faça isso agora. Pense nas três piores coisas que diz para si e diga-as em voz alta como se estivesse falando para outra pessoa. Se não tem ninguém por perto, imagine-se dizendo essas coisas a alguém. Pior, imagine dizê-las para uma criancinha.

Toda vez que conduzia esse exercício nos grupos, ninguém conseguia executá-lo, não conseguia dizer na cara dos colegas que eles eram feios ou chatos. Era muitíssimo desconfortável olhar alguém nos olhos e dizer que ele era uma pessoa horrível e sem valor que ninguém amaria. As pessoas muitas vezes choravam, descrentes de que diziam a si mesmas, tão à vontade, essas coisas que não ousariam dizer aos outros.

O engraçado é que a maioria das pessoas nesses grupos costumava desempenhar papéis de cuidador. Eram enfermeiras, terapeutas, professoras, mães, pais — que tinham facilidade para demonstrar bondade e consideração pelos outros, mas eram completamente incapazes de estender a mesma compaixão a si próprias.

Por que somos tão horríveis conosco e tão bons para os outros? Por que eu conseguia apoiar alegremente esse grupo de pessoas, mas, ao chegar em casa, tinha dificuldade em fazer o mesmo por mim?

Por que temos uma voz interior crítica?

Uma crítica interior é sempre uma crítica exterior que foi internalizada. Se você rememorar as coisas horríveis que diz a si mesmo, quase todas podem ter sido ditas por outra pessoa. Nós aprendemos o que é e o que não é aceitável com as pessoas e estruturas ao nosso redor.

Existem algumas maneiras de receber a mensagem de que há algo errado conosco:

> 1. **Diretamente:** de pais, irmãos ou professores críticos que nos chamam atenção por agir de determinada maneira, zombam das coisas que dizemos ou daquelas pelas quais mostramos interesse, nos pressionam para

sermos bem-sucedidos e acumulam expectativas sobre nós ou criticam o que fazemos.

2. **Por meio de ações:** às vezes, as críticas que absorvemos não foram transmitidas por meio de palavras. Como crianças são muito sensíveis ao fato de estarem ou não recebendo cuidado e atenção suficientes, quando não recebem podem supor que é porque há algo de errado com elas. Talvez a mãe fosse amorosa e carinhosa com o pai, mas dura e indiferente com o filho. Talvez professores na escola tenham implicado conosco e não com os outros, ou grupos de amizade nos excluíram e nos fizeram sentir inferiores. Todas essas situações nos passam a mensagem de que não somos bons o suficiente, de que não somos tão merecedores de amor quanto os outros.

3. **Indiretamente:** talvez os julgamentos não tenham sido direcionados a nós. Talvez tenhamos ouvido nosso pai fazendo comentários rudes sobre pessoas que são idiotas e não têm bons empregos, nos fazendo pensar que ele ficaria com raiva caso nos saíssemos mal na escola, ou talvez nossa mãe comentasse sobre o peso das pessoas, fazendo com que fôssemos duros com nosso próprio corpo quando ganhássemos peso.

4. **Da sociedade:** mesmo que nossos pais sejam os mais amorosos e solidários do mundo, ainda podemos aprender a nos criticar com as ideias conflitantes que recebemos do mundo a respeito de como deveríamos ser. Todos nós fomos ensinados que é melhor ser magro do que gordo, simpático em vez de bravo, que as mulheres devem ser femininas e doces, enquanto os homens devem

ser másculos e sem emoção. A lista de mensagens que recebemos sobre a maneira "certa" de ser acaba nos deixando com a impressão de que há algo inerentemente errado com a gente. Não há dúvidas: não estamos bem do jeito que somos.

E o que fazemos se nos dizem que estamos errados? Nós tentamos tudo o que estiver ao nosso alcance para estarmos certos. Nos esforçamos muito na escola ou fazemos coisas para impressionar as crianças descoladas, brigamos com os irmãos por atenção ou tentamos ao máximo não nos exceder ou ser muito carentes, ou nos tornamos exigentes e controladores para tentar atender às nossas necessidades. O tempo todo estamos dizendo a nós mesmos que algo está errado conosco, que estamos sendo tratados dessa maneira porque somos incapazes.

Então, de um jeito estranho, a voz interior crítica está ajudando você. Ela está tentando suprimir todas as suas partes que são consideradas socialmente inaceitáveis. É a voz da sua parte amedrontada e defensiva. Isso significa que lutar contra isso não vai ajudar. Em vez de ser duro consigo por ter sido duro consigo, tente ter compaixão pela parte assustada que só quer ser amada. A chave para acalmá-la é adotar uma voz mais gentil, receptiva e compassiva, que acabe abafando a mais crítica.

Fiona

Desde a nossa primeira sessão, fica claro que Fiona está furiosa consigo mesma.

Ela é uma mulher elegante, o cabelo grisalho preso em um coque arrumado, camisa branca bem passada e saia floral. Ela tira o blazer, dobra-o sobre a cadeira e, em seguida, se ajeita no assento como se estivesse posando para uma foto. Ela é meticulosa e perfeita. Em comparação, me sinto desalinhada. Ainda assim, por dentro, Fiona só vê bagunça.

Em dez minutos, ela me diz que odeia estar envelhecendo, que não é uma funcionária boa o suficiente, que está muito gorda, que é uma mãe terrível e que ninguém jamais vai amá-la novamente. Pergunto-lhe onde aprendeu a falar daquele jeito consigo mesma, e ela olha de volta como se eu tivesse perguntado sobre um problema complexo de matemática. "Aprender? Eu não aprendi, isso apenas sempre esteve presente".

"Como eram seus pais?", pergunto.

"Tenho 59 anos", diz. "Meus pais não têm nada a ver com isso." E, de certa forma, ela está certa. Embora o passado tenha impacto no que nos tornamos, nós não queremos ficar presos a ele. Fiona evidentemente está lidando com questões urgentes relacionadas a seu presente e também a seu futuro.

Uma das outras coisas que devemos considerar é o futuro que temos pela frente. O tempo traz mudanças, quer gostemos ou não. Aceitar a própria mortalidade é um desafio para todos nós; não há como escapar. À medida que envelhecemos, temos que lutar contra novas identidades e perdas (de pessoas que amamos e das expectativas que poderíamos ter para nossa vida).

Conforme o sexagésimo aniversário se aproxima, Fiona percebe que esperava que sua vida fosse muito diferente. Ela sacrificou a carreira para criar os filhos e trabalha em um escritório abafado com chefes que têm metade da idade dela. Fiona se separou quando os filhos foram para a universidade, e agora os dois moram no exterior, o que a deixa triste e solitária. Ela continua esperando que a vida tome a forma que ela imaginava quando era mais jovem, mas isso nunca aconteceu. Agora, com o passar do tempo, ela está cheia de culpa e aversão ao fracasso de sua vida.

Mesmo assim, há algo infantil em Fiona que me faz pensar que ainda existe uma parte jovem dela que ficou presa em algum lugar. É raro que pessoas tão autocríticas não justifiquem essa postura com algo que tenha acontecido na infância. Crianças não nascem criticando a si mesmas; elas aprendem esse comportamento. Há algo frágil nela. Tenho a sensação de que ela pode desmoronar se eu pressioná-la muito, então deixo isso para lá por enquanto e permito que ela volte a me contar todas as suas falhas como ser humano.

Na sessão seguinte, ela chega vermelha, gaguejando e prestes a chorar. A chefe excessivamente controladora enviou um e-mail passivo-agressivo pedindo a Fiona que comparecesse a uma reunião. Fiona está convencida de que vai ser demitida. Ela pega um lenço de papel e o dobra com perfeição em um triângulo minúsculo enquanto fala. Embora isso possa ser uma possibilidade, não parece haver muitas evidências de que ela será demitida, mas Fiona está presa em um turbilhão de catástrofes. Ela cometeu um erro de contabilidade, algumas informações confidenciais vazaram, seu último relatório não foi bom o suficiente — não importa o que seja, Fiona é uma idiota e vai sofrer as consequências. "Tem alguma chance de você não ter feito tudo errado? De a reunião ser sobre algo simples?"

"Não", responde ela, apertando o triângulo do lenço de papel entre os dedos. "Eu sou um fracasso."

É triste e difícil ouvir alguém se repreender assim. Ela me diz que é gorda e feia em quase todas as sessões. Às vezes, é mais fácil para as pessoas expressarem as vulnerabilidades em termos do corpo. É perfeitamente aceitável dizer a alguém que nos sentimos feios, e é menos aceitável dizer que nos sentimos extremamente tristes, furiosos ou que temos muitos ciúmes. Desse modo, todos os nossos sentimentos difíceis são depositados no corpo, onde podem ser expressos de uma forma mais palatável.

O mesmo acontece com a hipocondria ou a saúde física. Nós depositamos toda a nossa fragilidade no corpo, fazendo com que pareça que ele é o problema. Se pudéssemos apenas perder peso, mudar a aparência, ficar saudáveis, todos os nossos problemas iriam desaparecer.

Isso significa que a fonte da mudança é começar a se conectar às coisas que expressamos. Por baixo de "sentir-se gordo" em geral há algo mais complacente que não somos capazes de falar.

Coisas para dizer em vez de "Estou me sentindo gordo":

- Não me sinto bem comigo mesmo;
- acho que os outros não vão gostar de mim do jeito que sou;
- eu me sinto triste;
- tenho medo de ser rejeitado;
- estou me sentindo pressionado a ser de uma certa maneira;
- estou sentindo que não sou suficiente, não sou digno, não mereço ser amado.

Eu quero dizer a Fiona que ela é linda, que parece carinhosa, engraçada e inteligente, mas sei que esse não é o meu papel. Meu papel é ficar junto à voz crítica e ajudá-la a alcançar o que está por baixo.

"Parece que você vive em um estado permanente de pensar que vai se meter em confusão e depois se machucar emocionalmente", comento. "Eu me pergunto como seria tentar ser gentil consigo mesma."

"Dá para você parar de ser tão gentil comigo?", rebate ela, rasgando o triângulo ao meio.

"Por que o fato de eu ser gentil é tão doloroso?", pergunto.

Ela responde sem pausa, como se as palavras estivessem na ponta da língua o tempo todo. "Eu não mereço isso."

O ex-marido de Fiona muitas vezes foi bastante cruel com ela, humilhando-a por conta de seu peso e com frequência fazendo piadas à custa dela na frente dos amigos e filhos. A chefe também era crítica e microgerenciava tudo o que ela fazia. Até mesmo os amigos faziam piadas desagradáveis a seu respeito e muitas vezes a excluíam das programações. E Fiona simplesmente assimilava tudo, como o saco de pancadas que sentia ser. Não é coincidência que ela acabe nesse tipo de relação: ela se sente muito mais confortável em ser machucada do que amada.

Fiona passa a maior parte do tempo da terapia se atacando. É como testemunhar alguém dando tapas na própria cara repetidas vezes. Eu tento de tudo, comento que ela é muito dura, tento relacionar ao lugar de onde vem essa voz, ofereço compaixão e empatia, mas todas as minhas tentativas de aceitação e amor são rejeitadas.

Conversamos sobre a possibilidade de ela se impor diante de algumas pessoas em sua vida, de deixá-las conscientes de que a estão machucando, de estabelecer limites em torno do tipo de tratamento que ela está ou não disposta a suportar, mas nada muda porque, em última análise, Fiona acredita que merece esse tipo de tratamento.

"Você tem raiva por todos te tratarem assim?", pergunto.

"Não, não sou de ficar com raiva", responde ela.

"Bem, você é, sim", respondo depressa. "A questão é que você volta a raiva para si mesma." Compartilhamos um sorriso tímido. Ela se deu conta de algo.

Imagem corporal

Embora a cultura em torno dos corpos tenha criado uma crise de imagem corporal, também acho que a relação com nosso corpo reflete nossa relação com nós mesmos. Nós nos preocupamos com a aparência baseados no modo como pensamos que os outros vão nos enxergar e em como somos sensíveis à rejeição. Imagine viver em um mundo sem mais ninguém: você iria mesmo se importar em ter rugas, coxas flácidas ou nariz grande? Provavelmente não. Muitos de nossos medos em relação a aparência estão, na verdade, relacionados ao fato de as pessoas nos aceitarem ou gostarem de nós. Aderir aos padrões de beleza tem a ver com tentar pertencer a algum grupo. Isso significa que é provável que pessoas que nem sempre foram preparadas para se sentir amadas ou aceitas serão mais críticas em relação ao próprio corpo.

O medo da rejeição pode se manifestar em problemas de imagem corporal porque existem regras sociais muito explícitas. É menos provável que sejamos rejeitados se formos bonitos e magros, certo? Tememos, em especial, as coisas que já aconteceram, então criticar a aparência é a maneira de nossa mente tentar evitar que essa rejeição inicial (provavelmente na infância) volte a ocorrer.

A história real surge mais tarde, quando Fiona começa a ficar mais confortável. Quando ela tinha 7 anos, a mãe ficou doente, vivia internada e passava semanas sem ver a filha. Era aterrorizante ficar sem a mãe, e Fiona ficava doida para que ela voltasse. Como o pai trabalhava bastante, a avó de Fiona ia tomar conta dela. Ela era uma mulher rígida e religiosa, que carregava bastante vergonha e julgamento sobre como uma pessoa, em especial uma mulher, deveria ser. Embora a avó não a criticasse diretamente, ela deixou bem claro que havia uma forma certa de se comportar e existir, e não era compatível com o jeito de Fiona. Toda a vergonha carregada pela avó foi despejada sobre ela. Fiona fazia muita bagunça, era muito barulhenta e não se comportava bem o suficiente.

Fiona tentou de tudo para ser boa, na expectativa de que, se vivesse de acordo com todas as regras da avó, talvez a mãe voltasse para casa. Ela rezou, escreveu cartas para os médicos e praticou rituais noturnos em que lançava feitiços para fazer a mãe voltar. Às vezes, em sua cabeça de criança, ela se perguntava se a mãe tinha ido para o hospital por causa dela.

Fiona não fala de nada disso há anos. É estranho se lembrar da lógica de quando era mais jovem. Ela sente frio quando pensa na avó, lembrando-se da sensação de medo e desânimo quando via a bolsa floral dela no corredor e percebia o cheiro de limão da senhora azeda, sabendo que a adorável mãe não estaria por perto por um tempo. Ela tem lampejos de raiva da mãe (onde ela estava?). Por que ela não podia simplesmente estar bem como as outras mães? Mas era muito assustador sentir raiva quando a mãe era tão frágil e a avó, tão rígida.

Quando enxergamos nossos pais como pessoas frágeis, sentimos que eles não são capazes de suportar todos os nossos sentimentos difíceis. Nesse caso, é comum que crianças sintam a necessidade de proteger os pais, então elas guardam todas essas coisas dentro de si. Fiona não podia dizer à mãe que estava zangada por ela ter ido embora, que não queria ficar com a avó ou que estava infeliz e sozinha, porque não queria sobrecarregar a mãe com ainda mais preocupações.

Em vez disso, Fiona guardou todos esses sentimentos. O problema era ela; a culpa era dela. Às vezes, crianças podem acreditar que são mais poderosas do que de fato são. Talvez Fiona acreditasse, em algum nível, que havia feito a mãe adoecer, ou que a mãe estava ficando no hospital porque Fiona era insuportável. Como Fiona se sentia culpada e com medo desses sentimentos (e se eles deixassem a mãe ainda mais doente?), ela não tinha onde armazená-los, então eles ficaram lá dentro. Agora, já adulta, Fiona ainda acredita, em algum lugar lá no fundo, que não é suficiente.

Por que as crianças se culpam?

Aqui, vou apresentar o que penso ser um dos conceitos mais importantes da psicologia. É ele que nos faz entender por que é tão difícil pensar na infância como algo menos do que perfeito e também o que faz muitos de nós serem profundamente autocríticos. É a "defesa moral", explicada pela primeira vez pelo psiquiatra Ronald Fairbairn em 1943.[11] As crianças que são feridas pelos pais costumam se culpar. E essa postura, na verdade, é uma estratégia de sobrevivência muito inteligente que mantém forte o vínculo com os pais. Como precisamos que eles nos mantenham vivos, nossa mente não quer pensar neles como pessoas más. Isso significa que, quando somos maltratados, assumimos que a culpa é nossa, que somos más pessoas, porque pensar em nossos pais como pessoas ruins é muito assustador para nossa sobrevivência. Precisamos que eles sejam bons para que nos sintamos em segurança.

Em vez disso, voltamos a história para nós mesmos, e não para eles. Desse modo, mantemos a ilusão de que estamos no controle e acreditamos que, se nos comportarmos melhor na próxima vez, seremos amados. Isso significa que toda a nossa raiva e mágoa voltam-se contra nós. Achamos que não somos bons o suficiente e nos tornamos muito autocríticos. Quando adultos, talvez achemos que somos idiotas, que ninguém gosta de nós, ou então vivemos nos sentindo culpados por alguma coisa.

Tudo isso acontece sem termos consciência — você não saberá que está agindo assim, mas muitas vezes nossa voz interior crítica vem dessa crença inconsciente de que somos más pessoas, para podermos manter a crença de que nossos pais são bons.

Nós levamos para a vida adulta a ideia de que somos más pessoas, o que interfere bastante na nossa capacidade de nos amar. Não nos sentimos capazes nos estudos ou no trabalho e nos pressionamos muito para termos um bom desempenho. Imaginamos que nossos amigos nos odeiam ou que, em segredo, nosso parceiro acha que somos feios. Talvez sempre pensemos que as pessoas estão com raiva de nós ou que vamos enfrentar problemas no trabalho, ou talvez joguemos a culpa em nosso corpo, odiando nossa aparência. Esperamos que todos os outros percebam o que temos certeza de que é verdade: somos pessoas horríveis.

A garantia e segurança dos outros não ajudam. Até afirmações positivas não mudam de fato a maneira como nos vemos, porque os sentimentos não têm a ver conosco, mas sim com os cuidadores que nos machucaram. Para não direcionar essa raiva e esse ódio contra nós, precisamos encontrar um modo de sentir tudo isso em relação às pessoas que nos machucaram.

A solução é retornar esses sentimentos para as pessoas a quem eles pertencem, aquelas que nos machucaram. É desconfortável, mas precisamos mudar a narrativa de "Eu sou ruim" para "Eu fui maltratado" e começar a ficar com raiva e chateado com as pessoas que fizeram isso conosco.

É por isso que psicoterapeutas sempre insistem em falar dos pais. Os profissionais tentam acessar o grau de decepção em relação a eles, de modo a começarmos a nos libertar da culpa.

Essa também é uma das partes mais difíceis da cura. Ficar com raiva de nossos pais ou vê-los, de alguma forma, como más pessoas podem parecer atitudes desleais. Mas, repito, ao se recusar a enxergar quaisquer falhas, você pode acabar voltando toda a raiva e culpa contra si.

Ficar decepcionado não equivale a se sentir culpado. Não era culpa da mãe que ela fosse uma alcoólica explosiva, afinal, quando era mais jovem, gritavam com ela. Não era culpa do pai o fato de estar deprimido; o pai dele morreu quando ele era pequeno. Seus pais já foram filhos também, e os erros deles têm uma raiz, assim como os seus.

Só porque você os vê como falhos, isso não significa que não os ama; significa apenas que você já não está mais os protegendo. Nós temos o direito de ter mais de um sentimento de uma vez. Pode parecer muito confuso passar por isso, mas ser capaz de sentir amor e ódio por alguém, orgulho e inveja, raiva e carinho, é um sinal de grande maturidade emocional.

Se você está lendo isto e lutando contra coisas do tipo, eu o compreendo perfeitamente. Esta era, e ainda é, uma das partes mais difíceis da terapia para mim.

No entanto, também tem sido uma das mais benéficas para a cura. Quando comecei a perceber que nunca houve nada de errado em mim, consegui parar de ser tão dura comigo mesma. Muitos (inclusive eu), quando se permitem ter todos os tipos de sentimento doloroso em relação à própria família, passam a ter mais compaixão com a criança interior e começam a perceber que não são más pessoas; eles se consideravam pessoas ruins por causa de alguém que provavelmente só foi preparado para se sentir mal consigo mesmo.

— EXERCÍCIO —

SEJA CURIOSO: Quais são as suas características que você mais acha que serão julgadas ou criticadas? Qual é a crítica mais dura que a sua voz interior faz a você?

COMPREENDA: Onde você acha que aprendeu a falar assim consigo mesmo? Sabendo que você só está se criticando de formas que já foi criticado antes (direta ou indiretamente), tente descobrir onde aprendeu a falar desse jeito consigo mesmo. Você consegue pensar em um momento específico em que se sentiu criticado quando criança, direta ou indiretamente, por seus pais, amigos, mídia etc.?

SINTA: Lembre-se de que sua voz interior crítica só está tentando protegê-lo. Em vez de ficar com raiva de si por ser duro, tente se conectar com ela. Por que você acha que ela está com medo? Cite algumas palavras tranquilizadoras que você pode dizer a si mesmo (por exemplo, "Agradeço por tentar me proteger, mas não precisamos ter medo de ser muito carentes, idiotas, feios [insira algo crítico aqui]").

Por que a validação nem sempre ajuda

Embora a validação dos outros possa ser boa no momento, ela não resolve o problema mais profundo. A baixa autoestima vem de uma ferida provocada quando a pessoa não se sente boa o suficiente. Você pode ouvir todos os elogios do mundo, mas filtra isso porque realmente não acredita que seja verdade. Nenhuma validação externa será suficiente se você não se amar.

É por isso que a validação externa, embora temporariamente boa, não resolve nossos problemas relacionados à autoestima. O problema vem de dentro.

Para algumas pessoas, a validação dos outros pode piorar as coisas, porque não há nada em que projetar todos os sentimentos negativos delas, o que pode ser muito desestabilizador. Em certo sentido, elas precisam de um lugar em que a raiva e a perversidade sejam projetadas (elas mesmas), então, quando alguém elogia ou enche a bola delas, acaba sendo algo desconfortável porque elas precisam se ver como más para acreditar que outras pessoas são boas.

Como posso ser menos duro comigo?

Enquanto Fiona se esforça para se dirigir a si mesma com gentileza, introduzimos a Pequena Fiona no contexto. Começamos imaginando a menina conosco na sala, quantos anos ela tem, em que está pensando, o que está sentindo. Toda vez que Fiona vem à sessão com uma nova rodada de socos para desferir em si mesma por ter sido repreendida pela chefe ou por ter engordado alguns quilos, eu a lembro de sua versão criança. O que ela está sentindo agora? O que você diria a ela nessa situação?

A resposta dela é sempre a mesma: não é culpa da Pequena Fiona, ela é apenas uma criança, não fez nada de errado.

À medida que a culpa se afasta, ela começa a ter uma nova defensividade em relação àquela garotinha. Ela não merecia ser atacada sem motivo, pois era apenas uma menina. Juntas, choramos pela Pequena Fiona, que foi ensinada que era má pessoa apenas por existir. Ela fica com raiva pela Pequena Fiona. Quer voltar e defender aquela garotinha, gritar com a avó, dizer que aquilo era bullying e então resgatar sua versão criança. Ela não pode, claro, mas pega essa compaixão recém-descoberta e começa a voltá-la para si mesma.

Algumas pessoas chamam isso de "reparação parental", que tem a ver com se conectar com a criança interior e dar a si aquilo de que necessitava naquela época, mas não teve. É importante, no entanto, ter compaixão pelos pais também; afinal, eles já foram filhos, e ficar preso à raiva e culpá-los também não são atitudes úteis. Porém, ao reconhecer que as coisas que aconteceram com você não são culpa sua, é possível liberar toda a mágoa que está descontando em si, assim como Fiona fez.

Certa manhã, Fiona entra no consultório e se senta com uma energia efervescente que eu nunca tinha visto nela até então. "Consegui." Ela assoa o nariz em um lenço de papel, amassa-o descuidadamente em uma bola de papel e o joga na lixeira. "Consegui ser legal comigo mesma de verdade."

A chefe lhe enviou mais um e-mail depreciativo sobre não ter feito uma tarefa corretamente, e o autoataque de praxe começou. Ela era idiota, não era boa o suficiente para realizar aquele trabalho, deveria sair e seria melhor para eles não a ter por ali. Então parou e se lembrou da Pequena Fiona. Aquela criança assustada em seu interior que precisava de amor, não de ódio. "Estamos bem, cometemos um pequeno erro; isso não significa que somos más ou idiotas", disse ela à criança e à versão adulta de si. Fiona deu uma resposta confiante, em vez de fazer o pedido de desculpas habitual, e se presenteou com um pedaço de bolo quando voltou para casa.

O que de fato é amor-próprio?

Não sou grande fã da frase "ame a si mesmo"; acho-a condescendente e falsa. Dito isso, muitos de nós não nos amamos. Achamos que sim: podemos dizer frases positivas, escrever três características de que gostamos em nós todos os dias e até tentar investir mais no autocuidado. Mas isso é amar apenas parte de nós. O verdadeiro amor-próprio existe quando amamos as partes bagunçadas.

É amar a tendência a ser um pouco egoísta, a inveja que sentimos do melhor amigo, as partes amargas ou agressivas. O amor-próprio não tem sentido se amarmos apenas as partes "boas". Para conquistar o verdadeiro amor-próprio, é necessário amar as partes que estamos negando e projetando nos outros.

Você consegue amar as partes de si que a sociedade, e talvez até sua família, às vezes considera não amável?
Esse é o verdadeiro teste. Você consegue amar sua parte vulnerável? Você consegue amar a parte que às vezes machuca os outros? Se você for capaz de assumir e até mesmo ter compaixão por essas partes, estará no caminho do verdadeiro amor-próprio.

Dicas para ser menos duro consigo mesmo:

1. **Tente identificar de onde vem essa voz interior crítica.** A quem ela pertence? De que maneira fizeram você se sentir inferior ou errado?

2. **Entenda que não foi sua culpa, que fizeram você se sentir assim.** Ser criticado ou não aceito quando criança não é problema seu, mas sim daqueles que não conseguiam suportar a si mesmos.

3. **Conecte-se à dor daquela criancinha que as pessoas fizeram com que se sentisse insuficiente.** Mantenha isso em mente quando esses pensamentos odiosos vierem à cabeça. Essa criancinha merece que falem com ela dessa maneira? O que ela sente? Da mesma forma, sinta como é ser a parte crítica e irritada. Será que a raiva que você sente por si mesmo pode ser, na verdade, uma raiva contra as pessoas que te machucaram? Sua raiva é justificada; não há problema em senti-la.

4. **Tome medidas práticas para ter mais compaixão.** Quando perceber aquela voz irritada, tente neutralizá-la com curiosidade, em vez de acreditar nela. Acrescente outra voz mais amorosa e compreensiva para tentar neutralizar a durona.

5. **Continue repetindo essas etapas.** A voz vai voltar — demora até sermos mais gentis com nós mesmos. A melhor coisa a se fazer é continuar seguindo essas etapas de novo e de novo, e, com o tempo, a voz interior crítica ficará um pouco mais suave, e a compassiva, mais alta.

Parte dois:

RELACIONAMENTOS

COMPREENDENDO OS RELACIONAMENTOS

Quando era adolescente e estava começando a ter relacionamentos amorosos, eu achava que o amor era algo simples. Para mim, a parte difícil parecia ser, em primeiro lugar, encontrar alguém. Eu imaginava que, tendo feito o trabalho duro de ficar apresentável, ir às festas certas, flertar com alguém, pedir para um amigo perguntar se ele estava a fim, criar as mensagens perfeitas para fazer o outro acreditar que eu era descolada, me preparar psicologicamente para um encontro, tentar mostrar como era interessante e legal enquanto escondia todas as partes vergonhosas de mim e tentar manter essa nova personalidade criada a cada vez que encontrava a pessoa, o resto do relacionamento seria fácil, certo?

Quando comecei a estudar psicologia, com uma série de relacionamentos fracassados no histórico, percebi que os filmes estavam errados: a parte difícil começa após o primeiro beijo, depois que a magia e a fase da lua de mel revestida de ingenuidade terminam. Eu me lembro de uma vez dizer a um parceiro, logo nos primeiros dias de relacionamento: "De verdade, eu não mudaria nada em você", e após alguns anos estar desesperada para mudar a maioria das coisas nele, porque éramos incompatíveis e a maioria dos comportamentos dele me irritava.

Relacionamentos são complexos e muitos de nós entram neles completamente despreparados para os desafios que estão prestes a surgir.

Mas por que os relacionamentos são tão difíceis? Não deveria ser simples amar alguém e curtir a felicidade juntos?

Relacionamentos espelham o que precisa ser curado. Devido ao grau de intimidade envolvido nos relacionamentos amorosos, eles são mais propensos a espelhar os relacionamentos familiares e trazer à tona todas as dificuldades que enfrentamos na infância. É nos relacionamentos amorosos que temos que enfrentar conflitos, conversas difíceis, batalhas contra a vulnerabilidade, questões em torno de limites, sexo e compromisso. Eles nos provocam e nos expõem, além de nos forçar a enfrentar a nós mesmos.

Isso é uma bênção e uma maldição. Torna os relacionamentos uma potencial fonte de dor, mas também uma fonte de imenso crescimento. Quando reflete sobre seus relacionamentos, você aprende mais sobre si mesmo. Muitos de nós nos curamos por meio de relacionamentos, pois nos tornamos mais conscientes de como nos mostramos para outras pessoas, refletimos sobre o que podemos fazer de diferente e depois tentamos escolher novas maneiras de ser.

O mundo seria um lugar muito mais gentil e tranquilo se todos aprendêssemos na escola os fundamentos de como ter um relacionamento saudável. É vivendo os relacionamentos que aprendemos a torná-los saudáveis. E depois errando, aprendendo e tentando de novo. Quando nos falta conhecimento fundamental sobre nós mesmos e sobre como os relacionamentos funcionam, acabamos projetando em outras pessoas nossas partes indesejadas, indo atrás de pessoas que não são boas para nós ou escolhendo quem replica nossas feridas da infância. Para aprendermos a nosso respeito precisamos experimentar a nós mesmos em relação ao outro. Isso significa que os relacionamentos sempre terão um grande papel no processo de crescimento. Só é necessário que nos certifiquemos de permanecer sendo curiosos e tentar aprender com nossas experiências, ao assumir nossa parcela de responsabilidade, em vez de nos envergonharmos ou de envergonharmos o outro pelo que deu errado.

Meu eu adolescente achava os relacionamentos difíceis porque nunca tinha tido um antes. E se eu não tivesse passado anos fazendo terapia e refletindo, é provável que ainda estivesse cometendo os mesmos erros. Isso não quer dizer que agora sou um exemplo em meus relacionamentos; ainda estou aprendendo, assim como todo mundo. Mas o que posso afirmar é que, para serem bons, os relacionamentos exigem dedicação e prática. Nós devemos refletir constantemente sobre o que dá certo e o que não dá e nos tornar mais conscientes de nossos padrões e passado, para podermos aprender com o que não deu certo e nos esforçar para agir de maneira diferente na vez seguinte.

Nunca seremos perfeitos (errar é inevitável), mas pelo menos podemos tentar tornar os relacionamentos um pouco mais leves para nós mesmos.

Se você é como eu, vai ler esta parte do livro mantendo certa pessoa em mente. Você vai pensar em tudo o que há de errado com ela e em tudo o que pode fazer para mudá-la. Seja honesto: quantas vezes você já pensou "Se pessoa tal mudasse essa única coisa, tudo ficaria ótimo"?

Concentrar-se em mudar outra pessoa é, em última análise, uma forma de nos evitarmos. O que você pode não perceber é que, enquanto está pesquisando no Google como fazer alguém se comprometer ou ser menos distante e mais apegado, ou parar de ser tão narcisista, é menos provável que haja mudança no relacionamento, porque a única coisa que podemos mudar somos nós mesmos.

Nós precisamos entender isso. Algumas vezes, isso significa se afastar de uma situação que não está funcionando; em outras, assumir a responsabilidade pela nossa parcela nos fatos; e até iniciar conversas difíceis ou estabelecer limites. Vou falar sobre tudo isso nesta seção, mas peço que você faça o que levei anos para descobrir: **concentre-se em si mesmo**. Não use essas informações para tentar mudar seu parceiro ou parceira, pois vai ser perda de tempo. Reflita sobre *seus* sentimentos, *seus* padrões, *seus* comportamentos. Essa introspecção é o que gera a mudança.

Nos relacionamentos amorosos, não é possível de fato fazer coisas "erradas" ou "certas", mas sim aprender. E aprendemos tendo relacionamentos e novas experiências com diferentes tipos de pessoas e avaliando o que é bom para nós. Em vez de ver cada situação como um problema ou um campo minado, tente ver cada nova conexão e o primeiro encontro como oportunidades de conhecer melhor a si mesmo. É tudo um experimento para aprendermos do que gostamos, do que não gostamos, quais são nossos padrões, o que nos desperta gatilhos, e, em última análise, quem nós somos.

Dito isso, namorar faz com que nos sintamos muito vulneráveis. Evoca nossas necessidades e nossos medos primordiais — queremos ser amados, temos medo de ser rejeitados, corremos o risco de nos machucar, temos medo de acabar sozinhos. Portanto, embora na teoria seja tudo um aprendizado, também é normal ter gatilhos e se sentir desafiado. Seja gentil com você e tente ser curioso (e talvez até se divertir ao longo do percurso).

Claro, *todos* os tipos de relacionamento têm seus desafios, mas para esta seção vou me concentrar principalmente nos amorosos, porque costumam ser os que mais nos fazem sofrer.

Aqui vou abordar alguns dos problemas e padrões de relacionamento mais comuns. A lista não é gigantesca (embora existam inúmeros motivos para sofrer em um relacionamento), mas vou tentar cobrir algumas das questões centrais, o que pode estar por trás delas e o que pode ajudar.

Seção um
Estar solteiro

FICAR SOZINHO

Como posso ser feliz sozinho?

Costumam me perguntar isso com frequência, e eu mesma já tive essa dúvida. Nós somos uma espécie guiada por relacionamentos, o que significa que somos programados para o amor. Na sociedade moderna, a maioria já não vive mais em comunidades, o que resulta em um modo de vida bastante solitário. Vivemos em casas separadas, almoçamos à mesa de trabalho, ligamos para os pais a cada duas semanas, encontramos amigos para tomar alguma coisa rapidinho e depois mais uma vez voltamos para casa sozinhos. Não surpreende que muitos de nós desejem relacionamentos amorosos para satisfazer a própria necessidade de conexão.

Além de todo esse isolamento, costumam dizer que precisamos ser felizes por conta própria e para não ficarmos obcecados pela ideia de estar em um relacionamento. Como atender à necessidade de proximidade e intimidade e, ao mesmo tempo, à de ser forte e independente? Negar essa necessidade natural de um relacionamento não deve ser motivo de orgulho. Todos nós precisamos de pessoas; todos precisamos de relacionamentos para sobreviver. Não vamos nos envergonhar ao pensar que somos carentes ou desesperados por um relacionamento. A necessidade de se relacionar é tão válida quanto a de comer ou respirar.

Se você está solteiro e tentando suprimir a necessidade de conexão, é provável que acabe sentindo solidão e depois se envergonhe por se sentir sozinho. Quando penso na solidão, sempre me lembro do meu cachorro. Não há dúvidas que é cruel deixar um cão sozinho, pois eles são animais que vivem em grupo. E sobre isso a maioria diz: "Você não deve deixá-los sozinhos por mais do que algumas horas; caso contrário, eles ficam tristes." E os humanos?! Os seres humanos são mais sociais do que os cães, e ainda assim ninguém pensa que é cruel nos deixar sozinhos por mais do que algumas horas. Com certeza, ficar sozinho é normal e pode ser muito proveitoso, mas por que quase sempre somos encorajados a sermos felizes por conta própria? Nós não fomos feitos para sermos totalmente independentes uns dos outros, mas sim para termos conexão.

Uma lista de coisas que falei a mim mesma quando estava solteira:

- estou desesperada;
- eu deveria ser feliz por conta própria;
- não tenho valor, pois não estou em um relacionamento;
- todos sentem pena de mim;
- claramente, ninguém nunca vai me amar;
- eu me basto;
- sou muito carente.

Está vendo quanta vergonha existe aí? Desse jeito não se ganha nada: ora é errado querer ter um relacionamento, ora recriminam quem está sozinho. E não tirei esses julgamentos do nada, são doutrinas que absorvi da cultura ao meu redor, desde minha família me arranjando pessoas que evidentemente não combinavam comigo, passando pela minha exclusão em eventos apenas para casais, até as mídias sociais me dizendo para ser forte e independente. A pressão para estar imediata e simultaneamente confortável na minha solteirice é dolorosa e confusa. Deixe-me ser clara: não há nada errado em querer estar solteiro e não há nada errado em querer ter um relacionamento.

Mas não é preciso se amar antes de poder amar outra pessoa?

Dizem que precisamos ser felizes por conta própria antes de termos um relacionamento saudável, mas discordo. Acho que é possível encontrar uma grande cura em relacionamentos amorosos. Não é evitando o amor que aprendemos a nos amar. É nos relacionamentos que nos curamos.

Não estou dizendo que *precisamos* estar em um relacionamento amoroso para nos curarmos, ou que não podemos nos curar se estivermos solteiros, só quero desmistificar o fato de que é necessário se amar antes de estar em um relacionamento. O crescimento ocorre quando somos confrontados com os mesmos gatilhos e lidamos com eles de maneira diferente. Curar é ousar enfrentar tais gatilhos, em vez de evitá-los.

Nós somos seres relacionais, ou seja, precisamos de outras pessoas para nos sentirmos seguros. Isso vale não apenas para relacionamentos amorosos; o crescimento pode acontecer em qualquer tipo de relação. Você aprende a se amar quando se deixa ser amado por outros. Portanto, não pense que não pode se arriscar no amor se ainda estiver cuidando de si. O amor pode ser exatamente aquilo de que você precisa.

Uma das razões pelas quais ser solteiro pode ser tão difícil e os relacionamentos amorosos podem causar tanta dor é que a sociedade individualista em que vivemos nos diz que todas as nossas necessidades devem ser atendidas por nossos parceiros amorosos. Isso torna impossível encontrar alguém que atenda a todos os nossos critérios. Estamos contando com uma única pessoa para atender às necessidades que uma aldeia inteira costumava suprir. A expectativa que temos de que nosso companheiro seja ao mesmo tempo nosso melhor amigo, parceiro financeiro, companheiro de casa, nossa família e parceiro sexual é quase impossível de atender.

Isso também significa que, quando não estamos em um relacionamento, por padrão, achamos que estamos sentindo falta de alguém para preencher todas essas funções. A implicação natural disso é que, quando uma pessoa demonstra interesse, existe a possibilidade de nos sentirmos compelidos a ter um relacionamento com ela só para não precisarmos sentir a solidão que acompanha a solteirice em nossa atual sociedade.

Construa você mesmo uma aldeia

Ser feliz por conta própria requer a construção de uma aldeia, de modo que você possa sentir-se conectado fora de um relacionamento amoroso. Recorra a amigos, desenvolva novos interesses ou nutra as amizades já existentes que caíram no esquecimento. Marque férias, visite mais a família e, quando se sentir sozinho, entre em contato com as pessoas. Esse é o momento de considerar a qualidade das conexões que temos, e não necessariamente a frequência. Procure relacionamentos em que possa ser vulnerável. Participe de círculos ou grupos em que você realmente possa ser autêntico e se conectar em um nível mais profundo.

Então, ao longo do caminho, se houver algum interesse amoroso, você pode avaliar se ela é uma pessoa razoável, em vez de se atirar nos braços do primeiro que mostra interesse só porque você está ávido para se conectar com alguém. Quando nossas necessidades são atendidas por diversas outras pessoas e em diferentes áreas de nossa vida, há menos pressão em cima da vida amorosa. Dessa maneira, podemos optar por ficar solteiros ou por ter um novo relacionamento sem sermos movidos pelo desespero por qualquer tipo de conexão.

— *EXERCÍCIO* —

Quais são as suas expectativas em relação a um parceiro em potencial? Anote-as aqui (e seja honesto):

_____

_____

_____

Como você pode ter algumas dessas necessidades atendidas fora de um relacionamento amoroso? Existem outros relacionamentos que você consegue cultivar e que podem ajudar a tirar a pressão sobre seu parceiro em potencial?

_____

_____

_____

Pense em três coisas que você pode fazer por si e que resultam em romance, amor e conexão:

1. _____

2. _____

3. _____

_____

Para ser saudável, é necessário estar em um relacionamento?

Como nossa cultura é tão obcecada por relacionamentos, podemos ter sido levados a pensar que nossa saúde e felicidade dependem de estarmos em um relacionamento. Não é o caso. Você pode estar lendo isso e pensando: "Mas eu amo ser solteiro!" Não há absolutamente nada de errado com isso (não existe vergonha em querer estar sozinho). Estar solteiro não significa se fechar para o amor; ainda é possível amar e ser amado em outros tipos de relacionamento. Algumas pessoas de fato preferem ficar sozinhas, e isso é completamente válido (só é preciso ignorar as inúmeras mensagens de Hollywood, da Disney, dos pais, dos amigos, das redes sociais, do Dia dos Namorados e tudo mais).

Para algumas pessoas, é doloroso demais manter relacionamentos amorosos, e elas são muito mais contentes e equilibradas quando solteiras. Se você tende a se perder nos relacionamentos, estar sozinho pode ser a única maneira de manter o senso de identidade e de colocar as próprias necessidades em primeiro lugar. Ironicamente, muitas vezes é quando estou solteira que me sinto mais estável — não há um relacionamento complicado para jogar com minhas emoções, e acho mais fácil manter o senso de integridade quando estou sozinha. Relacionamentos são difíceis... Eles provocam gatilhos e refletem todos os nossos padrões. Os períodos em que estive solteira (e não atrás de alguém) foram, na verdade, aqueles em que mais me senti conectada comigo mesma.

Dito isso, evitar pode não ser uma solução a longo prazo se você deseja ter um relacionamento. Muitos sabotam relacionamentos porque, no inconsciente, têm medo. Se você está solteiro porque anda evitando a intimidade ou porque relacionamentos são muito dolorosos, pode haver algumas feridas não curadas que precisam de atenção para tornar sua experiência de relacionamentos um pouco menos difícil. Enquanto você está se cuidando e buscando melhorar, ainda pode encontrar conexão e romance em outras relações. Talvez elas até possam ser um espaço de cura antes de você enfrentar a intensidade de um relacionamento amoroso.

RELACIONAMENTOS FANTASIOSOS

Às vezes, a fantasia é mais fácil do que a realidade

Para alguns, é mais seguro e confortável permanecer solteiro e viver em relacionamentos fantasiosos, mesmo que, no consciente, queiram estar com alguém.

Jay me diz, com convicção, que arruinou a própria vida. Ao longo de toda a sua vida, tem estado desesperado para encontrar a pessoa certa. Por fim, ele a encontrou mas acabou estragando tudo. É por isso que está no consultório: quer recuperá-la e impedir que isso aconteça novamente.

Desde jovem, Jay é um romântico incurável. Era o garoto da escola que colhia rosas para as meninas e fazia pedidos de namoro no parquinho. A irmã mais velha costumava provocá-lo sobre sempre voltar para casa com uma namorada diferente, e ela nunca o deixa esquecer a vez em que ele, sem querer, acabou marcando dois encontros na discoteca da escola e teve que fingir uma doença para evitar que as duas paqueras descobrissem. Os amigos também zombam dele por ser muito emocionado e se apaixonar assim que uma garota lhe dá atenção.

Jay sabe que se apaixona fácil, mas não se cansa dessa sensação. Dois meses depois de terminar o último relacionamento, está pronto para conhecer alguém. Baixa aplicativos e começa a ter encontros, planeja noites de salsa e passeios ao luar ao longo do canal. Os encontros são um sucesso, mas as garotas, não. Não há nada errado com nenhuma delas, mas ele está em busca de algo definitivo, dos fogos de artifício, da sensação de coração acelerado que faz o tempo parar. Alguém diz a ele que o importante são os números, então ele aumenta a aposta e marca cinco encontros em uma semana. Ainda assim, ninguém lhe chama a atenção da maneira que deseja.

Em um dos encontros não tão bons em um bar local de jazz, uma mulher com um terno de veludo e top laranja brilhante sobe ao palco. Seu nome é Yaz, diz ela ao público com uma voz rouca. Elegante, olha na direção dele com um sorriso tímido e depois começa a cantar. Jay está hipnotizado. A maneira como ela se movimenta enquanto canta é ao mesmo tempo autoconfiante e vulnerável. Ele não consegue desviar os olhos da boca dela. A sua companhia pergunta a ele onde trabalha, e ele pisca os olhos e volta para a realidade, dando uma última olhada em Yaz antes de responder. Jay não sabe nada sobre aquela mulher, além do fato de que precisa dela.

Depois de levar sua companhia até o ponto de ônibus, ele corre de volta para o bar de jazz, rezando para que Yaz ainda esteja lá. Jay primeiro vê a caixa do violão apoiada no bar e sorri em comemoração. Então tosse, ajeita a camiseta e se senta ao lado dela…

O amor deles é tudo o que sempre quis: apaixonado, sexy, completo. Ele não se cansa. A irmã o provoca sobre a rapidez e a intensidade do relacionamento, mas ele lhe garante que agora é para sempre. Jay e Yaz conhecem os amigos um do outro; ela conhece a mãe dele. Depois de algumas semanas, até conversam sobre morar juntos. Talvez seja mesmo o grande amor com o qual ele tem sonhado. Então Yaz faz uma piada sobre ser a esposa dele. Jay tem um vislumbre de irritação, mas ignora. Depois ele percebe que Yaz, em vez de rir, tem o hábito de dizer "isso é tão engraçado", o que o irrita um pouco, mas ele também ignora. Na cama, os dois dançam com os braços ao som de uma música techno desconhecida que ele coloca para ela com orgulho, mas depois Yaz troca para K-pop. "Você só pode estar brincando", diz ele, mais como uma afirmação do que uma pergunta. Ela está séria. Jay conseguiria ficar com alguém que gosta de música ruim? As diferenças só aumentam. Yaz revela que um dia talvez queira morar fora; ele não quer sair de onde está. Talvez os dois não sejam tão compatíveis quanto ele esperava.

Preocupado, ele confidencia aos amigos que Yaz talvez não seja tão incrível quanto pensava, e eles dizem a Jay que ele pode estar enganado. "Ela é perfeita para você. Não desperdice algo bom… de novo." Mas a sensação persistente e incômoda não passa. Uma noite, ele se vê bêbado em uma boate. Uma garota olha para ele. Jay sabe que não deve, mas algo o domina, uma força maior, que suspende toda a culpa e a vergonha que ele sentiria na manhã seguinte. Ele a beija.

É só uma questão de tempo até que Yaz descubra e, abalada, termine o relacionamento. No fim, quem fica desamparado é Jay. Quando Yaz vai embora, as lembranças de suas falhas também se vão, deixando com Jay a versão idealizada que agora ele não pode mais ter. Os problemas que antes o atormentavam parecem irrelevantes. No que estava pensando? Não importa se ela gosta de música diferente ou se tem hábitos irritantes. Ela era sua alma gêmea, tudo o que ele sempre quis. Por que estragou tudo desse jeito?

Podemos chamar Jay de narcisista, traidor, um idiota insensível e egocêntrico. Essas coisas podem muito bem ser verdade, mas são a ponta do iceberg. Sob a superfície, Jay tem motivações inconscientes para estragar tudo. Ele sabotou essa relação por um motivo, só não sabe disso ainda. Por que fazemos isso? Por que sabotamos as coisas que sabemos que são boas para nós e que vão nos fazer felizes?

O que estava acontecendo por trás?

Isso me parece um caso clássico de autossabotagem. Assim que as coisas ficaram sérias com Yaz, Jay ficou assustado.

Lembre-se de que a nossa mente não se preocupa com a felicidade, apenas com a sobrevivência. Portanto, se o que deseja for visto como ameaçador, seu inconsciente vai sabotá-lo.

Por que Jay iria pensar que ficar com Yaz é uma ameaça à sua sobrevivência? Com certeza estar em um relacionamento feliz o beneficiaria, certo? Jay explica que os primeiros relacionamentos dele não foram as experiências mais felizes. Ele cresceu em uma região conturbada, em um local repleto de violência e crime. Era um garoto inteligente e feliz, que fez grandes amizades com os meninos da escola. Era "unha e carne" com o melhor amigo, Malik. As mães também eram melhores amigas e os meninos cresceram juntos como irmãos. Quando adolescentes, passavam horas rindo juntos de vídeos idiotas, sentavam-se um ao lado do outro em todas as aulas, trocavam conselhos sobre como conversar com as garotas. Malik estava em todas as fotos de família, em todos os Natais, em todos os dias mundanos, em todas as recordações e histórias da vida de Jay.

Até os 14 anos, quando o pior aconteceu. Malik estava no lugar errado, na hora errada. Jay se lembra de ter recebido uma ligação da mãe. O amigo estava tentando tirar a faca da mão de alguém e foi atingido no confronto.

A morte de Malik destruiu Jay, que ficou sem falar por três meses, com muito medo de abrir a boca e não conseguir aguentar a dor que sentia. Jay não chegou a dizer isso, mas ele nunca amou ninguém mais do que amou Malik. Esse tipo de perda não pode ser reparada, e jamais pode ser substituída. Jay passou pelo luto e seguiu em frente (ele precisava fazer isso), mas o coração nunca se curou, não de verdade.

Já adulto, Jay não se permite se aproximar de ninguém assim de novo. Traumatizado pela perda, a parte assustada dele sabota tudo quando as coisas ficam sérias, porque ele tem muito medo de voltar a se machucar. Embora anseie por amor e acredite mesmo querer um relacionamento, simplesmente não consegue arriscar sentir esse tipo de dor.

A autossabotagem acontece quando o inconsciente e o consciente estão em desacordo (quando pensamos conscientemente que queremos fazer uma coisa, mas nosso inconsciente faz o oposto).

Nós até podemos querer muito ter um relacionamento, mas se quando crianças aprendemos que estar perto das pessoas é perigoso porque elas desaparecem ou nos decepcionam, o inconsciente vai sabotar qualquer esperança de construir relações felizes. Se uma pessoa quiser parar de fumar ou beber, mas a mente aprendeu que essa é a melhor maneira de acalmar os sentimentos, ela vai ter muita dificuldade para alcançar esse objetivo.

O que aconteceu com Jay?

Jay se apega à terapia quase tão rapidamente quanto se apegou a Yaz. Tudo o que eu dizia era *incrível*, toda sessão era *transformadora*. Ele pensava de modo intenso entre as sessões e chegava repleto de novas lembranças e novos pensamentos que acumulava para me contar. E, enquanto falo, ele expressa surpresa, os olhos se arregalam como os de um garotinho tomando sorvete pela primeira vez.

Essa intensidade pode acontecer quando alguém começa a pensar em si próprio pela primeira vez; há uma esperança e uma emoção em ver as coisas sob uma perspectiva totalmente nova e em ter alguém para ouvi-lo, muitas vezes pela primeira vez na vida. Mas há algo na admiração obsessiva de Jay que parece um pouco surreal. Será que está me idealizando assim como fez com Yaz? Não vou mentir, ser idealizado desse jeito faz bem ao ego, mas também resulta em muita pressão, como se tudo o que digo precisasse estar perfeitamente sintonizado e ser perspicaz para atender às expectativas da versão que ele criou de mim.

Então o inevitável acontece: cometo um erro. Eu o chamo pelo nome errado. É um ato falho, que conserto e peço desculpas no mesmo segundo, mas o estrago já está feito. A decepção de Jay é palpável. Posso ver isso no modo como o corpo dele enrijece, como os olhos se voltam para o canto da sala, recusando-se a encontrar os meus. "Me desculpe", repito. "Você parece magoado."

"Tudo bem", responde ele, o olhar ainda fixo no canto. Sua retração é agressiva. Sinto que cometi um pecado terrível, que não tem conserto.

Jay não comparece à sessão seguinte. Fico me perguntando se está com raiva de mim, se está muito difícil vir e me comunicar isso, ou se ele está se afastando para me punir. Então recebo um e-mail: "Querida Annie, não posso mais ir às sessões, obrigado por tudo."

Demorei um pouco para entender o que aconteceu, e talvez nunca saiba por completo, mas suspeito que, assim como aconteceu com Yaz, Jay não era capaz de tolerar minhas imperfeições.

Para alguns, em especial aqueles que tiveram muitas decepções no passado, as pessoas são vistas como boas ou más. Esse é o caso mesmo que o outro não tenha tido a intenção de machucar ou não tenha culpa. A morte de Malik ensinou a Jay que as pessoas que ele ama vão deixá-lo e, portanto, não se pode confiar nelas. Assim que alguém nos machuca (mesmo que não seja intencional) ou comete um erro, nosso cérebro de criança determina que aquela não é mais uma boa pessoa e que ela não pode ser confiável. Na realidade, as pessoas não são boas ou más; todos nós somos capazes de machucar os outros e de cometer erros, ainda que nos esforcemos ao máximo para não chatear ninguém. Quando idealizamos as pessoas como Jay fez com Yaz e comigo, estamos nos protegendo da possibilidade de que um dia elas estraguem tudo e nos machuquem. Para ter relacionamentos próximos com as pessoas, temos que correr o risco de nos machucar.

Embora Jay conscientemente quisesse a terapia e a achasse útil, ele achou a proximidade e a vulnerabilidade do relacionamento muito arriscadas. Então, assim que cometi um deslize e caí do pedestal, imagino que tenha se tornado muito assustador para ele continuar a terapia e correr o risco de que eu voltasse a machucá-lo.

Fiquei com um sentimento de insatisfação e tristeza por não ter conseguido ajudar Jay com essa questão e por não ter conversado sobre como o aborreci e de que maneira poderíamos resolver aquilo. A idealização inicial de Jay em relação a mim era uma fantasia. Terapeutas nunca são perfeitos (ninguém é). Se Jay tivesse ficado e aprendido a aceitar que as pessoas às vezes erram, e que é necessário tolerar falhas se quiser estar perto delas, então talvez ele tivesse conseguido encontrar uma forma de passar dos relacionamentos fantasiosos para o Grande Amor que tanto queria.

Por que temos relacionamentos fantasiosos?

Relacionamentos fantasiosos são uma defesa contra a intimidade. Enquanto acontecem na nossa cabeça, não estamos arriscando o amor verdadeiro.

O amor é assustador. Quando nos permitimos amar alguém, ficamos vulneráveis. Acabamos nos colocando em risco porque o outro pode mudar de ideia, se afastar, nos trair com outra pessoa, morrer. Nunca é demais dizer que muitos de nós sabotam relacionamentos amorosos porque, no fundo, têm muito medo de se machucar. Isso é verdadeiro, em especial se a pessoa já se machucou antes, quando criança ou adulto. A expectativa é a de que o mesmo aconteça de novo, nos deixando relutantes em permitir a entrada de alguém em nossa vida.

Ir atrás de uma pessoa indisponível, com quem criamos um relacionamento inteiro na cabeça, é uma forma de minimizar esse risco.

Podemos afirmar que queremos um relacionamento, ter milhares de relações e ficar obcecados por estar com alguém, mas nosso comportamento conta uma história diferente. Nós sabotamos relacionamentos, escolhemos pessoas indisponíveis, rejeitamos quem gosta de nós e corremos atrás de quem não gosta.

Embora muito do que eu disse até agora envolva olhar para trás para compreender a nós mesmos, às vezes nossos problemas não envolvem apenas o passado, mas também o futuro e o que nos espera. O futuro traz o passar do tempo, o envelhecimento e as perdas que o acompanham. Por trás dos relacionamentos fantasiosos, às vezes pode haver um desejo de permanecer na infância, ainda ligado aos pais. Muitos de nós não querem ter que crescer e ter relacionamentos adultos com toda a intimidade e dor potencial que eles podem trazer.

Vamos detalhar algumas das razões pelas quais fugimos dos relacionamentos, considerando passado, presente e futuro.

1. **PASSADO.** Fomos muito machucados no passado, seja por nossos pais, amigos de escola, antigos relacionamentos. Se aprendemos que os relacionamentos nos trazem dor, esperamos que todos sigam o mesmo caminho. Fantasiar e ir atrás de pessoas que não podemos ter ou que não correspondem ao nosso sentimento nos impedem de ter que passar por toda essa dor novamente.

2. **PRESENTE.** Não queremos estar no presente pois nos sentimos solitários e envergonhados pelo fato de todos os nossos amigos estarem se relacionando com alguém quando nós estamos solteiros. Talvez sentir essa dor não seja uma opção, então criamos histórias nas quais a vida é diferente, sem vergonha ou solidão. Ou talvez estejamos em um relacionamento, mas presos à fantasia de que eles serão diferentes; não queremos aceitar quem é essa pessoa, porque, se o fizéssemos, teríamos que ir embora. Vivemos em uma fantasia para evitar a realidade.

3. **FUTURO.** Não queremos crescer. Se ainda não nos separamos emocionalmente de nossos pais, fica difícil

ter relacionamentos adultos sérios. Se um filho é muito próximo dos pais, e esses tendem a não o enxergar como um indivíduo separado, é possível que o filho esteja "enredado" com eles. Em geral, é o tipo de relacionamento em que os limites não são claros, em que o filho se sente responsável pelos sentimentos dos pais e luta para ter opiniões diferentes ou fazer coisas que eles não aprovam. Muitas vezes, quando ainda estamos enredados com os pais, pode ser um desafio desenvolver relacionamentos amorosos adultos, porque uma parte nossa não quer seguir em frente e sair do seio familiar.

Como se afastar de relacionamentos fantasiosos

Para sair de relacionamentos fantasiosos e embarcar nos reais, é importante reconhecer que uma parte sua provavelmente tem medo de estar em um relacionamento de verdade. Identifique e nomeie o que você teme. Volte aos relacionamentos que o machucaram e entre em contato com sua parte amedrontada e vulnerável. Ao aceitar essa parte e tomar posse dela, é menos provável que você fuja. Depois disso, você pode então refletir a respeito do que suas fantasias estão mostrando (elas podem ensinar a você sobre o que de fato deseja). Reflita sobre suas fantasias, identifique o que falta em sua vida e tente encontrar maneiras de satisfazer a esses desejos, seja por meio de relacionamentos amorosos ou outra coisa.

Em seguida, tente atender a essas necessidades por outros meios. Encontre um amigo com quem compartilhar hobbies ou experiências para obter mais segurança em relação a seu senso de quem você é; encontre formas de se sentir mais íntimo de si ou dos outros. Se conseguirmos atender às nossas necessidades fora de um relacionamento, haverá muito menos pressão para que ele corresponda às nossas fantasias mais loucas.

Se ter um relacionamento é algo que você deseja, então é preciso se arriscar. Isso significa permanecer em um relacionamento mesmo quando as pessoas não são perfeitas, significa tentar o melhor para fazer as coisas darem certo e desafiar seu sabotador interno quando ele entrar em ação. Sim, abrir-se para o amor significa que você pode se machucar, mas prometo que vai ficar tudo bem, porque, mesmo se as coisas derem errado, você ainda terá a si mesmo. E não há ninguém que possa tirar isso de você.

SOLIDÃO

Como posso me sentir menos solitário?

Uma das principais razões para as pessoas temerem ficar solteiras é a solidão. Embora seja uma preocupação muito comum e compreensível, ser solteiro não necessariamente significa estar sozinho, e estar em um relacionamento não necessariamente significa que você não esteja sozinho. Não há nada mais solitário do que estar em um relacionamento no qual não há conexão com o outro, em que é necessário esconder partes de si ou implorar por atenção. A solidão é algo um pouco mais profundo do que estar ou não na presença física de outra pessoa.

A conexão que temos com nós mesmos é o melhor indicador de como podemos nos conectar com profundidade aos outros. Se você quer ter conexões mais profundas com as pessoas, comece a se conhecer.

Para mim, a solidão tem a ver com quanto se é visto e compreendido. Em alguns momentos tive uma vida social próspera, estava cercada de pessoas, mas ainda me sentia indescritivelmente solitária porque não estava mostrando meu *self* autêntico, então ninguém nunca chegou a ver meu verdadeiro eu. Eu não fazia isso de modo consciente — eu mal estava ciente de que não estava usando o meu *self* autêntico, porque não estava mostrando isso sequer para mim mesma. Apenas me sentia vazia e desconectada.

A cura para a solidão é a conexão verdadeira. Isso significa retirar a máscara e ser vulnerável. Todos nós queremos ser vistos, mas só podemos fazer isso se nos atrevermos a nos mostrar.

Infelizmente, é mais fácil falar do que fazer, porque usamos essas máscaras por um motivo: nosso *self* inconsciente de criança acredita que elas estão nos mantendo seguros, tal como faziam na infância. Mas agora, já adultos, essa defesa nos mantém solitários e desconectados.

O que significa manifestar o *self* verdadeiro?

A ideia de um *self* verdadeiro ou falso foi proposta pela primeira vez pelo pediatra e psicanalista Donald Winnicott.[12] Segundo essa ideia, as pessoas manifestam um *self* falso, que é um tipo de máscara social que desenvolvemos para proteger o *self* mais verdadeiro e vulnerável. Usamos o *self* falso para nos adaptar a nossas famílias e à sociedade. É quando rimos de uma piada que, na verdade, nos ofende; é quando fazemos algo contra nossa vontade só porque outras pessoas querem; é quando não externamos que estamos chateados; é quando usamos roupas de que não gostamos só para nos encaixarmos em um padrão; é quando sorrimos para esconder a raiva.

Quanto mais nos sentimos aceitos por nossos pais quando crianças, mais nos sentiremos amados e aceitos pelo *self* verdadeiro. Nossos pais podem não ter sido perfeitos, mas, se aprendemos que é natural ter nossas necessidades e nossos sentimentos mais honestos, vamos crescer com a confiança de que podemos ser nós mesmos, de que, se chorarmos, alguém vai tentar de tudo para estar presente e nos compreender.

Se não nos sentimos aceitos ou não recebemos atenção suficiente por qualquer motivo (porque nossos pais estavam doentes, deprimidos, distraídos ou não estavam por perto, ou por sermos *queer*, trans, gordos, de um grupo étnico minoritário etc.), nós desenvolveremos um *self* falso, nos comportando da maneira que achamos que as outras pessoas preferem, e não de forma autêntica.

É aí que o hábito de agradar às pessoas pode surgir: achamos que precisamos ser bons, obedientes e agradáveis para sermos amados, então nosso *self* verdadeiro é reprimido.

Eu penso nisso como uma escala: qual é o tamanho do nosso *self* falso em comparação ao nosso *self* verdadeiro. Aqui estão alguns sinais de que o *self* falso predomina:

- você se sente solitário mesmo quando está com outras pessoas;
- você tem muita consciência dos sentimentos das pessoas e de como deve agir em situações sociais;
- você não costuma ter emoções fortes e, se tem, não as demonstra;
- você sente a necessidade de pensar positivamente e lutar contra a negatividade;
- você está concentrado na própria imagem e se preocupa com o que as pessoas pensam a seu respeito;
- você não se sente presente;
- você é uma pessoa bem-sucedida, mas por dentro se sente vazio;
- você tem dificuldade para ser vulnerável;
- você percebe que diz "estou bem" muitas vezes.

Se você se identifica com alguns desses sinais, é provável que esteja usando uma máscara social na maior parte do tempo, o que pode, sim, atrapalhar sua conexão com os outros e consigo mesmo. Muitos de nós não temos ideia de quem realmente somos (nosso *self* falso é tão bom que nem sabemos a diferença entre o que é falso e o que é verdadeiro). E aí construímos relacionamentos com base no *self* falso, mas em consequência há um vazio e a sensação de que falta algo.

A solidão muitas vezes pode ser o eco de uma experiência anterior de ter que esconder o *self* verdadeiro. Sua criança interior pode estar se lembrando de um momento em que teve que esconder quem era. Alguns de nós não tiram a máscara social desde a infância, então lá no fundo há uma criança muito solitária que almeja ser vista.

Tente conectar-se a essa criança, ser a pessoa que a vê, e, em seguida, aos poucos comece a mostrar essa criança aos outros. Essa é a melhor maneira de se sentir conectado. Mesmo que seja amedrontador e desconhecido, pelo menos você não vai se sentir tão sozinho.

Como se conectar ao seu *self* autêntico

Conectar-se ao *self* autêntico é sentir-se mais completo, deixando os sentimentos vulneráveis se manifestarem para se sentir mais vivo. E entrar em contato com o que você realmente quer, e não com aquilo que fizeram você acreditar que deseja, e depois aparecer no mundo sem se desculpar por quem você é de verdade. Para se livrar definitivamente dessa máscara, é necessário aprender que é seguro se expor.

Eu sei que é muito fácil dizer isso tudo e muito difícil e assustador colocar em prática (acredite em mim, já passei por isso). Mas o alívio e a liberdade de conhecer o *self* vulnerável e depois mostrar essa pessoa para os outros transforma vidas.

É aí que entra a terapia, por se tratar de um lugar seguro em que é possível praticar a manifestação do *self* autêntico sem as consequências negativas que se espera (tomara!). De aprender que é seguro ser verdadeiro, ter um lugar para se mostrar sem ser julgado por ser muito egoísta, bravo ou mau. É um lugar em que, às vezes lentamente, as paredes do *self* falso podem começar a desmoronar para que se possa conhecer a pessoa mais vulnerável que esteve escondida todos esses anos. Essa mudança permitirá que você não apenas se conecte com mais profundidade a si mesmo, mas também que, à medida que começar a externar essa vulnerabilidade, estabeleça conexões mais fortes com os outros.

Se não for possível fazer terapia, tente satisfazer suas reais necessidades no presente, mostrando sua vulnerabilidade a uma pessoa que transmita segurança e nutrindo aquela parte de si que esteve escondida a vida toda e está doida para ser vista.

Dicas para se sentir menos solitário:

1. **Tente conectar-se ao que você esconde.** Existem partes obscuras ou profundas das quais se envergonha? Por que você acha que não pode compartilhar essas coisas com outras pessoas? Você tem medo de que essas características o tornem menos digno de amor ou aceitação? As partes das quais mais nos envergonhamos são as que mais precisam de compaixão. Tente encontrar uma forma de aceitá-las para que elas não precisem mais ficar escondidas nas sombras.

2. **Tire a máscara.** Diga às pessoas como você realmente se sente. Quanto mais vulneráveis somos, mais próximos ficamos de ser compreendidos.

3. **Encontre uma comunidade de pessoas que pensam de modo semelhante.** Procure relacionamentos em que você de fato possa ser você mesmo. É mais fácil ser aberto e vulnerável com novas pessoas, em lugares em que esses padrões antigos não estão enraizados, então procure espaços onde possa encontrá-las.

4. **Ajude alguém.** Todos querem se sentir necessários. Quando nos doamos aos outros e experimentamos o

reconhecimento e a gratidão que decorrem dessa atitude, muitas vezes nos sentimos mais conectados.

5. **Tente estar mais presente.** Para se sentir menos solitário, é necessário primeiro se conectar consigo mesmo. Seja por meio da prática do mindfulness, de exercícios de respiração, exercícios físicos, de um diário, de uma conversa consigo mesmo, da dança... tente qualquer coisa que o leve ao momento presente.

Seção dois
Em busca de um relacionamento

RELACIONAMENTOS AMOROSOS
Um jogo de alto risco

Meera é uma pessoa bem-sucedida. Destaque na área de design de interiores, acabou de dar entrada em um apartamento que ela mesma vai decorar, tem um grupo de amigos bem unido que conheceu na faculdade, e talvez até adote um cachorro. Apesar de tudo isso, Meera não consegue compreender a própria vida amorosa.

Ela sai em uma sequência de encontros. Já faz três anos desde o último relacionamento, e Meera se mete em uma sucessão de *situationships* (veja a página 195) que sempre têm o mesmo desfecho. O padrão é indiscutível. Ela tem uma enxurrada de encontros diferentes e odeia todos eles. Os caras ou são muito chatos ou muito baixos, ou falam demais, ou são obcecados por futebol americano. Ela quer um homem inteligente, criativo, alguém com quem realmente consiga se conectar.

Então, do nada, aparece um candidato. E ela logo se apaixona intensamente.

Eddie passa a ser a pessoa mais interessante que ela já conheceu. Após poucos encontros, Meera fica obcecada e diz a todos os amigos que está apaixonada. Eles reviram os olhos, já que ela sempre diz isso. Dessa vez, no entanto, é verdade.

E é mesmo. Ela de fato o ama pra valer. Os dois trocam mensagens o dia todo. As piadas dele são as mais engraçadas que ela já ouviu. Ele tem o melhor gosto musical e o sorriso mais sedutor. Até o sexo é melhor do que com qualquer outra pessoa.

É selvagem, apaixonado e urgente. Eddie não é igual aos outros; ele é empolgante, presente e verdadeiro.

Mas aí algo muda. Ela não tem certeza do quê (seria imperceptível para a maioria das pessoas, mas ela de imediato sente que algo está errado). Ele passa a demorar para responder, fala menos de se encontrar, parece distraído quando estão juntos. O turbilhão familiar de ansiedade entra em ação. Deve ser algo que ela está fazendo. Tomando cuidado, tenta parecer relaxada, mas, para os amigos, fica óbvio que ela perdeu o controle. Faz capturas de tela das mensagens; dedica horas para criar respostas perfeitas; chega a excluir o número dele para não mandar mensagens rápido demais; pensa demais no que vestir, no que dizer, em como se portar.

Meera passa a enviar mais mensagens, sugerindo ideias para encontros e esperando que isso mantenha Eddie interessado. Ele continua se afastando, mas é sutil. Tão sutil que os amigos dizem ser coisa da cabeça dela. Mas Meera reconhece a rejeição quando se depara com ela. Se pudesse apenas ter alguma segurança da parte dele, talvez se sentisse melhor. As respostas de Eddie ficam mais curtas; os encontros, menos frequentes.

Ela fica perturbada, obcecada em atraí-lo de volta, com a certeza de que ele vai ficar interessado de novo se conseguir se lembrar de como eram bons os momentos dos dois juntos. Mas eles já não se veem há três semanas, e as mensagens de "desculpe, tô meio ocupado" começam a parecer insinceras. Meera está agoniada. Ela não fala de nenhum outro assunto. Os amigos tentam ser solidários, mas ela sabe que eles já estão de saco cheio daquilo. E ela também. Meera realmente achou que dessa vez seria diferente, mas lá está ela de novo, obcecada por um homem que parece não dar a mínima. Não há nem sinal da mulher confiante e independente que era antes de se conhecerem. Ela está em frangalhos, triste e ansiosa.

Por que isso continua acontecendo? Por que esses homens demonstram interesse e depois somem quando Meera começa a se apaixonar por eles? Será que ela passa uma impressão equivocada? Por que consegue ser tão bem-sucedida em outros setores da vida, mas é um completo fracasso nos relacionamentos?

Vejo muitas pessoas como Meera, que vão muito bem na maioria das áreas, mas ainda têm dificuldades nos relacionamentos amorosos.

Por que relacionamentos amorosos são tão desafiadores?

Pode ser fácil esconder nossas lutas mais profundas de outras pessoas, e de nós mesmos, mas com os relacionamentos é diferente. Se você está em sofrimento, suas relações também vão sofrer.

Ser humano é estar em contato com os outros. Nenhum de nós existe totalmente sozinho (por mais que alguns gostariam que fosse possível!). Isso significa que quaisquer problemas que aconteçam dentro de nós se tornam problemas para nossos relacionamentos.

Eu não entendia isso muito bem até começar a trabalhar como terapeuta e descobrir que os relacionamentos são a principal fonte de transtorno das pessoas (não apenas os amorosos, mas também os familiares, ou com amigos e colegas). Sim, as pessoas têm seus temperamentos e vícios, seus desesperos e ansiedades, mas no campo de batalha das relações tudo isso está em jogo, seja lidando com o mundo impossível dos encontros amorosos, com um amigo difícil, com uma mãe que não aprova as escolhas dos filhos, com um filho com quem não consegue se conectar ou com uma esposa que reclama demais. Quando as pessoas vêm ao meu consultório, elas trazem junto seus relacionamentos.

Isso também inclui os relacionamentos antigos. As pessoas que lhes serviram de base sobre como deve ser uma relação. Quando se sentam naquela cadeira, o fazem com o *self* presente, mas também com o *self* bebê, o *self* criança e o *self* adolescente. E na sala estão todas as pessoas que as moldaram durante esses anos. Os pais, os colegas de escola, os professores, os irmãos, os heróis, os amigos, os inimigos.

E, claro, tem o relacionamento entre terapeuta e paciente.

O principal indicador de sucesso na terapia é a força do relacionamento entre as duas partes. Uma meta-análise de meta-análises (basicamente o *crème de la crème* da pesquisa científica) revelou que um bom relacionamento terapêutico gera resultados muito melhores na terapia.[13] Se isso não for prova de que relacionamento é tudo, não sei o que é.

Os relacionamentos estão no cerne da cura, mas também do sofrimento. A maioria dos eventos traumáticos que acontecem decorrem de nossos relacionamentos.

Lembre-se de que, quando somos bebês, as relações são a única coisa que sustenta nossa vida e nos protege da morte. Um relacionamento problemático (ou a falta de um) nesses primeiros anos pode amedrontar e traumatizar completamente uma criança, porque pode parecer quase mortal.

O problema com os relacionamentos amorosos

Por que relacionamentos amorosos são os mais difíceis? Por que Meera tem uma boa relação com a irmã, diversos amigos que a adoram e colegas que a respeitam, mas não tem sucesso algum no amor?

Um dos motivos é que, na idade adulta, muito mais riscos entram em jogo. A ameaça de ser abandonado ou rejeitado é muito maior em relações românticas do que em qualquer outro tipo. Não fazemos amizades com a expectativa de que vamos nos separar (embora términos de amizade sejam terríveis — adiante falaremos mais a respeito disso; veja a página 282). O amor romântico é realmente o único tipo de amor ao qual nos entregamos com medo de que dê tudo errado. Como resultado, nossas respostas ao medo se potencializam.

Nós podemos não ligar para o fato de um amigo não responder logo a uma mensagem de texto, mas um parceiro amoroso que leva o dia todo para responder pode nos enlouquecer, porque somos mais sensíveis à sua rejeição.

Afinal, teoricamente, nós temos que ver essa pessoa todos os dias, tratar sobre as finanças com ela, talvez formar uma família juntos, fazê-la se dar bem com todos que conhecemos, achá-la atraente, morar e ter uma boa relação sexual com ela. Todas essas demandas e expectativas dificultam os relacionamentos amorosos de um jeito único. Além disso, quanto mais íntimos são os relacionamentos, mais eles espelham nossas relações familiares, que trazem à tona uma série de padrões e gatilhos antigos.

QUÍMICA SEXUAL

Uma química forte é importante?

Quando acha que está pronta para superar Eddie, Meera tenta novamente se arriscar na seara das aventuras amorosas. Depois de uma série de encontros medíocres com caras que não acha interessantes, Meera dá *match* com alguém que ela já consegue notar que é bem diferente dela. Ela o vê sentado no bar com um negroni à sua frente e quase dá meia-volta e sai porta afora. Nitidamente, ele é descolado demais para ela. Está com fones de ouvido no pescoço, uma jaqueta jeans desbotada e seu cabelo descolorido que reflete a luz fraca. Meera usa uma blusa e jeans skinny. Pendurado na mochila estava o capacete da bicicleta. Aquilo não vai dar certo. O estômago se revira à medida que ela se aproxima.

Três drinques depois e lá está ele jogando a cabeça para trás e rindo dos trocadilhos bobos dela. Ele roça os dedos nos dela enquanto estica o braço para pegar o cardápio. "Quer outro drink?", pergunta. Meera não tem certeza, mas parece que ele está gostando do encontro. No entanto, alguém como ele não teria interesse em uma pessoa como ela, certo? Enquanto ele lê o cardápio, ela se permite olhar um pouco mais para seu acompanhante. Há algo nele que o faz parecer misterioso. Tem um quê de indiferença que a faz se perguntar se ele está interessado. Então ele acaba chamando a atenção dela ou toca em seu braço, e a energia a deixa em ebulição. Ela quer saber tudo a respeito daquela pessoa.

No fim da noite, enquanto caminham até a estação, Meera pensa: "Dá um beijo nele... homens gostam de mulheres decididas." Com o medo percorrendo o corpo, ela o segura pela bochecha, os olhos fechados, e os lábios se encontram. É o tipo de beijo que inspira pessoas a escreverem músicas, que envolve paixão, sexo e encontro de almas. Meera literalmente ouviu sininhos. Tímida, ela sorri e diz "até breve".

"Acho que estou apaixonada", finaliza ela.

"Qual o nome dele?", pergunto, percebendo que ela não disse.

"Jay."

Espero Meera sair para entrar em pânico. Seria o mesmo Jay? Aquele que idealizava as pessoas e depois fugia quando as coisas ficavam sérias demais? Os dois moram perto do meu consultório, então não é de todo impossível que tivessem se encontrado. Volto à descrição de Meera: música, jaqueta jeans, mistura de intensidade e indiferença. Tudo se encaixa.

Meu primeiro pensamento é sobre Meera: com base no que sei sobre Jay, isso não vai acabar bem. Meu segundo pensamento é para mim: isso é ético? Quais são as regras relativas a pacientes que namoram ex-pacientes seus? Marco uma sessão de emergência com meu supervisor para discutir o que fazer. A regra geral é que não se deve atender pacientes que tenham qualquer tipo de relacionamento. O terapeuta deve ser totalmente objetivo e apartado da vida do paciente, o que nos permite ajudar a enxergar situações sob um ponto de vista mais neutro e manter a perspectiva. Também é melhor estabelecer os limites de forma direta. Imagine se eu estivesse atendendo Meera e Jay; como seria objetiva sem me meter no meio dos dois? Por um lado, é um mundo pequeno, e essas coisas acontecem mais do que se imagina. Por outro, Jay já não é mais meu paciente, então, tecnicamente, está tudo bem. Ainda assim, parece estranho o fato de ele ter sido meu paciente e eu saber tudo a respeito de Yaz e dos relacionamentos anteriores dele.

Não posso contar a Meera o que sei, porque preciso proteger a confidencialidade de Jay. Então meu supervisor e eu decidimos não tomar nenhuma atitude por ora. Vou tentar ficar neutra quando Meera falar de Jay e esperar para ver como as coisas vão se desenrolar.

Para surpresa de Meera, Jay manda uma mensagem para marcar um segundo encontro, mas ela está ocupada. Ele é músico e está em turnê fazendo os circuitos de festival, então é raro estar na cidade nos fins de semana. Eles conseguem se ver três semanas depois, e Jay é tão cativante quanto foi no primeiro encontro. Mais uma vez, ela não consegue concluir o que ele acha dela. Às vezes, ele se mostra presente; outras, escaneia o ambiente como quem está à procura de algo melhor. Ela pisa fundo; desesperada, tenta fazê-lo rir, impressioná-lo com seu conhecimento musical, mantê-lo interessado no que ela está dizendo. Ela até comprou uma camiseta nova para usar, mais ousada do que suas roupas habituais.

Eles concordam em se encontrar novamente em breve, mas esse "em breve" acaba virando outras três semanas, intervalo em que Jay cancela e remarca e em que Meera perde a cabeça. É um momento de prova de fogo para mim e para a terapia, enquanto tento manter o foco em Meera, e não em Jay (para não revelar que o conheço e também para ajudá-la a se concentrar em si). Particularmente, não tenho muita esperança de que Jay vá se comprometer com Meera como ela tanto deseja.

Meera não pensa em nada a não ser Jay, convencida de que ele é a pessoa certa. Ela fala de Jay para qualquer um que queira ouvir, o stalkeia nas redes sociais, passa horas pesquisando lugares para o encontro seguinte. Quando enfim chega o dia, Meera não consegue se conter. Ela o agarra do lado de fora do restaurante, e eles dão outro beijo arrebatador. Então, enquanto comem, Jay volta a recuar, passando de interessado para distraído, sem dar uma pista do motivo. Meera está ansiosa, sem saber o que esses sinais ambíguos significam. Para a surpresa dela, Jay a convida para ir à casa dele, o que a faz voltar a ficar animada. Desde o primeiro beijo dos dois, ela tem imaginado como seria passar a noite com ele. E é tão intenso e apaixonado quanto imaginava, a não ser pelo pós, quando Jay diz que precisa acordar cedo no dia seguinte e pede a ela que vá embora. Meera tenta não levar para o lado pessoal (embora tivesse grandes planos de passar uma manhã preguiçosa na cama, fazendo amor, pedindo delivery e comendo com avidez ao seu lado na cama). Ela sai de lá confusa e ainda mais apaixonada do que antes.

As coisas continuam iguais: Jay cancela os encontros e responde às mensagens sem pressa; depois, os dois se veem e têm aquela conexão louca e intensa. Ao mesmo tempo, é uma agonia e uma bênção. Por um lado, Meera nunca sentiu uma química como aquela. Por outro, Jay ainda não deixou claro como se sente. Parece que ele pode perder o interesse a qualquer momento. Ela passa horas à espera de mensagens, desabafa sua angústia com os amigos e pisa na bola no trabalho porque não consegue pensar em outra coisa. Assim que Meera começa a achar que talvez isso não seja tão bom para ela, Jay lhe envia uma mensagem sexy e o turbilhão recomeça. Meera está perdida para a paixão. Durante todo o tempo, eu espero pelo inevitável.

Química forte é importante?

Química e atração não são o mesmo que amor. Muitas vezes, temos uma química forte com pessoas que servem de gatilho para nosso trauma de infância (elas nos lembram de algo familiar, e essa familiaridade parece erótica e excitante). Claro, nós queremos ter química sexual e emocional com o nosso parceiro, mas se as coisas parecem oscilar muito entre altos e baixos, pegando fogo e depois esfriando, isso pode sugerir que a química inicial é, na verdade, medo.

Isso acontece especialmente com pessoas que não dão a atenção de que precisamos. Talvez essas pessoas não respondam a mensagens nem iniciem planos, passem dias sem se comunicar ou evitem compromisso. Essa inconsistência é um gatilho para feridas de abandono, o que desencadeia sentimentos de medo. A adrenalina e a dopamina inundam nosso sistema, proporcionando ânimo e vitalidade. Talvez a gente fique dependente dessa sensação, o que leva à obsessão. Não paramos de falar dessas pessoas, pois elas ocupam todos os nossos pensamentos. Além disso, começamos a agir com um pouco de imprudência e fazemos coisas para tentar chamar atenção. A sensação pode ser muito forte e verdadeira, mas esses sentimentos, na verdade, são o medo da rejeição, que em geral vem de uma ferida de rejeição mais profunda na infância.

Parece que Meera sente essa paixão intensa por alguém que mal conhece porque essa pessoa está provocando um gatilho para uma ferida de rejeição da infância. Os pais de Meera se separaram quando ela era bem nova. O pai logo se casou de novo e teve dois filhos com a nova esposa. Quando ela estava com ele, era maravilhoso (ele era brincalhão, amoroso e presente). Depois, ela voltava para a casa da mãe e o pai retornava para a nova família. Com o tempo, os momentos com o pai se tornaram cada vez mais escassos, à medida que ele foi se preocupando mais com a nova família. Meera sentia ser a segunda opção. Agora ela acredita que as pessoas são apenas carinhosas e responsivas por uma parcela do tempo. No caso dos homens, é o tipo de pessoa que ela tende a procurar (alguém que nem morde nem assopra, que a faz se sentir especial e adorada e depois fica uma semana sem dar notícias), igualzinho ao pai dela.

Desde o início, ela se sentia inferior, e a indiferença de Jay e o cancelamento de encontros podem tê-la feito se sentir mais rejeitada e confusa.

Medo da rejeição

Muitos de nós lutam contra o medo da rejeição. Embora seja normal enfrentar essa batalha, nossa sensibilidade pode ser particularmente maior se tivermos sido rejeitados no início da vida, porque nossa mente continua tentando nos proteger e evitar que isso volte a acontecer. Um dos motivos para esse temor é uma experiência passada que tenha nos ensinado que as pessoas que devem nos amar nos machucam. Inevitavelmente, o medo da rejeição (quando não curado) acaba afastando as pessoas e se torna uma profecia autorrealizável, em que de forma inconsciente criamos o que temíamos que acontecesse, porque é o que sentimos que merecemos.

As feridas de rejeição nem sempre vêm da rejeição direta, como ser criticado ou repreendido. As crianças também podem se sentir rejeitadas quando ficam sem uma figura parental, seja pela ausência física ou por falecimento.
A rejeição também é sentida nos micromomentos: um pai que não sai do celular, que está emocionalmente desinteressado ou que trabalha muito (mesmo com boas intenções, essa ausência ainda pode ser sentida pela criança como rejeição).

— EXERCÍCIO —

Reflita sobre sua relação com a rejeição. Onde a experienciou pela primeira vez? Lembre-se: mesmo que a rejeição/o abandono não tenha sido intencional (como o retorno dos pais ao trabalho mais cedo do que o planejado ou o falecimento de algum parente), ainda assim pode parecer abandono para uma criança. Ou talvez sua família estivesse presente, mas o tenha rejeitado emocionalmente. Você aprendeu que seria rejeitado por agir de determinado modo, como ao demonstrar raiva ou tristeza, ou ter um jeito muito masculino ou feminino? Fizeram você se sentir errado, de alguma forma?

Como você se sente quando é rejeitado? Em que parte do corpo isso se manifesta? É semelhante à forma como se sentiu quando foi rejeitado na infância?

Quando nos conectamos a esses sentimentos dolorosos, precisamos nos acalmar tal como quando crianças. Pergunte-se do que o seu self criança precisaria para se sentir melhor quando estiver experienciando a rejeição. Em vez de pedir ajuda para outra pessoa, o que VOCÊ pode fazer para se sentir escolhido e amado?

Por que o medo é sexy?

O medo pode desencadear a excitação sexual no corpo, o que nos coloca em uma montanha-russa de sentimentos. Isso acontece quando uma pessoa é parecida com quem nos machucou quando éramos pequenos. A química e a excitação que sentimos podem ser, na verdade, o medo e o terror de que mais uma vez vamos acabar machucados da mesma maneira.

Tal pessoa nos lembra de quando, por exemplo, nossos pais eram inconsistentes — às vezes talvez fossem muito amorosos; em outras, mal-humorados; talvez estivessem concentrados nas próprias necessidades e não nas nossas, o que fazia com que nos sentíssemos rejeitados. Essa rejeição já conhecida nos faz querer fazer tudo o que pudermos para impedir que isso aconteça de novo (daí a maquinação e a obsessão). Desesperada, nossa criança interior tenta evitar mais uma rejeição. E esse desespero se assemelha a uma química forte. No curto prazo, a adrenalina mata a dor, então, quando alguém nos escolhe mais uma vez, a dor da rejeição é acalmada e parece ser um estimulante e um alívio.

O drama pode parecer divertido e emocionante, mas não se trata de amor profundo e seguro. Se você se sente atraído por situações dramáticas, pode ser que exista algo que precise observar nos relacionamentos de sua infância.

Para ser clara, a química sexual não é necessariamente um sinal de alerta; trata-se de uma necessidade saudável. Para descobrir se a química forte é saudável ou não, é bom olhar para o seu interior. Se a química que está vivenciando parece urgente e arrebatadora, além de vir acompanhada de comportamento inconsistente ou incerteza sobre como o outro se sente, esse arrebatamento pode ser proveniente de uma ferida antiga, e não de uma conexão genuína.

Dicas em caso de você sentir uma química forte com alguém:

- **Desacelere as coisas.** Química não é conexão. Tente conhecer de verdade essa nova pessoa. E faça isso sem se apressar nem perder o senso de identidade;

- **Tente notar se essa pessoa o trata de maneira semelhante a como você foi tratado antes.** Trata-se de um padrão?

- **O que isso tem a ver com suas relações de infância?** Geralmente, a atração é mais intensa com alguém que nos dá gatilhos. Seja curioso em relação ao que pode estar sendo desencadeado pelo seu passado.

- **Dê às pessoas a chance de você gostar cada vez mais delas.** O amor profundo aumenta com o tempo, à medida que vocês se conhecem melhor. Em vez de escolher com base na química do primeiro encontro, tente se relacionar com pessoas que são diferentes de seus padrões normais e dê uma chance para que os sentimentos aflorem ao longo do tempo.

OBSESSÃO

Por que ficamos obcecados por pessoas que não nos querem?

O pior acontece. Meera vê no Instagram uma foto de Jay em um encontro com uma garota. Ela stalkeia a fundo a rede social da mulher. Há uma foto da garota e de Jay sorrindo alguns meses antes, quando Meera o conheceu. "Noite de encontro com meu homem", diz a legenda.

Sinto uma pontinha de alívio, mesmo que seja difícil testemunhar Meera descer ao fundo do poço da dor. Ela aparece no consultório muitíssimo triste, os ombros curvados e os olhos fundos. Tudo o que faz é chorar e falar de como Jay era incrível. Ela começa a ficar ansiosa em relação ao corpo. Sente uma dor no peito (está convencida de que é um tumor, um ataque cardíaco, uma sentença de morte). Eu me pergunto se Meera não está de coração partido.

Ela me conta repetidas vezes, nos mínimos detalhes, tudo o que aconteceu entre eles. Eles não se falavam, embora, na cabeça dela, sempre conversasse com Jay. Esse homem vive nas fantasias de Meera. Ela imagina o relacionamento que os dois deveriam ter tido. Meera o imagina voltando, trazendo-a de volta à vida e tirando toda a dor que ele deixou em sua ausência.

Enquanto a ouço, percebo o quanto está desesperada, confusa e tomada de dor. A primeira coisa que penso é que esses sentimentos intensos devem estar relacionados a algo para além desse homem. Não que não seja doloroso ficar de coração partido (claro que é), mas suspeito que isso esteja vindo de uma ferida que estava ali muito antes dele. Peço a ela, assim como vou fazer com você agora, para pensar no modelo de relacionamentos que teve na vida. Que tipo de expectativas seus pais lhe deram sobre como é um relacionamento, de um com o outro e individualmente.

— EXERCÍCIO —

Quero que pense no relacionamento dos seus pais. Eles estão juntos ou separados? De que maneiras eram amáveis e de que formas ficavam distantes? Como demonstravam amor um pelo outro e por você? Eles estavam emocional e mentalmente presentes? Você já os viu demonstrarem afeto físico? Como eles conversavam um com o outro? Já demonstraram desprezo um pelo outro? De que maneiras? Eles já demonstraram respeito um pelo outro? De que maneiras? O que isso ensinou a você sobre relacionamentos? Como isso contribuiu para suas expectativas e sua capacidade de dar e receber amor?

Ao refletir a respeito disso, quero que pense nos relacionamentos que foram moldados ao longo das gerações: os dos seus avós, tios e tias. Tudo isso formará o modelo de como você entende o que é um relacionamento, o que cria expectativas que você leva para novos relacionamentos.

Não são apenas os relacionamentos familiares que moldam nossos pontos de vista, mas também nossa cultura. A raça, a classe, o gênero, a religião e a sexualidade enviaram mensagens sobre o que deve ser uma relação. Quais são suas expectativas culturais sobre um relacionamento? Existem regras ou julgamentos quanto ao sexo? Existem certos papéis relativos a gênero que você exerce? Existe vergonha em fazer coisas de forma diferente da norma? Mesmo que não concorde conscientemente com algumas das expectativas culturais que absorveu, como algumas delas podem ter se infiltrado em seu modelo de relacionamento?

Isso é importante porque cada um de nós chega com um modelo de como os relacionamentos devem ser. Quanto mais estamos cientes desse modelo, mais podemos entender de onde vêm nossas dificuldades.

O que está por trás?

Ao longo de vários meses, tento entender Meera além de Jay (quais são os interesses dela, os desejos, sua identidade), mas toda vez que nos afastamos do tema ela encontra uma forma de retornar o foco para ele. Com gentileza (e às vezes meio sem jeito), também pergunto sobre os pais, mas ela me ignora e direciona a conversa de volta para os homens. Estou frustrada por ter a mesma conversa sobre aquele cara e seus impactos negativos sobre ela.

Suponho que a obsessão dela por homens seja uma estratégia para evitar sentimentos. Ela dá voltas e voltas com esses pensamentos, nunca se permitindo sentir nenhuma dor.

A obsessão em si, obviamente, é atormentadora. É desgastante e, à sua maneira, bastante dolorosa. Mas também é muito inebriante. O que quero dizer com isso é que tudo acontece apenas na mente. Conversamos, pensamos, rascunhamos textos, stalkeamos perfis do Instagram, criamos situações hipotéticas, imaginamos encontros e longas conversas. Durante todo o tempo, não estamos sentindo de verdade. É uma maneira de evitar a dor real, porque a pessoa ainda está conosco de alguma forma. Nós não a perdemos porque a mantemos viva na mente.

A obsessão por um ex é, sim, uma negação da perda. Não queremos nos desapegar. Não queremos sofrer. Mesmo que não tenha havido uma relação de fato, ainda há a perda do relacionamento fantasioso que gostaríamos de ter tido.

Há também algo a respeito da rejeição que nos deixa enlouquecidos. Em um estudo de imagem cerebral conduzido pela antropóloga Helen Fisher, foram examinadas quinze pessoas que, à época, haviam sido rejeitadas há pouco tempo. Foram-lhe mostradas fotos da pessoa que as rejeitou (não é a atividade ideal após um término de relacionamento!).[14] Olhar para a foto do ex-parceiro ativou as áreas cerebrais envolvidas na motivação e na recompensa, bem como no sistema de dopamina. Segundo os pesquisadores, isso significa que a rejeição amorosa é um "estado de motivação orientado por objetivos, e não uma emoção específica" e que seus resultados são "consistentes com a hipótese de que a rejeição amorosa é uma forma específica de vício". Em suma, ser rejeitado literalmente nos leva a desejar mais quem nos rejeitou. E essa perseguição pode ser viciante. É por isso que "se fazer de difícil" faz com que os outros corram mais atrás. Mas, por favor, não tome isso como uma instrução para dificultar as coisas (brincar de "gato e rato" não é a melhor forma de construir uma base sólida para um relacionamento saudável).

A boa notícia é que eles também descobriram que, quanto mais tempo havia se passado desde a rejeição, menos atividade existia nessas áreas. O que, basicamente, é uma evidência neurocientífica de que o tempo cura. É um pouco como sofrer abstinência ao largar um vício. Quanto mais se afastar, menos viciado e motivado para perseguir o outro você vai ficar.

Mas por que alguns de nós perseguem a pessoa que não nos quer mais, e outros seguem em frente e procuram alguém que também os escolha? Pode haver muitas razões inconscientes, mas aqui estão três bastante comuns:

1. Repetindo padrões

A maneira como Jay trata Meera reflete diretamente como eram as coisas com o pai dela (ele priorizou a nova família após o divórcio, fazendo com que Meera se sentisse em segundo plano).

Ela ansiava pelo amor dele, contentando-se com seus presentes e visitas rápidas como se a mantivessem viva. A obsessão dela por ser escolhida e amada por Jay é uma repetição daquele desejo de infância de ser amada e escolhida pelo pai.

Você pode estar pensando: "Por que vamos atrás de pessoas parecidas com nossos pais?" Bem, nós somos atraídos pelo familiar. A familiaridade parece segura. Mesmo que isso signifique buscar uma pessoa que abusa de nós como nossos pais fizeram, que é controladora como nossa mãe ou que é indiferente como nosso pai. Pode não ser muito bom estar nesse tipo de relação, mas, enquanto for familiar, em geral o cérebro vai escolhê-la.

Uma das minhas citações favoritas de Sheleana Aiyana, fundadora da comunidade on-line Rising Woman, é: "Buscamos com base em nossas feridas, escolhemos com base em nosso valor." Meera está buscando com base em um lugar de dor. Está tentando provar que é capaz de ser amada, porque, às vezes, fizeram com que se sentisse insuficiente.

Acho que, quando buscamos algo, partimos desse lugar de criança ferida. Se você cresceu com pais, irmãos ou uma comunidade que fez com que se sentisse rejeitado de alguma forma, é provável que sinta atração por pessoas que fazem você se sentir da mesma maneira. Mesmo que esses tipos de relacionamento causem dor (algo de que você já deve estar bem ciente), o inconsciente ainda enxerga as pessoas que atendem ao modelo como normais e familiares. Se temos um histórico de rejeição, esperamos rejeição e, portanto, inconscientemente atraímos situações que nos fazem sentir rejeitados.

2. Tentando escrever uma história diferente

Outra razão é que estamos buscando um final diferente para a história original que nos machucou. A criança ferida em nós escolhe situações familiares à primeira ferida na infância na esperança de que dessa vez o resultado seja diferente.

Meera está escolhendo alguém parecido com o pai distante na esperança de que dessa vez consiga fazer com que ele a ame.

Por que fazemos isso? Freud acreditava que nesses casos estamos tentando ganhar o controle da situação, mas outros acreditam que as crianças estão tentando se redimir.[15] A pequena Meera pode ter achado que o pai se afastava porque ela tinha feito algo errado (porque ela era insuficiente, exagerada, não merecedora de amor). Quando Meera sente atração por pessoas como o pai, faz isso para que enfim possa provar que é digna de amor.

Nós repetimos padrões porque esperamos que as coisas sejam diferentes na próxima vez. Infelizmente, é raro que de fato sejam, e a situação ainda aciona um gatilho e explica por que a obsessão e a dor pós-rejeição podem ser tão fortes: não se trata apenas da mágoa atual, mas sim de todas as rejeições que vieram antes dela. São as criancinhas em nós chorando pelos pais que nem sempre se fizeram presentes da forma como precisávamos.

3. Controle

Quando alguém nos rejeita, ficamos completamente fora de controle. Não há nada que possamos fazer. Em vez de aceitar que a pessoa não nos quer mais (o que viria acompanhado de muitos sentimentos dolorosos que não queremos ter), tentamos retomar o controle.

Todos os nossos pensamentos e planos nos fazem sentir como se estivéssemos no controle; se apenas descobrirmos a coisa perfeita a ser dita ou feita, talvez seja possível reconquistar a pessoa de volta.

A ansiedade é uma forma de se sentir no controle de uma situação incontrolável, lembra? (Veja a página 67.) Embora não haja nada que Meera possa fazer para recuperar esse homem, ao ficar obcecada por ele e confabular em sua mente ela sente como se fosse capaz de impedir a rejeição.

— *EXERCÍCIO* —

Quero que pense nos seus padrões de relacionamento. Descreva o tipo de pessoa que tende a procurar. E não, não quero dizer "qual é o seu tipo" físico; a aparência aqui não é relevante. Eu quero que você reflita sobre as principais qualidades e maneiras de se comunicar e as situações que tendem a se desdobrar. Você consegue perceber algum padrão? Existem semelhanças com seus relacionamentos de infância? Tente pensar com afinco nas características (saudáveis e não saudáveis) pelas quais tende a se sentir atraído e se elas lhe são familiares de alguma forma.

Como nos curamos?

Conforme a obsessão vai diminuindo aos poucos, Meera me conta como foi horrível passar pelo divórcio dos pais. Uma noite, depois da escola, ela se deparou com a mãe soluçando no chão com uma caixa de ovos quebrados. "Ele arrumou outra pessoa! Alguém mais bonita e mais jovem. Como eu, uma velha mãe toda largada, posso competir com ela? É claro que ele nos deixou."

Quando Meera catou os ovos e começou a preparar outro prato para o jantar, ficou pensando que talvez ela fosse a causa do divórcio e da infelicidade da mãe. Talvez o pai não tivesse ido embora se não fosse por ela. Agora o fantasma de Jay desencadeia esses sentimentos mais uma vez: ela é a culpada pelo abandono das pessoas.

Eu fico muito triste ao ouvir isso, mas Meera ainda não parece sentir nada. "Só não entendo de que forma falar do passado vai ajudar", diz ela, dando de ombros. Percebo, então, que talvez Meera esteja, de algum modo, certa. Todos os sentimentos que ela pode ter tido em relação ao divórcio e aos pais estão sendo projetados naquele homem. Se ela quer falar exclusivamente sobre ele, eu vou precisar fazer o movimento de ir até ela. Então mudo de rumo e tento me concentrar na sensação de quando ele a ignorou.

Meera fala que se sentiu mal. Havia essa sensação de inevitabilidade, como se o tempo todo ela soubesse que isso fosse acontecer. Pergunto-lhe se consegue aceitar que ele se foi. Ela responde que não, que ainda é muito doloroso.

"E se eu começar a chorar e nunca mais parar?"

Trata-se de um medo comum, mas posso garantir a ela que isso não acontece. As pessoas sempre param (pelo menos, até onde sei). O medo é de que o choro nos arrebente, nos rasgue, de modo a nos paralisar. E talvez isso aconteça por um tempo. No sofrimento que levamos para a cama, choramos, ficamos com raiva, sem comer, dormir ou trabalhar. Temos que nos sentir seguros para desmoronar. Nós temos que ter espaço, tempo e apoio. Pode ser desgastante, mas é um processo que, para a maioria das pessoas, tem um fim. Se a perda for sentida, a dor se acalma.

Meera olha para mim, com lágrimas nos olhos, e diz: "Tenho que aceitar que o perdi, não é?" Nós duas sabemos que ela não está falando apenas de Jay. Faço que sim com a cabeça, bem séria, mas aliviada por ela enfim chegar a essa conclusão. Ela leva o sofrimento para a cama, chora, deixa o corpo lamentar por aquele homem e, com isso, pelo divórcio dos pais, pela fragilidade da mãe, pela nova família do pai.

Aceitação e luto são a chave para curar a obsessão. Aceitação no sentido de conseguir dizer: "Isso aconteceu, doeu, não há nada que eu possa fazer a respeito, então vou escrever uma nova história." Meera precisa sentir a dor, a perda, para que possa deixar de lado Jay e a tristeza que sente pelo pai e, depois, fazer escolhas partindo de um lugar de consciência e autovalorização.

As estratégias que descrevo em relação a Meera servem para a cura a longo prazo. Isso leva um pouco mais de tempo, e reconheço que talvez você queira algumas táticas que funcionem de imediato, então aqui estão algumas ferramentas mais práticas que podem ser empregadas em paralelo ao trabalho a longo prazo.

Dicas se você estiver enfrentando uma obsessão:

- **Pare de alimentar a obsessão.** Pare de trazer a pessoa à tona em conversas ou de olhar repetidamente seus *stories*. Pense nisso como um incêndio que você está tentando apagar. Quanto mais falar dela, e com ela, mais estará alimentando essa chama. Mantenha uma distância saudável e, se puder, pare de manter contato. Estar muito próximo só alimenta a obsessão.

- **Aprenda a se bastar sozinho para não achar que precisa tanto da outra pessoa.** Concentre energia em si mesmo fazendo coisas que ama e priorizando seu prazer, para não se sentir tão dependente de ninguém para ser feliz.

- **Permita-se sofrer.** Acabou, você não tem mais aquela pessoa, não há nada que possa fazer. Desista do controle, deixe a pessoa ir embora e permita que quaisquer sentimentos dolorosos decorrentes dessa perda percorram seu corpo.

ESCOLHENDO UM PARCEIRO

Por que "caras legais" parecem chatos e "caras péssimos" parecem excitantes?

Após seis meses de sofrimento, Meera se sente pronta para voltar a ter encontros amorosos. Ela conhece várias pessoas e vem à terapia toda semana para falar desse tópico. Nossas sessões aos poucos começam a se transformar em uma grande excursão por aplicativos de namoro. A certa altura, ela até pega o celular para me mostrar a falta de opções viáveis. Considero a maioria perfeitamente satisfatória, mas a análise dela é quase sempre a mesma: os homens são muito chatos. Ele é doce mas seco, atraente mas não interessante, muito perspicaz, muito bonzinho. Não tem o suficiente de Jay.

Por que ser muito bonzinho é um problema? Por que não nos interessamos por pessoas que parecem estáveis e sem graça?

Existem algumas razões potenciais que podem justificar nossa dificuldade em estar com pessoas que se comprometem conosco e nos tratam bem:

1. **O drama é viciante.** Se crescemos em ambientes domésticos caóticos, podemos não nos sentir confortáveis quando as coisas estão calmas e vagarosas. Ao escolher ou criar situações que são intensas e rejeitar pessoas que são muito legais, estamos repetindo o caos que parece familiar (e, portanto, seguro).

2. **Não sentimos que merecemos ser bem tratados.** Nosso *self* inconsciente busca pessoas que reforçam o modo como nos sentimos em relação a nós mesmos. Se fomos tratados com amor e respeito, escolheremos pessoas que nos amem e respeitem porque entendemos que é o que merecemos. Se não fomos amados de maneira saudável, aprendemos que é isso o que merecemos e o que acabamos procurando nos relacionamentos adultos. Suas escolhas na vida amorosa, nas amizades e na carreira refletem, em parte, como você se sente em relação a si próprio, bem como são influenciadas por seu status social, sua classe, instrução, raça, etnia etc. Se caras "legais" parecem desinteressantes, pode ser porque você sente que não merece receber amor.

3. **Temos medo da intimidade.** Ao ir atrás de alguém emocionalmente indisponível, que nos trata mal ou que não pode ou quer assumir um relacionamento, estamos nos protegendo de arriscar ter um amor profundo e vulnerável. Escolher caras "ruins" significa que não precisamos depender deles e enfrentar todos os medos que acompanham deixar alguém se aproximar. Vou falar mais disso a seguir.

Por que continuo escolhendo pessoas emocionalmente indisponíveis?

É importante entender que há uma diferença entre a indisponibilidade em si e a indisponibilidade emocional. Se você busca pessoas que são casadas ou que não querem se comprometer, está indo atrás de pessoas que simplesmente não estão disponíveis. É um pouco mais difícil detectar as pessoas que estão indisponíveis emocionalmente (elas podem querer estar em uma relação, mas têm medo da intimidade). Se você está em um relacionamento com alguém que não consegue se abrir e quer que as coisas sejam diferentes, o melhor a fazer é assumir os próprios medos de vulnerabilidade e começar a trabalhar isso em si.

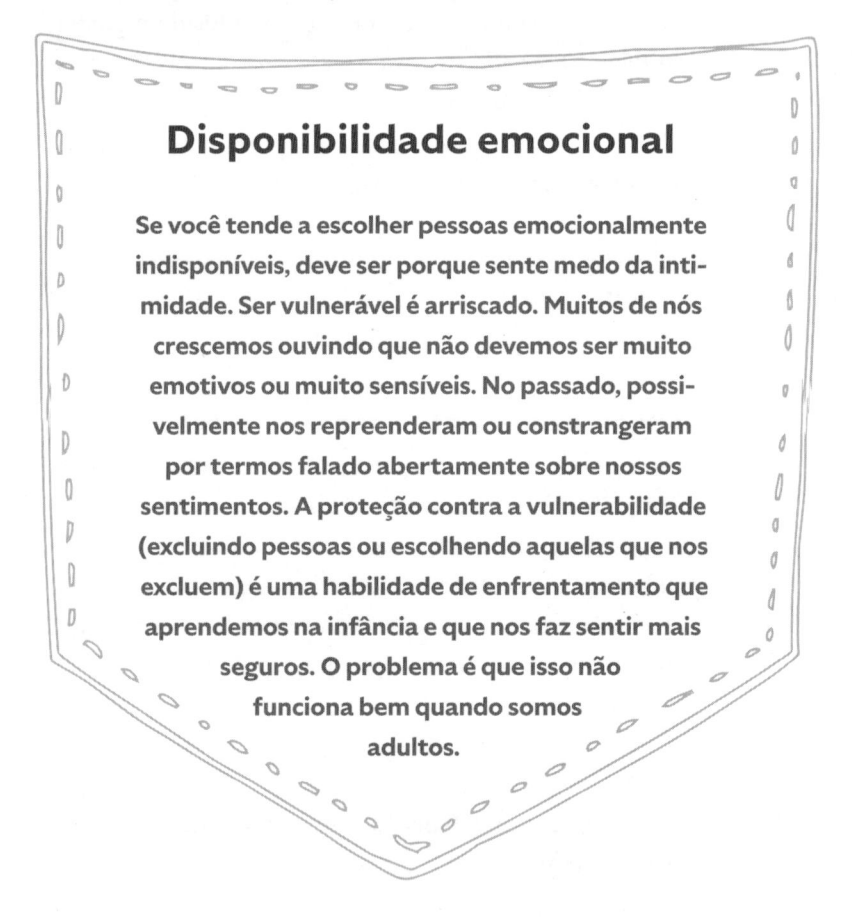

> **Disponibilidade emocional**
>
> **Se você tende a escolher pessoas emocionalmente indisponíveis, deve ser porque sente medo da intimidade. Ser vulnerável é arriscado. Muitos de nós crescemos ouvindo que não devemos ser muito emotivos ou muito sensíveis. No passado, possivelmente nos repreenderam ou constrangeram por termos falado abertamente sobre nossos sentimentos. A proteção contra a vulnerabilidade (excluindo pessoas ou escolhendo aquelas que nos excluem) é uma habilidade de enfrentamento que aprendemos na infância e que nos faz sentir mais seguros. O problema é que isso não funciona bem quando somos adultos.**

Em vez de tentar mudar o parceiro e concentrar a energia em fazê-lo se abrir, volte a atenção para seu interior.

Jay, por exemplo, estava desesperado para se apaixonar, porém acredito ser seguro dizer que ele estava emocionalmente indisponível, porque, assim que percebia que a outra pessoa era imperfeita, ele dava um jeito de acabar com tudo. Achava mais fácil viver em relações fantasiosas e fugir quando as coisas ficavam sérias, em vez de arriscar ter relações verdadeiras com toda a dor potencial que pode acompanhá-las.

Meera também vivia em uma fantasia. As fantasias dela estavam presas no passado, com sonhos de que o ex enfim voltaria à vida dela. Apegar-se a alguém que se foi também é uma forma de indisponibilidade emocional. Ao fantasiar sobre o ex, Meera conseguia se proteger de se abrir e se machucar de novo.

Situationships: por que eles não se comprometem?

Situationships, ou algo como "estar em uma situação", são relacionamentos que permanecem indefinidos ou carecem de compromisso. Alguns de nós ficam nessa situação por meses, até anos, se perguntando: "Meu Deus do céu, por que não querem se comprometer comigo?" A pergunta está errada! A pergunta certa é: "Por que estou me envolvendo com uma pessoa que não quer se comprometer comigo?"

Muitas vezes fiquei presa nessa mesma pergunta. Cada vez que alguém protestava contra colocar um rótulo na relação ou evitava compromisso, eu tentava, com unhas e dentes, entender o que havia de errado com a pessoa. Será que tinha um estilo de apego evasivo ou havia passado por uma infância traumática? Por que essa pessoa tinha tanto medo de compromisso, e como eu poderia convencê-la de que ela queria estar comigo? Talvez, se eu agisse com perfeita tranquilidade e não exigisse tanto, ou se fosse engraçada o suficiente ou fizesse tudo o que a pessoa pedisse, aí, *sim*, ela iria querer ficar comigo.

Precisei da terapia para perceber que estava fazendo as perguntas erradas. Eu tinha que entender o que havia de errado *comigo* ao ficar feliz em aceitar migalhas. Por que estava aceitando tudo aquilo? Por que estava sempre indo atrás de pessoas que me repeliam?

Percebi que, mesmo que dissesse a mim mesma que queria um relacionamento e estivesse sempre em busca de um, no fundo eu tinha muito medo de estar em uma relação adulta séria. Não eram apenas as pessoas que eu buscava que tinham problemas com compromisso. Ao permanecer nessas *situationships*, eu demonstrava que também tinha medo de compromisso. No começo, era um pouco confuso: eu era a única que queria levar o relacionamento a sério, que teria feito qualquer coisa para estar com a outra pessoa e que estava completamente comprometida. Mas o relacionamento que queria ter com elas era uma fantasia. A realidade era algo casual, sem muito risco ou intimidade. Ficar apegada à fantasia me impedia de precisar estar em uma relação. Eu estava me protegendo de todo o medo que vem junto de enfim deixar alguém se aproximar e de confiar nessa pessoa.

— EXERCÍCIO —

Reflita sobre os motivos que podem levar você a escolher pessoas que estão indisponíveis. Na sua infância, os adultos em sua vida tinham limitações quanto a expor os próprios sentimentos? Você está repetindo algo que lhe é familiar?

Se você sempre escolhe alguém emocionalmente indisponível como forma de se proteger contra o risco de intimidade, pense no motivo pelo qual a vulnerabilidade pode lhe parecer tão assustadora. Quais são as suas experiências com a própria vulnerabilidade no passado: você aceitava ou rejeitava esse sentimento? Por que você precisa se proteger de se aproximar demais de alguém?

Permitir-se amar alguém e depender dessa pessoa são algumas das coisas mais corajosas que alguém pode fazer. Isso é verdadeiro para todas as formas de amor. Ficamos sempre à mercê de que a outra pessoa nos deixe a qualquer momento, ou de que as circunstâncias tirem-na de nós. É por isso que o amor pode ser tão doloroso e amedrontador para muitos. Deixar alguém entrar em nossa vida é ameaçador porque não temos controle real, e é por isso que as pessoas se fecham ou se agarram àquilo com mais força.

Amor corajoso e saudável significa deixar alguém entrar por completo, além de aceitar que essa pessoa pode ir embora enquanto tolera todo o medo e toda a dor que vêm com isso (bem como todas as coisas adoráveis).

Como posso me tornar menos indisponível emocionalmente?

SEJA CURIOSO: o primeiro passo importante para se tornar mais disponível emocionalmente é estar ciente (identificar que você também está evitando intimidade e proximidade). Mesmo que você se encaixe no apego ansioso (veremos os estilos de apego no capítulo a seguir — veja a página 209), ainda pode ter medo da vulnerabilidade e da intimidade. Então seja curioso e descubra por que está agindo assim. Não é possível resolver um problema sem identificá-lo.

COMPREENDA: Tente prestar atenção nos padrões em seus relacionamentos e aprenda com eles. O que desencadeia esses medos? Observe os momentos em que deseja se afastar ou se fechar para as pessoas. Se você continua escolhendo pessoas indisponíveis, qual seria o motivo disso? O que o assusta na proximidade? E de onde vêm esses medos? Você consegue associá-los a algum evento da infância que tenha lhe ensinado que estar perto é um risco?

Tente se dar espaço para descobrir o que pode ter desencadeado a autoproteção em você.

SINTA: Agora que nomeou seus medos, é possível também senti-los. Conecte-se aos seus sentimentos sem se julgar, sendo o mais honesto possível sobre o quanto é assustador ser íntimo e próximo. Talvez você esteja muito em contato com seu desejo de proximidade e se sinta frustrado com alguém por lhe negar isso. Talvez você esteja obcecado pela outra pessoa e por tudo que a coloca como culpada. Nesse caso, traga seus pensamentos e sentimentos de volta para si. Você quer ter proximidade e intimidade, mas sente raiva da outra pessoa por afastá-lo? Você consegue reconhecer que ir atrás de alguém indisponível é, na verdade, negar a si mesmo a proximidade que deseja?

AJA: Só compreender e se conectar a quaisquer medos de intimidade não é suficiente. É necessário também fazer algo diferente nos seus relacionamentos para se impedir de agir com base nesses medos. O melhor a fazer é comunicá-los ao parceiro, mesmo no início, na fase de namoro (defina um precedente para uma boa comunicação desde o início!). Tente mostrar sua vulnerabilidade e se permita depender do outro. Se você tem o tipo de apego mais ansioso no relacionamento, isso pode revelar a verdadeira razão de seus medos de rejeição e insegurança. Se tem o apego mais evasivo (veja a página 213), talvez comunique que está sentindo a necessidade de independência para se sentir seguro, bem como quaisquer temores mais profundos que estão fazendo com que você se afaste (o de que a outra pessoa o abandone ou machuque, por exemplo).

REPITA: Você já sabe como funciona. Isso não vai mudar da noite para o dia, e sim ao longo do trabalho em cima dessas questões. A mudança acontece nos pequenos momentos, nas conversas difíceis, no estabelecimento de limites, no reconhecimento de incompatibilidades, na apropriação dos próprios medos e nas tentativas de sabotagem. Pode parecer custoso ou até assustador, mas, se você começar aos poucos, vai trilhar o caminho rumo à mudança e, com sorte, sem que pareça exaustivo.

Escolha um parceiro que ajude você a se curar

Agora que já se concentrou em si mesmo, você pode se perguntar se os parceiros que escolheu estão impedindo ou ajudando você a ser aberto ou fechado. Um passo importante na construção de uma intimidade profunda com alguém é escolher uma pessoa que esteja (ou tente estar) emocionalmente disponível. Se continuar a escolher pessoas que se afastam ou o dispensam e não mostram intenção de melhorar, será difícil fazer com que tudo dê certo sozinho.

Portanto, se você está namorando ou cogitando ter um relacionamento, certifique-se de escolher alguém que mostre sinais de disponibilidade emocional ou que pelo menos esteja tomando medidas para se tornar disponível.

Sua escolha de parceiro é uma janela para o que precisa ser curado. As características que o atraem são janelas para suas feridas. Nós buscamos pessoas que têm os traços de luz e sombra de quem cuidou de nós.

Temos uma forte química com pessoas que espelham nossos padrões de infância. Por exemplo, se você teve poucos limites quando criança, pode ser que quando adulto se sinta atraído por pessoas com limites fracos. Também pode ser que se sinta atraído pelo oposto (pessoas com limites impenetráveis que lhe dão a ilusão de segurança).

Se seus pais oscilavam entre serem amorosos e muito bravos, pode ser que você se sinta atraído por parceiros que manifestam mudanças de comportamento ou humor, ou talvez vá em busca do oposto (alguém que tenha os mesmos sentimentos que você) para se proteger contra a raiva. Quer seja uma imagem espelhada ou o oposto de quem cuidou de nós, essa escolha costuma ser baseada em feridas da infância. Para começar a curar e escolher parceiros que são bons para nós, o primeiro passo é prestar atenção no tipo de pessoa por quem sentimos atração, pois elas nos mostram o que precisa ser curado.

Por que vamos atrás de pessoas como nossos pais?

Se formos tratados com amor e respeito enquanto crescemos, entenderemos que é isso que merecemos. Caso contrário, acabamos buscando o tempo todo nos outros o que não tínhamos quando criança. Essa busca constante, essa necessidade de preencher vazios emocionais, nos faz tender a ter relacionamentos mais destrutivos.

Quando os pais de Meera se separaram, a mãe ficou muito ansiosa e nem sempre esteve presente para a filha, que teve que assumir um papel mais parental. Não é um tipo de trauma com "T" maiúsculo, mas é o suficiente para fazer uma criança pequena se sentir dispensada e sem importância. Às vezes, não é apenas um trauma que nos impacta. Os efeitos cascata das respostas ao trauma também nos afetam quando somos crianças. Parece que Jay desencadeou nela não só os sentimentos de abandono do pai como a inconsistência da mãe, o que motivou Meera a fazer tudo o que podia para chamar a atenção de Jay, assim como costumava fazer quando criança.

Então, quando Meera diz que os outros homens "não têm o suficiente de Jay", para mim ressoa como "não têm o suficiente de papai" ou "o suficiente de mamãe". Ela não está interessada nas opções agradáveis e previsíveis, porque só conhece pessoas inconsistentes. Os homens que se fazem presentes, que querem um relacionamento sério, que realmente gostam dela, não são interessantes para a garotinha dentro de Meera que está tentando fazer o pai enfim escolhê-la.

Para crescer e se libertar desses padrões, é importante tomar consciência de sua história e entender a origem de tais sensações. Aceite sua história como parte de quem você é, processe suas emoções sentindo-as na totalidade e internalize-as como lições para redefinir suas crenças sobre si.

Então como faço para escolher o parceiro "certo"?

Enquanto Meera dá continuidade aos encontros amorosos, começo a ficar exasperada. Estamos andando em círculos: ela rejeita homens que parecem adoráveis e corre atrás de alguém como Jay, que nunca parece estar tão envolvido quanto ela. A química é forte, mas ela não consegue conhecê-los de verdade, e eles nunca chegam a saber como ela é. A montanha-russa completa a volta e, mais uma vez, ela fica desolada, recorrendo a mim para catar os cacos. Estou exausta por ter a mesma conversa várias vezes sem nenhuma mudança tangível, assim como Meera.

Em certa sessão, depois de fazer outra relação desajeitada entre o homem da vez e o pai dela, há um estalo, e Meera dispara, irritada: "Ok, já entendi, estou buscando pessoas como meu pai, mas como paro de fazer isso?"

Compulsão à repetição

Esta é uma das muitas teorias de Freud que ainda hoje são relevantes: a compulsão à repetição é "o desejo de retornar a um estado anterior das coisas". Quando aspectos difíceis dos relacionamentos da infância continuam intocados, procuramos parceiros e amigos que tenham dinâmicas semelhantes para enfim tentar dominar esses aspectos.

Na idade adulta, isso pode se manifestar de maneiras diferentes. Se crescemos desejando que nossos pais fossem mais abertos e menos indiferentes, talvez escolhamos alguém evasivo e indiferente e, em seguida, passemos anos tentando levar essa pessoa à terapia. Ou talvez nossa escolha seja alguém de quem sentimos que precisamos cuidar, assim como achamos que tínhamos que cuidar do irmão mais novo ou do pai doente ou frágil; de maneira inconsciente, desejamos melhorar essa pessoa, ou reafirmamos a crença aprendida na infância de que precisamos ser necessários e úteis para merecer amor.

De modo consciente, talvez nossa opção seja alguém completamente diferente, talvez nos rebelemos contra nossos pais, mas nosso inconsciente involuntariamente cria situações familiares fora da nossa percepção.

É aí que percebo: eu também estive andando em círculos. Meera entende que está correndo atrás de homens como os pais (eu já tinha batido bastante nessa tecla), mas isso não é suficiente para mudá-la. Frustrada e com minha linha terapêutica já esgotada, preciso tentar algo diferente, então mudo de tática. Paro de falar com o cérebro intelectual dela, que agora entende o problema, e, em vez disso, me dirijo à parte vulnerável, que está presa nesse ciclo exaustivo.

Respondendo à pergunta dela, digo: "Você precisa sofrer, não apenas por Jay ou pelos outros, mas por seu pai e pelo que sua mãe não foram capazes de lhe dar. Precisa aceitar que seus pais nunca vão lhe dar o tipo de amor e atenção que você deseja."

Há um completo silêncio. A dor paira forte no ar. Meera luta contra as lágrimas e eu decido forçar a barra para nos tirar dessa rotatória de compreensão intelectual.

"Eu vejo o seu sofrimento, Meera. O que aconteceria se você se permitisse sentir isso?"

"É muita coisa", responde ela, a voz trêmula. "É muita coisa."

Mas, como noto que ela tenta engolir o choro, posso perceber que está sentindo a dor. Meera já chorou diversas vezes no meu consultório, mas esse é um tipo de choro diferente. Mais profundo e honesto. Parece que finalmente ela está se conectando à verdadeira fonte de sua tristeza.

Na sessão seguinte ela me diz que na semana anterior saiu da terapia soluçando de forma incontrolável. Que pensou em si quando criança, se lembrou de como vigiava a porta de casa, à espera do pai, imaginando o que poderia fazer para que tudo voltasse ao normal. Que, após o divórcio, a mãe ficou com um olhar vidrado, como se não estivesse ali (o mesmo tipo de olhar de Jay). Ela se lembra de ser intencional na impertinência de quebrar coisas ou fazer birras, apenas para fazer a mãe reagir, para chamar a atenção dela.

Meera leva essas lembranças para os encontros amorosos. Agora, quando tem aquela sensação familiar de intensidade (se alguém não responde por dias, faz pouco caso dos sentimentos dela ou não se compromete com os planos), ela pensa naquela garotinha. "Isso não é o que aquela garotinha merecia e não é o que eu mereço", disse para mim, com orgulho, quando saiu de um relacionamento com alguém que só a enrolava.

Não é que Meera não se sinta mais atraída por homens inconsistentes (até porque ainda se sente). Mas ela sabe que isso não vai deixá-la feliz, então está ativamente fazendo escolhas diferentes. Dá mais tempo aos homens consistentes, àqueles que respondem e estão tão animados em vê-la quanto ela. Então conhece Liam, que é gentil, engraçado e presente. Ela não quer arrancar as roupas dele tanto quanto acontecia com Jay, mas quer conversar com ele, conhecê-lo e deixá-lo conhecê-la. Quando se beijam, é gentil e seguro. Ele parece suave e reconfortante. Meera percebe que está se abrindo. Compartilha seus pensamentos sombrios, estranhos e bobos com Liam e o encoraja a fazer o mesmo. É um tipo de amor diferente daquele que ela conhecia. Ela quer estar presente para Liam, cozinhar pratos gostosos para ele, acariciar seu cabelo quando estiver estressado e ouvir sobre como foi seu dia. É nessas pequenas coisas banais, percebe Meera, que encontra a paz.

Às vezes, ela sente falta da emoção de correr atrás de alguém, mas agora entende o quanto é mais importante se sentir segura e amada. Em nossa sessão final, ela explica que, às vezes, isso é um pouco desinteressante. Ela sorri um bocado. Talvez seja assim mesmo.

Agora que Meera enfim passou pelo luto da perda do pai e da falta de presença emocional da mãe e aceitou que não tinha culpa nisso e que as coisas não vão mudar, ela começou a se libertar dos padrões ansiosos aos quais estava presa. Para optar por ter relacionamentos mais saudáveis, é preciso ter consciência desses padrões e mudar a narrativa do que você acredita merecer.

O que procurar em um parceiro "saudável":

- você se sente calmo na presença do parceiro. Seu sistema nervoso não é acionado por ele de uma forma que o deixe nervoso. Ele parece seguro e calmo. Ele regula suas emoções, e é até comum se sentir sonolento ou cansado quando está perto dele;
- o parceiro é consistente e as ações correspondem às palavras dele;
- o parceiro é aberto e se conecta aos próprios sentimentos. Ele não descarta seu sentimento e tolera conversas difíceis ou emotivas;
- ele compreende o próprio passado e como isso o afetou;
- há leveza e momentos de brincadeira, bem como de seriedade.

É importante dizer que, se você tem dificuldades em relacionamentos e sofreu decepções profundas no início da vida, é possível que, de imediato, ache difícil se sentir seguro e calmo com uma pessoa emocionalmente saudável. Pode demorar e exigir repetidas experiências de não ser decepcionado. É o mesmo na terapia: as pessoas não se sentem completamente seguras com os terapeutas logo de cara; leva-se algum tempo para criar confiança. No início, um parceiro seguro pode parecer assustador, mas a segurança é cogerada dentro do relacionamento.

Seção três
No relacionamento

ESTILOS DE APEGO

Como trabalhar meu estilo de apego?

Connor sabe que deseja Abby assim que a vê. De vestido de cetim azul, com cabelo louro esvoaçante ao redor do rosto, ela está dançando com as amigas. Há algo glorioso e sexy na maneira como ela dança; os movimentos estranhos estão completamente fora do ritmo da música, mas, mesmo assim, ela o faz com todo o entusiasmo. Ele quer estar perto da energia contagiante dela. Então se aproxima, e Abby sorri ao vê-lo. Ele joga charme com seu sotaque irlandês e os dois não se desgrudam a noite toda.

Os primeiros meses são uma bolha eufórica de paixão e romance. As coisas parecem simples e leves, como muitas vezes acontece no início.

Os problemas surgem quando as coisas começam a progredir. Ele acabou de ser promovido a gerente do bar em que trabalha, o que significa ficar mais madrugadas fora e ter menos tempo para Abby, que, por outro lado, está em uma árdua busca por trabalho como escritora freelancer, e isso significa que tem muito tempo para Connor. Abby quer tudo rápido e Connor precisa que tudo vá mais devagar. Depois de seis meses, ela sugere que morem juntos, mas para ele ainda é muito cedo. Ele mal está pronto para chamá-la de namorada. Abby apresentou Connor aos amigos e familiares na primeira oportunidade; Connor ainda nem a apresentou à mãe. "Você ao menos quer ficar comigo?", pergunta Abby depois que Connor diz que vai renovar o aluguel do apartamento com os amigos. Ele a tranquiliza, mais uma vez, dizendo que quer, sim, mas Abby não fica satisfeita. É importante para ela que os dois enviem mensagens com frequência um para o outro; caso contrário, ela começa a duvidar dos sentimentos dele. Ela pede a Connor que lhe envie mais mensagens, o que o faz querer enviá-las com menos frequência. Ele fica irritado e começa a sair mais com os amigos. Connor ama Abby, de verdade, mas anda sobrecarregado no trabalho e quer aproveitar os dias de folga para relaxar. Ficar perto dela é muito cansativo. Começa a parecer que ele tem que cuidar dela, como se Abby o estivesse sufocando com todos aqueles sentimentos. Ele reclama com os amigos e diz que ela é muito pegajosa, carente e controladora. Abby reclama com os amigos que Connor é frio e distante, além de emocionalmente indisponível, com fobia de compromisso.

Abby percebe que Connor está insatisfeito e sem vontade de passar tempo com ela, o que só a deixa mais ansiosa. Ela lhe diz que não é o suficiente, que precisa vê-lo pelo menos quatro vezes por semana; caso contrário, ele vai esquecê-la. "Eu sou sua namorada", insiste. "Você deveria querer me ver o tempo todo."

Connor consegue sentir a tensão já conhecida se infiltrando nos músculos. Ele quer fugir. Quer gritar: "Sai daqui um pouco, me deixa respirar!" Ele vai para um ambiente diferente, tentando conseguir algum espaço. Abby fica parada em pé na cozinha, sozinha e rejeitada. A ansiedade borbulha em seu peito. Por que ele não a ama? Ele visivelmente não a ama. Desesperada, ela o segue até o quarto e implora para que conversem.

Consegue ver como Abby e Connor têm necessidades conflitantes? Abby precisa de proximidade para se sentir segura; Connor, de espaço. Trata-se de um padrão tão comum em relacionamentos que você pode se reconhecer em Abby ou em Connor. Se isso soa um pouco familiar, suas necessidades de apego podem estar desempenhando um papel maior em seus relacionamentos do que você imagina.

A teoria do apego

A teoria do apego foi desenvolvida pelo psicólogo John Bowlby em 1969,[16] e explica como nossos primeiros relacionamentos com os cuidadores interferem em nossas expectativas de como as relações devem ser. Os bebês nascem com uma necessidade de proximidade para que possam sobreviver. Adaptam-se à forma como os pais reagem a eles para manter o vínculo e aumentar as chances de sobrevivência. Nosso senso de *self* e de relacionamentos é baseado em como nossos pais nos respondem quando somos crianças e em como nos adaptamos às respostas deles.

Então, se um cuidador vai embora, é violento, nos ignora, é imprevisível, muito controlador ou bastante ansioso, isso resulta em uma ameaça para toda a vida dessa criança. É por isso que o trauma relacional precoce nos afeta durante a vida inteira: porque é muito impactante nos primeiros anos de desenvolvimento.

As conversas sobre a teoria do apego tiveram seu ápice a partir de 2020. Parece que todos estão fazendo o teste para ver qual é seu estilo de apego ou diagnosticando os parceiros para poderem justificar todos os problemas individuais (eu já fiz isso!). Ou, talvez, como Connor e Abby, você não tenha pensado muito em seus relacionamentos, mas notou que muitas vezes se vê nos mesmos padrões de conflito.

A teoria do apego, quando usada adequadamente, pode ser uma ferramenta muito útil para nos permitir entender o que está acontecendo em nossas relações. É algo que acho proveitoso para compreender a mim mesma, meus próprios relacionamentos e o trabalho com meus pacientes. Neste capítulo, darei uma visão geral de cada estilo de apego, explicando sua origem e as ocorrências nos relacionamentos adultos, para que seja possível começar a pensar em como isso pode estar afetando você e suas relações.

Como cada estilo de apego se desenvolve?

Dentro de todos nós há um alarme do apego. Quando bebês, achamos terrível ficar longe dos nossos pais, porque, sem eles, morremos. Se houver muita distância, o alarme do apego vai disparar. Isso se aplica não apenas à separação física, mas também à emocional. Se um dos pais estiver desapegado, estressado, ansioso, frio ou distraído, o bebê sente, e o alarme do apego dispara. Bebês tendem a chorar ou fazer algo para chamar a atenção dos pais. Se esses responderem e se sintonizarem com os sentimentos do filho, os bebês vão aprender que eles estão lá e se sentirão seguros de novo. Quando um cuidador é confiável e presente, ele se torna o que é chamado de "base segura". Como a criança sabe que pode recorrer aos pais para ter proteção e tranquilidade, ela fica mais confiante para explorar e brincar, assumindo mais riscos, pois sabe que eles estarão presentes e disponíveis quando ela voltar. Se eles não respondem, ou respondem de modo inconsistente, o apego inseguro se desenvolve. Quando os pais não atendem, os bebês respondem principalmente de forma ansiosa ou evasiva. Ou eles se agarram e pedem atenção ou se desligam e se afastam.

Apego seguro: as crianças se sentem confiantes e se deixam acalmar. Ficam chateadas quando são separadas dos pais e aceitam ser confortadas por eles. Quando os pais estão por perto, sentem-se calmas e seguras o suficiente para explorar o ambiente.

Apego ansioso: os bebês ficam bastante ansiosos, choram mais alto, gritam e tentam chamar a atenção dos pais. Quando isso funciona, os bebês aprendem que precisam se apegar e chorar para chamar a atenção.

Apego evasivo: se a estratégia não funciona, os bebês acabam se fechando. Isso acontece porque é mais doloroso chorar sem ninguém chegar para acudir do que parar de chorar. Eles têm dificuldade em se abrir e em se conectar profundamente com os outros à medida que aprendem a se afastar e a confiar apenas em si mesmos para se sentirem seguros. Como estamos programados para nos desenvolvermos do modo como nossos pais querem e interpretamos as mensagens inconscientes que nos são ensinadas, também podemos aprender que somos autoconfiantes quando recebemos elogios por não ter chorado ou feito barulho.

Apego desorganizado/temeroso: é uma combinação dos estilos ansioso e evasivo. Às vezes, sentem medo da rejeição e se agarram, enquanto outras vezes se afastam e precisam de espaço. Esse estilo geralmente se desenvolve quando as crianças têm medo dos cuidadores, ou seja, quando os pais são abusivos. As crianças precisam de amor e cuidado, mas também têm medo dos pais, e o medo as faz alternar entre os estilos ansioso e evasivo (se agarrando ou se afastando). Essa é a forma mais prejudicial de apego porque não há um lugar seguro para ir, e é por isso que é mais provável recorrer a estratégias como criar dependências (que podem atuar como cuidadores substitutos nos quais se pode confiar). No entanto, embora possam ajudar uma criança a se adaptar a uma situação assustadora no início da vida, na idade adulta dependências levam a problemas significativos.

Antes de começar a traçar seu diagnóstico, pense em como seus pais responderam a você:

- Eles costumavam estar presentes, ou isso variava? Não apenas em termos das suas necessidades físicas, mas também emocionais.
- Você tinha certeza de que eles estariam presentes?

- eles conseguiam acalmar você?
- você se sente confortável em se abrir com eles? Foi incentivado a expressar suas necessidades e vulnerabilidade?
- você já sentiu medo deles?
- a quem você recorreu quando estava com medo/chateado/triste? Se não foi o pai ou a mãe, pergunte-se por quê. Se foi um dos pais e não o outro, pense no seu relacionamento com quem você não procurou *versus* com quem você procurou.

Como cada estilo de apego se manifesta nos relacionamentos adultos?

Bowlby acreditava que nosso estilo de apego nos afeta do "berço ao túmulo", e muitas pesquisas têm evidenciado isso. Nosso estilo de apego quando criança determina o tipo de relacionamento que teremos quando adultos, como lidamos com conflitos, nossas expectativas em relação ao amor e nossas atitudes em relação ao sexo, bem como uma série de outros fatores, como autoestima, saúde mental, resiliência, capacidade de lidar com o estresse e desempenho na escola e na carreira.

Quando adultos, ainda temos esse alarme do apego, que é desencadeado principalmente por relacionamentos amorosos. Quando nos sentimos seguros, o alarme do apego fica no modo silencioso. Quando inseguros, é ativado; em geral por alguém que se afasta (instigando o apego ansioso) ou por alguém que se aproxima demais (instigando o apego evasivo). Com o apego desorganizado, isso pode ser desencadeado quando alguém está muito próximo, é inconsistente ou mesmo seguro — pode parecer muito assustador ter alguém em quem confiar se as primeiras experiências de relacionamento foram repletas de medo.

Apego seguro: alguém com apego seguro consegue dar e receber amor. Esse tipo de pessoa se sente confortável em se abrir para os outros e não se esquiva de compromisso e intimidade. Ela se sente segura nos relacionamentos, o que significa que se sente à vontade para se aproximar ou ter o próprio espaço quando necessário. Desenvolve a identidade de alguém que é digno de amor e cuidado. Essa será sua maneira mais típica de ser, no entanto ninguém está 100% seguro o tempo inteiro (todos nós temos inseguranças e nossos alarmes do apego podem ser ativados por pessoas com apego inseguro).

Apego ansioso: pessoas com apego ansioso se sentem inseguras no amor e na intimidade. Elas se sentem muito ansiosas e são bastante sensíveis à rejeição, tendem a precisar de muitas garantias e não lidam bem com a distância ou a separação. Têm dificuldade em regular os próprios sentimentos e precisam que os outros as acalmem, em vez de se acalmar sozinhas. Podem se tornar pegajosas, controladoras e exigentes.

Apego evasivo: pessoas com um estilo de apego evasivo terão dificuldades com a proximidade. Elas se sentem muito independentes e tendem a se afastar do compromisso ou da intimidade. Não confiam nos outros e, por isso, ficam seguras quando as pessoas estão a uma certa distância. Também evitam sentimentos difíceis ou dolorosos e negam suas necessidades de conexão, projetando em outras pessoas toda a carência que sentem.

Apego desorganizado/temeroso: essas pessoas querem relacionamentos amorosos tanto quanto temem. Isso quer dizer que procuram relacionamentos, mas têm dificuldade em confiar nas pessoas e depender delas. Lutam para regular os sentimentos e evitam confiar nas pessoas por medo de se machucar, ou então confiam até demais nas pessoas e se preparam para as coisas que mais temem: abandono e rejeição.

— *EXERCÍCIO* —

Quando começar a refletir a respeito dessas coisas, você deve notar alguns padrões em seus relacionamentos e alguns problemas potencialmente comuns. Qual é o seu papel? Você é altamente independente e está sempre ajudando os outros? Costuma precisar de terceiros para se sentir melhor e não consegue fazer nada sozinho? Você costuma ser o pacificador ou o que inicia o conflito? Examine seu papel nos relacionamentos e assim começará a se entender.

É importante entender que diferentes estilos de apego podem ser trazidos à tona por pessoas diferentes. No passado, quando estava em relacionamentos com pessoas muito evasivas, eu tendia mais para um estilo ansioso. Quando estive com pessoas muito ansiosas, passei para o estilo evasivo. Dito isso, a maioria de nós tende a se inclinar com mais força para determinado estilo de apego, mas não estranhe se você não se encaixar perfeitamente em uma caixinha. Recomendo que considere seu estilo de apego com leveza e perceba como os comportamentos de pessoas diferentes desencadeiam respostas diferentes.

Atenção: o apego também acontece entre amigos, colegas e familiares, e não apenas em relacionamentos amorosos. Como os relacionamentos amorosos tendem a ser mais íntimos (como aqueles entre pais e filhos), os padrões de apego são mais pronunciados nesse contexto, mas eles estão em jogo em todos os tipos de relacionamento.

O ciclo ansioso-evasivo

Connor tem um estilo de apego evasivo, enquanto o de Abby é ansioso. É comum que pessoas com esses estilos acabem se relacionando. Há algo quase magnético entre os dois, em que o lado evasivo de um equilibra a ansiedade do outro.

No entanto, quando não há comunicação adequada e alguma autoconsciência dos dois envolvidos, isso não costuma acabar bem. Como no caso de Connor e Abby, o parceiro evasivo desencadeia todas as inseguranças da pessoa com apego ansioso, e essa entende a retirada e o afastamento como prova de que o parceiro a está rejeitando. Em seguida, a pessoa ansiosa força o parceiro a se abrir e se aproximar, o que só faz com que a pessoa evasiva se desconecte ainda mais para se proteger dessa proximidade, o que potencializa o apego ansioso.

Como sair desse círculo vicioso de necessidades conflitantes?

Nós *podemos* mudar o estilo de apego, mas nem sempre é fácil. Em momentos de ameaça, sempre voltaremos ao estilo de apego subjacente. Ainda assim, mesmo sem mudá-lo por completo, ainda podemos transformar nossos relacionamentos se entendermos nossas próprias inseguranças de apego e as de nosso parceiro.

Primeiro, é importante saber que as reações da outra pessoa *nem sempre têm a ver com você*. Connor se retira porque a proximidade parece assustadora e ele deve se proteger (embora provavelmente não esteja consciente disso) e Abby se apega porque a distância lhe parece assustadora.

Um problema que costumo ver nessa dinâmica é que a culpa sempre parece ser da outra pessoa. E eu mesma fiz isso muitas vezes (culpei o outro pelos problemas de relacionamento e acreditei que, se a pessoa mudasse seu estilo de apego, tudo ficaria bem). Essa estratégia nunca funcionou porque eu estava em negação quanto ao meu próprio estilo de apego e às minhas razões para ficar com pessoas que viviam acionando meu alarme do apego.

Os relacionamentos evasivos-ansiosos em geral não são unilaterais: os estilos de apego interagem uns com os outros e potencializam a resposta oposta. Abby ficaria feliz se Connor pudesse se abrir e Connor ficaria feliz se Abby parasse de ser tão controladora. O que muitas vezes acontece é que um parceiro está se projetando no outro.

Projeção

A projeção é um dos conceitos que eu mais gostaria que todos entendessem. Uma das maneiras de escapar de nossos sentimentos inconscientes e de partes de nós é projetar em outras pessoas as coisas que rejeitamos em nós mesmos. Quando renegamos partes nossas (que inconscientemente achamos inaceitáveis ou vergonhosas), nós as atribuímos aos outros. Trata-se principalmente de qualidades desagradáveis e negativas, mas também pode acontecer com qualidades positivas que não reconhecemos na gente (como quando ficamos obcecados pela beleza de outras pessoas, mas não conseguimos reconhecer a nossa).

Você já se sentiu instantaneamente irritado com o comportamento de alguém sem nenhum motivo real? É provável que você esteja projetando essa parte de si mesmo nessa pessoa. A maioria de nós não percebe o quanto se projeta nos outros.

É isso que as pessoas querem dizer quando mencionam que "relacionamentos são um reflexo" de nós mesmos: vemos os outros não como eles são, mas como *nós* somos. Quando julgamos ou criticamos os outros, estamos, na verdade, julgando e criticando essa parte de nós.

Tendemos a escolher parceiros que têm características que negamos na gente. Isso acontece em muitos relacionamentos. A dinâmica de apego ansioso-evasivo é um caso clássico disso. Pessoas evasivas estão em completa negação da própria carência e temem ser abandonadas ou acabar decepcionadas. Elas se sentem independentes, como se não precisassem de ninguém. No entanto, acabam escolhendo se envolver com pessoas muito carentes, vulneráveis e receosas. Não se definem como pessoas carentes porque o parceiro ansioso está carregando essa necessidade por ambas as partes.

Isso também vale para o outro lado da moeda. Pessoas com apego ansioso podem projetar a indisponibilidade emocional, e os próprios medos de proximidade, na pessoa evasiva. Lembre-se: ambas as partes têm medo da intimidade. Um lado culpa o outro (se ao menos fossem menos carentes ou menos fechados, o relacionamento seria bom).

Eu estava encontrando dificuldade em dar um exemplo pessoal de como faço projeções, então pedi a alguém próximo para me ajudar. A pessoa riu e respondeu logo de cara: "É óbvio, você projeta sua vulnerabilidade e sua carência em Albie." Albie é meu cachorro. É ele que pede abraços e carinho toda hora, aqui o carente é ele. Eu sou o ser humano independente que fica muitíssimo bem por conta própria. Mas aí ele decide exercer sua independência sentando-se no lado oposto do sofá, e eu fico indignada e imediatamente exijo que ele se aconchegue perto de mim. É claro que na verdade sou eu quem quer amor e carinho, mas é mais seguro jogar isso "na conta" de Albie do que ser dona das minhas próprias necessidades.

— *EXERCÍCIO* —

Pense em algo nos outros que realmente irrita você. Talvez você não suporte quando as pessoas reclamam muito, ou falam demais sobre si mesmas, ou são carentes além da conta. Essa é geralmente a parte de nós mesmos que não aceitamos. Tente notar padrões na maneira como julga os outros. Quais são as características que você considera intoleráveis? Em que momentos você pode manifestar algumas dessas características? Que histórias está contando a si mesmo sobre elas? Você acredita que é ruim falar demais sobre si ou ser carente? Está negando o próprio desejo de ocupar um espaço ou de depender de outras pessoas?

Exemplos de projeção:

- "É óbvio que você está a fim de outra pessoa": acreditar que alguém vai traí-lo quando é você quem pode se sentir atraído por outra pessoa ou estar inseguro quanto ao relacionamento.
- "Isso é nojento": sentir nojo de algo é, muitas vezes, um reflexo de vergonha oculta. As pessoas respondem dessa maneira ao sexo ou à homossexualidade, por exemplo, o que pode ser simplesmente a própria vergonha e as inseguranças projetadas nos outros.
- "Elas são tão carentes": alguém que declara que todos os outros são carentes pode estar negando a própria carência.
- "X é tão irritante/feio/chato/gordo": muitas vezes projetamos nossas próprias inseguranças nos outros, criticando-os. Mas, na verdade, estamos sendo críticos de nós mesmos.

- "X visivelmente não gosta de mim": pode ser que você não goste da pessoa, ou de si, mas você se defende contra esse sentimento projetando-o no outro.
- "Todo mundo aqui está me deixando desconfortável": pode ser você quem se sente desconfortável, mas vê o problema como sendo causado por outras pessoas.

Connor parece projetar as próprias carência e vulnerabilidade em Abby, acreditando que é independente e autossuficiente, enquanto ela é a carente e fraca. Abby também pode estar projetando em Connor o medo da intimidade. Ela o culpa por tudo aquilo, achando que ele é o único impeditivo para serem próximos. No entanto, ela está escolhendo alguém que a mantém à distância (lembre-se, quando se está em um relacionamento com alguém emocionalmente indisponível, você também pode estar emocionalmente indisponível).

É importante não ser arrastado para a narrativa (muitas vezes bastante convincente) de que o outro é o culpado e explorar o papel que cada um da relação desempenha na perpetuação desse círculo.

PARE!

Se você passou este capítulo tentando entender seu estilo de apego e o do seu parceiro, pare e releia tudo concentrando-se apenas em si. Pense em Connor e Abby: os dois culpam um ao outro por serem ou pegajosos ou distantes, sem entender o papel de cada um no relacionamento. A melhor coisa que podemos fazer para melhorar nossas relações é tirar a culpa dos parceiros e transferir a responsabilidade para nós mesmos.

O que ajudou Connor e Abby?

Connor e Abby não querem terminar. Em vez disso, Abby convence Connor a fazer terapia.

No início, ele usa as sessões para reclamar de Abby. Connor acredita piamente que Abby é o problema, e tem bons argumentos. Eu começo a concordar que ela é carente e grudenta, que, se fosse menos ansiosa, ele não seria tão evasivo.

Isso perdura até eu começar a me sentir carente e grudenta.

A característica evasiva dele é palpável. Connor transforma qualquer coisa séria em uma piada. Quando tento me aproximar, buscando momentos de conexão ou vulnerabilidade, ele paralisa, fica visivelmente tenso e muda de assunto. Connor cancela as sessões, diz que não consegue se ver fazendo isso por muito tempo, está sempre com um pé para fora da porta. Começo a temer que ele não volte e acho que cada sessão será a última. "Agora eu virei a carente da história", digo ao meu supervisor, apenas uma meia-verdade.

Eu me pergunto se é isso o que Abby sente: que Connor não está totalmente envolvido, que ele pode pular fora a qualquer momento. Não é à toa que ela anda ansiosa. Também não estou dizendo que Connor é o culpado — acho que com frequência as pessoas com apego evasivo são demonizadas on-line, mas é importante lembrar que se trata de uma dinâmica criada por duas pessoas. Ainda assim, até que Connor consiga admitir ter parte na situação, duvido que Abby se sinta segura no relacionamento.

Passo a tirar Abby do foco da conversa e a me concentrar no modo evasivo dele. "Como é quando Abby tenta compartilhar os sentimentos dela com você?"

"Isso me faz recuar, tipo, meio que desligar."

"Por que você se incomoda com as emoções?"

"Não sei, só me sinto irritado com elas." Há algo ali, o restante do iceberg a ser revelado.

A família de Connor nunca foi de falar de sentimentos; eles eram do tipo "mantenha a calma e siga em frente", do tipo que zombava do sentimentalismo e guardava as vulnerabilidades para si. O pai ria quando Connor demonstrava qualquer tipo de sensibilidade e o humilhava por chorar e ser "muito sensível". Depois dos 5 anos, o pai parou de abraçá-lo, pois dizia que o filho estava velho demais para aquilo. Connor aprendeu a reprimir qualquer tentativa de proximidade, enterrando sua profunda necessidade de ternura e amor para que o pai não pudesse enxergá-la. Assim, se acostumou tanto a esconder as próprias necessidades que elas acabaram se tornando invisíveis até para ele próprio.

Agora Connor se sente humilhado só com a perspectiva de demonstrar qualquer sentimento ou expressar uma necessidade. Ele projeta nos outros os medos relacionados à vulnerabilidade, vendo-os como fracos por ousarem se expressar. Percebo que provavelmente Connor faz com que eu me sinta da mesma forma que o pai o fazia se sentir: com medo da rejeição, ansioso, emotivo e sensível. E, por isso, minha função aqui é ajudar Connor a ter posse dessa parte de si, para que possa parar de afastar as coisas que talvez, no fundo, ele queira com unhas e dentes.

Pergunto a Connor: "Já pensou que Abby talvez não seja tão carente quanto você pensa? Que talvez você também tenha necessidades? Que talvez queira ser amado tanto quanto ela?"

Ele zomba. "Não, eu sou independente. Não preciso dos outros como ela."

"Todos nós temos necessidades, Connor. E aquele garotinho que queria um abraço do pai?"

Ele olha para a parede. "Sim, era tudo o que eu queria dele." As palavras ficam presas na garganta. "Mas já não sou mais uma criança."

"Pode até não ser, mas os adultos também precisam de abraços."

Connor revira os olhos, como sempre acontece, e faz uma piada sobre os irlandeses terem a cerveja Guinness para mantê-los aquecidos à noite.

A conversa muda de rumo, mas algo fica registrado.

Na sessão seguinte, Connor anuncia que vai parar a terapia. "Eu senti na sessão passada que você estava um pouco mais vulnerável diante de mim", comento, tentando manter a calma e resistir ao desejo de me apegar ansiosamente. "Eu me pergunto se esse impulso de sair da terapia tem a ver com isso."

"Como assim? Como se eu estivesse fugindo?"

Arqueio a sobrancelha como em uma indagação.

"Acho que tenho essa fama", diz ele.

Aos poucos, ele passa a ser um pouco mais reflexivo. A vulnerabilidade e a necessidade de intimidade que estiveram inconscientes por tanto tempo estão começando a vir à tona.

À medida que a terapia avança, Connor começa a admitir que tem medo — de demonstrar sentimentos, de se aproximar demais de alguém e acabar humilhado... ou pior, de acabar sozinho.

E, ainda que seja imensamente difícil chegar a esse ponto, ele admite tudo isso para Abby.

Connor experimenta dizer a ela como se sente, superando o desejo de se fechar. Explica como os sentimentos são assustadores, como, no fundo, ele está com medo de que, caso se abra, ela vá embora. "É por isso que preciso de um pouco de espaço. Não tem nada a ver com você. Tenho vergonha das emoções, mas é algo que quero melhorar", explica.

"Então nós dois temos medo de que o outro vá embora?", pergunta Abby. Connor assente com a cabeça e percebe como é bom e assustador ser visto dessa forma.

Com a nova postura de Connor, Abby admite que seus rompantes ansiosos e comportamento controlador podem ser uma maneira de chamar a atenção do namorado. Quando se sente excluída, ela se preocupa e acha que ele a esqueceu ou deixou de amá-la. O choro e a ansiedade podem ser uma forma de obter o amor e o cuidado por parte dele. Não funcionam, é lógico; pelo contrário, só afastam Connor.

Juntos, eles tentam pensar no que cada um pode fazer de diferente — Connor compartilharia os sentimentos e tomaria as rédeas das próprias necessidades, e Abby respeitaria a necessidade dele de espaço e expressaria sua necessidade de atenção e cuidado de um lugar mais regulado de independência.

Abby sorri e eles se abraçam, ambos aliviados por terem compartilhado algo pessoal, por terem feito algo diferente do habitual cabo de guerra. Isso não significa o fim das batalhas dos dois (Abby vai ter rompantes novamente e Connor vai se afastar), mas eles vão aprender a lidar com isso de outra maneira. Como Connor está conseguindo se aproximar e se abrir cada vez mais, Abby se sente mais segura para se afastar e se acalmar, e logo eles vão descobrir que mais do que nunca estão compartilhando informações sobre si mesmos, conversando no meio da noite como se estivessem tendo o primeiro encontro. E, de certa forma, estão mesmo.

Encontrando alguém para dividir o trabalho

Connor e Abby conseguiram começar a ajustar a dinâmica ansiosa-evasiva principalmente porque os dois estavam dispostos a trabalhar em conjunto na melhoria. É muito difícil fazer isso se apenas um dos dois estiver comprometido. Pode ser necessário que uma parte dê o pontapé inicial, e em geral será a pessoa com o apego mais ansioso (os evasivos tendem a não procurar terapia tão prontamente). Mas se você está tentando trabalhar em si mesmo, abrir-se para a outra pessoa, assumir a responsabilidade e mudar seus padrões, é improvável que seu relacionamento mude a menos que a outra parte também esteja envolvida nisso (embora, é claro, sua mudança tenha um efeito positivo sobre o outro).

Se a outra pessoa não estiver disposta, ou disser que nunca vai tentar, pergunte-se se esse é o relacionamento certo para você. Seja honesto consigo. Existem padrões da infância que você pode estar repetindo nessa dinâmica? Está se agarrando a uma possível mudança dessa pessoa, em vez de considerar quem ela é de verdade?

Se você e seu parceiro estão dispostos a refletir a respeito dessas mudanças e a provocá-las, então já é meio caminho andado. Não há nada que eu ame mais do que ver duas pessoas comprometidas a entender a si mesmas para que, juntas, possam curar o relacionamento. Não importa se o relacionamento vai durar ou não, você pode aprender muito com uma dinâmica em que ambos se atrevem a assumir juntos o risco da vulnerabilidade.

Mudar o estilo de apego tem a ver com gerar segurança e proteção para você e seu relacionamento. Trata-se de um processo gradual e parcial, e não instantâneo e preto no branco (ou seja, um dia você está inseguro, no outro volta a ficar bastante apegado). Às vezes, trata-se de criar uma relação segura juntos, o que, na verdade, envolve entender, aceitar e conviver com seu estilo de apego e o de seu parceiro, para que o relacionamento se torne um lugar seguro mesmo que, dentro dele, cada parceiro tenha o próprio estilo.

Para fazer isso, é importante reconhecer seus gatilhos e padrões e, em seguida, tentar mudar sua resposta quando o gatilho surge. Quando o alarme do apego dispara, ele diz para você se apegar, buscando garantia e tranquilidade, ou para se afastar e se retirar, ou então as duas coisas. Curar seu estilo de apego tem a ver com responder de maneira diferente a esse alarme, ser compreensivo e compassivo com a parte insegura (sua criança) e gerar segurança dentro de si.

O que fazer quando o alarme do apego é ativado:

1. **Primeiro, reconheça que o alarme tocou.** Se você tiver o desejo de se apegar, se afastar ou as duas coisas, observe esse desejo e tente se distanciar dele, esperando um pouco em vez de agir logo de cara.

2. **Pense na infância** e em outros momentos em que você teve esses sentimentos no passado. Tente usar esse entendimento para reconhecer que seu alarme do apego está tocando com força máxima e que está relacionado ao trauma inicial e não à situação real de agora. Você pode usar essa compreensão para acalmar sua criança interior.

3. **Antes de agir** (se apegar ou pular fora), tente se acalmar e se sentir seguro. Se você tende a precisar que os outros o acalmem, tente encontrar formas de fazer isso sozinho. Se você tende a se fechar, tente se desafiar a se abrir e se deixar depender de outra pessoa. Tranquilize-se com a sensação de segurança. Você é adulto e não precisa dessa pessoa para sobreviver. O que você pode fazer para regular as próprias emoções?

4. **Comunique-se com o parceiro.** Tente assumir a responsabilidade por suas reações, em vez de culpar o outro por acionar gatilhos em você. Expresse seus sentimentos para que o outro possa reconhecer suas necessidades e responder a elas. Seja o mais vulnerável e aberto possível.

5. **Permita-se sentir (e comunicar) o medo** de depender de alguém. É aterrorizante, e está tudo bem. Todos os estilos de apego incluem um medo profundo de confiar em alguém. Confiar em alguém pode parecer assustador até mesmo para pessoas seguras. Em vez de tomar uma providência, permita-se sentir esse medo (o mesmo que você teria sentido na infância por não conseguir confiar por completo em seus pais ou cuidadores).

Se você se reconheceu ou a seu parceiro em um desses estilos de apego e quer saber mais a respeito do assunto, recomendo o livro *Maneiras de amar*, do dr. Amir Levine e da dra. Rachel Heller, que mergulha mais fundo na origem dos estilos de apego, em como afetam nossos relacionamentos e em como podem ser alterados.

CODEPENDÊNCIA, LIMITES E O HÁBITO DE AGRADAR PESSOAS

Por que me anulo nos relacionamentos?

Assim que começamos a trabalhar juntas na terapia, Kelley (a estudante de arte que lutava contra a ansiedade e para estabelecer limites) se apaixona. Recebo uma mensagem dela no dia anterior ao da sessão. "TENHO NOVIDADES." Ela chega cedo, entra na sala e, antes que qualquer uma de nós se sente, anuncia orgulhosamente que conheceu alguém.

Eu acompanho o novo relacionamento como se fosse uma comédia romântica de Hollywood, porque é assim que Kelley o apresenta. Trish é a mulher mais bonita que ela já viu. É divertidíssima; as duas ou passam tempo rindo na cama ou dançando juntas. E se revezam para surpreender uma à outra com o café da manhã. Em poucas semanas, já estão passando todas as noites juntas. De repente, toda história passa a envolver Trish, como se Kelley nunca tivesse existido sem ela.

No entanto, apesar de ouvir tudo a respeito dessa mulher, há algo em relação a Trish que não consigo entender, como se ela fosse essa personagem fictícia sem qualquer profundidade. A idealização de Kelley faz com que todo o relacionamento pareça um pouco irreal. Onde estão as imperfeições de Trish, as falhas e os problemas? E, o mais importante, por que Kelley não consegue enxergá-los? É comum que as pessoas enxerguem tudo em cor-de-rosa no início, então digo a mim mesma para parar de ser cética e esperar para ver como as coisas vão se desenrolar.

E elas se desenrolam com rapidez. Em questão de três meses, Trish se mudou para a casa de Kelley. Comento com Kelley que as coisas estão acontecendo rápido, e ela brinca que é assim que as lésbicas são, o que encerra qualquer abertura para ser curiosa sobre o que as levou a dar esse passo. Ainda assim, tento parar de me preocupar, porque Kelley realmente parece feliz.

No verão, as rachaduras começam a aparecer. Em uma noitada, Trish ficou bêbada e começou a insultar os amigos e amigas de Kelley. Demorou duas horas para conseguir levar Trish para casa porque ela se recusava a entrar no táxi. Trish passou o dia seguinte inteiro na cama, sentindo-se culpada e fazendo Kelley prometer que não estava brava. Ela me assegura que não está, embora eu só consiga ver os dedos se torcendo um nos outros enquanto ela diz isso (o corpo traindo as palavras). "Isso não vai mais acontecer", diz ela a mim e a si mesma.

Mas isso é mentira. Na verdade, trata-se do início de um padrão escorregadio de codependência. Trish fica bêbada, Kelley cuida dela, então Trish se sente deprimida e culpada, e Kelley precisa assumir a função de cuidadora novamente, o tempo todo ignorando os próprios sentimentos.

Conforme o relacionamento continua, o mundo de Kelley começa a ficar menor. Ela vê menos os amigos, deixa de ir às exposições de arte que adora porque Trish precisa dela em casa e pinta menos porque Trish está mais interessada em sair para jantar e beber. Do mesmo modo, Trish é o tema da maior parte das sessões. Kelley quer encontrar uma forma de ajudar a companheira, o que pode parecer muito saudável, mas ela se torna uma pessoa preocupada, tentando de tudo para convencer Trish a fazer terapia, a parar de beber e a melhorar. O que transparece, como costuma acontecer nesses tipos de relacionamento, é que, quanto mais Kelley a ajuda, pior Trish fica.

O hábito de agradar às pessoas também se manifesta no sexo. Kelley não gosta de assumir o comando na cama, então nunca pede o que quer. Ela se concentra em Trish e nunca chega ao orgasmo. Diz que gosta desse jeito; sente-se muito mais confortável sendo quem dá prazer, e não quem recebe. Meu alarme dispara de novo. Onde estão os desejos de Kelley? E o prazer? Ela também tem necessidades, que parecem ser deixadas de lado para satisfazer Trish.

Aponto para Kelley que quase nunca falamos dela mesma. Ela ri e retruca: "Falar de Trish *é* falar de mim." Eu não rio junto porque o que escuto não é nada engraçado. Kelley se tornou muito enredada em Trish (um enredamento em que sente que as duas são uma coisa só). Aos poucos, Trish começou a ofuscá-la, o que me faz lembrar da falta de limites que Kelley tem em relação à mãe, como se fossem uma só pessoa. Minha sensação é a de que Kelley e Trish se tornaram codependentes.

O que é codependência?

Relacionamentos saudáveis são, em sua maioria, equilibrados. Têm uma natureza recíproca ("às vezes eu cuido de você; outras vezes, você cuida de mim"). Já os relacionamentos codependentes são unilaterais. Uma pessoa se doa e se sacrifica mais, enquanto a outra só recebe. Muitas vezes, é como alguém que é dependente em excesso, que é o "carentão", que se anula para atender às necessidades do outro. Essa é a parte da codependência que muitas vezes acho que é mal compreendida. Muitas pessoas pensam que se trata de passar muito tempo juntas ou de as duas pessoas confiarem demais uma na outra, quando, na verdade, se trata de um desequilíbrio.

Em um relacionamento codependente, cada pessoa inconscientemente usa a outra para expressar as próprias feridas. Uma delas pode se perder e deixar suas necessidades de lado, enquanto a outra usa e explora o parceiro para satisfazer às próprias necessidades.

Um relacionamento enredado é aquele em que uma das partes perde o senso de independência. A codependência embaralha os limites. Há uma sensação de que não se sabe onde o outro termina e você começa, o que torna o vínculo ainda mais forte e o relacionamento mais difícil de ser desfeito, porque a sensação é a de que não se pode existir sem o outro.

Enredamento

O enredamento é um relacionamento com limites emaranhados em que não há como saber onde a outra pessoa termina e você começa. Em que é esperado que você pense, sinta e acredite da mesma forma que a outra pessoa, quase se tornando uma coisa só. Isso, por sua vez, dificulta o desenvolvimento do senso de individualidade e impede a verdadeira independência. Se esses fatores caracterizam uma relação entre pais e filhos, isso pode postergar a saída da criança de casa e impedir que se exercite a independência em um relacionamento adulto. Se você fantasia a respeito de pessoas sem realmente estar em relacionamentos sérios e ter relações muito próximas com a família, é possível que esteja sabotando seus relacionamentos porque, na verdade, você não quer crescer e se separar dos pais.

Você pode ser a pessoa que dá tudo de si em um relacionamento porque se sente responsável pelos sentimentos da outra parte e sacrifica as próprias necessidades para atender às dela. Isso anda de mãos dadas com o hábito de agradar às pessoas. Quando se sente responsável pelo outro, é possível que você se negligencie e ache difícil estabelecer limites, dizer não e se envolver em conflitos.

Por outro lado, você pode ser bastante exigente e controlador e achar difícil se comprometer. Talvez tenda a culpar outras pessoas por seus sentimentos e acredite que elas têm a responsabilidade de fazê-lo feliz. Em um extremo maior, isso pode parecer abuso narcisista ou controle coercitivo — relacionamentos em que um parceiro usa (muitas vezes inconscientemente) o outro para conseguir o que quer.

Sinais de codependência:

- abandonar os próprios desejos e necessidades;
- responsabilizar-se pelos sentimentos de outras pessoas;
- assumir a culpa ou pedir desculpas para que fique tudo em paz;
- precisar de aprovação e validação dos outros;
- necessidade de estar no controle;
- muitas vezes, estar no papel de cuidador;
- evitar conflitos;
- fazer coisas que você não quer só para deixar os outros felizes;
- ter dificuldade em se conectar e demonstrar sentimentos;
- idealizar pessoas;
- ter baixa autoestima e medos profundos de rejeição.

Por que temos relacionamentos codependentes?

Em um relacionamento codependente, uma das pessoas é muitas vezes a "carente" e a outra, a faz-tudo (*fixer*). Trata-se de uma distinção entre vulnerabilidade e responsabilidade. Toda a vulnerabilidade acaba projetada na pessoa carente, o que faz com que a faz-tudo se ressinta por ter que largar a própria completude pela outra pessoa. E, nesse ínterim, a vulnerabilidade da pessoa faz-tudo está sendo negada. Enquanto isso, a pessoa carente desistiu do senso de responsabilidade e da capacidade de cuidar de si mesma, o que faz com que ela necessite receber ajuda da outra.

Enquanto reclama de Trish, Kelley não reconhece que a está infantilizando e contribuindo para seu estado de dependência e carência. Ela se sente tão responsável por ajudar Trish que acaba desempoderando a parceira. É como se Trish fosse uma criança, incapaz de se ajudar, embora não tenha certeza se essa é a realidade. Eu suspeito que Trish tenha caído no papel de criança, enquanto Kelley assumiu o de pai ou mãe.

Quando entramos em um relacionamento codependente, muitas vezes estamos reconstituindo o tipo de relação que tivemos na infância. Se um dos pais foi particularmente controlador ou narcisista, é possível que você não tenha desenvolvido um forte senso de si e de suas necessidades. Talvez você ficasse no papel de cuidador quando criança, com os pais ou irmãos, e tenha aprendido a se sentir valorizado ao cuidar das pessoas. Talvez tenham gritado com você, talvez tenham ficado em silêncio ou talvez você tenha sido abusado de alguma forma, o que fez com que ficasse com medo de conflitos, e por isso aprendeu a agradar às pessoas como um modo de mantê-las felizes. Talvez sua família estivesse enredada, então você sentiu que não era capaz de estabelecer limites ou de ser muito diferente do restante.

O enredamento pode parecer positivo (todos nós queremos ser próximos de nossos pais, certo?), mas não deve ser confundido com uma proximidade saudável. Estar muito perto pode criar uma dependência doentia em que um ente familiar usa você para atender às próprias necessidades emocionais, de modo que você não consegue expressar seu verdadeiro eu. Kelley era muito próxima da mãe, mas de uma forma que não estabelecia limites nem permitia uma separação saudável, o que fazia com que ela tendesse a ser muito dependente das pessoas e a perder a própria identidade nos relacionamentos.

O enredamento cria adultos que:

- se sentem responsáveis até demais pelos sentimentos de outras pessoas;
- priorizam as necessidades dos outros em detrimento das próprias;
- têm dificuldades em estabelecer limites;
- agem como os pais, tentando consertar todos;
- agem como uma eterna criança, nunca crescem e sempre procuram alguém para cuidar deles;
- se sentem culpados demais, como se o tempo todo tivessem feito algo errado;
- não conhecem ou respeitam os próprios sentimentos e necessidades;
- não conseguem tolerar diferenças entre eles e seus parceiros ou amigos.

O enredamento cria uma espécie de desenvolvimento interrompido, no qual não crescemos porque ainda não somos independentes. Pela minha experiência, isso pode ter dois efeitos nas relações: nós fantasiamos relacionamentos, mas nunca nos envolvemos de fato neles, ou então entramos em relacionamentos que não têm limites e estão igualmente enredados.

Como sair de baixo das asas dos pais?

Separar-se emocionalmente dos pais é uma das coisas mais difíceis que as pessoas enfrentam na terapia. É diferente para cada um, mas, psicologicamente, se afastar do conforto de uma família próxima é um trabalho árduo. Mas também a única maneira de se sentir livre.

A separação emocional dos pais é muito saudável. É por isso que adolescentes de repente começam a priorizar as amizades e dizer aos pais que os odeiam. Se seu filho adolescente faz isso, ou se você fez isso quando jovem, não se preocupe, pois é um sinal saudável de que ele está se desprendendo e se transformando em um indivíduo com ideias e identidade próprias. Isso não significa que já não é mais possível ter um relacionamento próximo e amoroso com eles, mas talvez seja necessário se desprender primeiro, aprender a se portar como um indivíduo, para poder ter um relacionamento equilibrado com os pais, em vez de ficar preso em uma fusão entre pais e filhos.

Quando digo desprender, não quero me referir necessariamente a distância. Uma pessoa pode estar do outro lado do mundo e ainda estar emocionalmente ligado aos pais.

Desprender-se é ainda pior se sentimos que nossos pais não conseguem lidar com isso. Talvez eles precisem que sejamos como eles e se sintam ameaçados por sermos muito diferentes. Nós estamos cientes dessa ameaça e ficamos preocupados com a possibilidade de aborrecê-los, de que não gostem de nós se formos diferentes. Mas, ao permanecermos apegados, abrimos mão da nossa independência e do nosso senso de identidade.

Se você não tem um relacionamento próximo com seus pais, ou se eles não estão mais vivos, você ainda pode se desprender deles em nível emocional; trata-se mais de um processo interior do que de qualquer outra coisa.

Esse mecanismo de corte do cordão umbilical também pode acontecer em relação a nossos parceiros adultos, que muitas vezes se tornam nossos pais substitutos. Aprender a estabelecer limites e a se tornar mais independente nos nossos relacionamentos adultos é uma forma de evitar a dinâmica pai-filho em relacionamentos amorosos codependentes.

Autoabandono

Mesmo que tenhamos crescido em um lar amoroso e estável, podemos ter aprendido que seríamos bons se fizéssemos o que nossos pais queriam e ruins se fôssemos desobedientes. Então, como adultos, ainda acreditamos que, para sermos amados e aceitos pelos outros, temos que fazer o que eles querem, mesmo que não seja o que queremos.

Independentemente do motivo, em algum momento você foi ensinado que era responsável por outras pessoas, que suas necessidades e seus sentimentos não eram tão importantes quanto os do próximo. Se desde tão jovens colocamos as necessidades de outras pessoas em primeiro lugar, podemos não ter consciência de nossos próprios sentimentos, necessidades, desejos e limites. Estar tão fixado nos outros nos leva a ficar completamente fora do alcance de nós mesmos. Isso é autoabandono.

A princípio, parece que Kelley está desistindo de bom grado das próprias necessidades: ela quer largar tudo para ajudar Trish e cancelar as exposições para poder passar mais tempo com ela (e só eu enxergo isso como algo problemático).

No entanto, toda vez que fala de cuidar de Trish, ou de desistir de algo, ela entrelaça os dedos.

"Você parece um pouco irritada", comento, acenando com a cabeça para os dedos dela.

Kelley resmunga. "Ok, tudo bem, sim, é um pouco irritante. É como se Trish fosse tão frágil que eu não pudesse fazer nada do que quero. Nunca tenho vez."

Parece, como tantas vezes acontece quando alguém se autoabandona ou é do tipo que vive para agradar às pessoas, que algum ressentimento em relação a Trish entrou em cena.

Ressentimento

O hábito de agradar às pessoas e a codependência raramente existem sem ressentimento. Se nossos limites forem violados, muitas vezes teremos uma sensação física de desconforto.

Qualquer pessoa que quer agradar conhece a amargura que é fazer algo contra a própria vontade. Mesmo que não tenha dito não (talvez porque não se sente seguro ou não esteja acostumado), você ainda sente que foi forçado a fazer. Você obedece, mas faz isso com a mesma disposição de um adolescente mal-humorado. Talvez você mantenha o sorriso estampado no rosto por medo de chatear as pessoas, mas por dentro está furioso.

Caso se sinta ressentido por ter que fazer algo, essa é uma boa pista de que você está violando um limite seu. Use esse ressentimento como sinal de que pode haver algum autoabandono.

O ressentimento em relação a nossos parceiros em geral vem de um lugar da infância. É semelhante ao ressentimento sentido quando precisamos nos responsabilizar por outras pessoas ou quando nossos limites são ultrapassados na juventude. Ainda assim, não importa qual é o grau de ressentimento, pois normalmente o engolimos (ou ele se manifesta de uma maneira passivo-agressiva), em vez de simplesmente dizer não.

Por que temos dificuldade em dizer não?

Quando nos autoabandonamos, escolhemos um relacionamento em vez de nós mesmos. A necessidade de Kelley de ficar com Trish e seu medo de abandono podem ser tão fortes que ela abandona os próprios desejos e necessidades. O fato de ela se sentir desconfortável sendo o foco no sexo me deu uma pista de que poderia haver algum tipo de autoabandono acontecendo ali. O cérebro orientado pela sobrevivência fará tudo o que puder para impedir que alguém nos abandone, mesmo que isso signifique desistir do que queremos. Em essência, estamos nos abandonando para não sermos abandonados pelo parceiro. Isso pode ser uma estratégia de apego: se damos aos nossos cuidadores o que inconscientemente sentimos que eles precisam, não seremos abandonados; ficamos no bando e não somos devorados por leões.

Caso não se lembre, Kelley e a mãe são tão próximas que, desde que Kelley era muito nova, a mãe conversava sobre a própria vida sexual detalhadamente e não gostava quando a filha tentava ter espaço. Kelley se sentia emocionalmente responsável pela mãe (quase como se fosse ela a mãe), que era tão sensível à rejeição que não suportava quando a filha ficava chateada ou tentava dizer não às coisas. Isso é considerado uma relação mãe-filha enredada, em que Kelley não foi capaz de se desprender e se tornar um indivíduo independente. E agora algo semelhante está acontecendo com Trish.

Em geral, temos dificuldade em estabelecer limites porque tememos a resposta da outra pessoa. Mais uma vez, acredito que isso remeta ao medo do abandono porque tememos ficar sozinhos. Se crescemos sem saber como estabelecer limites, pode ser que tenhamos desenvolvido o sentimento de proximidade de uma maneira integrada. Assim, equiparamos limites e distância com o sentimento de isolamento e solidão.

Eu exploro isso com Kelley, que admite que, se disser não a Trish, vai irritar a companheira. "Onde você aprendeu que não é certo dizer não?", pergunto.

Ela puxa na memória. Uma lembrança da mãe se debulhando em lágrimas. Ela tem 7 anos e não quer abraçar a mãe. "Você não me ama mais, né?", diz a mãe, lágrimas escorrendo pelo rosto. Kelley entra em pânico — uma ansiedade familiar; ela não quer deixar a mãe chateada. Então, com os dentes cerrados, se força a abraçar a mãe, que a aperta tanto que é até difícil respirar. O corpo de Kelley fica rígido, mas ela sabe que precisa passar por isso para se sentir melhor.

Esse é um pequeno momento de muitos que aconteceram durante a infância de Kelley, que indicam que ela não pode ter o espaço e a independência de que precisa, minam seus limites e ensinam que ela precisa se abandonar para fazer as outras pessoas felizes.

Como eu faço para me curar?

A cura da codependência é absolutamente possível. É preciso que os dois membros do casal se concentrem de verdade em curar a si mesmos (e não o outro). Mas como fazer isso?

É necessário o trabalho árduo de se conectar à ferida e, mais tarde, de tomar medidas para impor limites e atender às próprias necessidades. O processo pode ser doloroso (sei bem porque eu mesma passei por isso e continuo passando), afinal requer ir fundo na infância, conhecer o *self* criança e realmente sentir como era ter as próprias necessidades deixadas de lado, como era ter que colocar os outros em primeiro lugar, para que os cuidadores não percebessem ou tivessem que lidar com os sentimentos da criança. Não é fácil. Às vezes, ser tão vulnerável e ferido pode parecer a coisa mais dolorosa do mundo, mas vale a pena, pois processar a dor ajuda a cicatrizar as feridas, de modo a não as replicar tanto em nossos relacionamentos.

Pular fora do relacionamento pode ajudar, mas, se você não chegar à raiz do problema, talvez apenas continue encontrando o mesmo tipo de pessoa e repetindo esse modelo várias vezes.

Como disse anteriormente, nós nos curamos por meio das relações com outras pessoas. Quando Kelley começa a estabelecer limites em nosso relacionamento e passa a agir de maneira diferente comigo, ela aprende que fazer isso é seguro e que pode começar a ter essa mesma conduta nos outros relacionamentos. Reconheço que é difícil para ela não saber nada a meu respeito, que há um limite entre nós, e, portanto, pergunto a ela se está achando aquilo desconfortável. Kelley faz que sim com a cabeça. Essa distinção é difícil; ela não está acostumada a ser tão independente em um relacionamento. Reconhecer o sentimento parece ajudar, e ela começa a chegar na hora certa e a fazer menos perguntas a meu respeito.

A terapia é um tipo de relacionamento em que é possível começar a praticar sentimentos ou dizer coisas que não conseguimos dizer nos relacionamentos externos, por não nos parecer seguro. É sempre um momento comovente quando um paciente que não foi capaz de expressar raiva antes me diz pela primeira vez que está com raiva de mim. Ou quando um paciente que se entende como superindependente e sempre negou a necessidade de ter outras pessoas me diz, em voz baixa, mostrando-se vulnerável, que tem medo de que um dia eu vá embora.

Um dos principais medos que a mudança incita é o de perder o relacionamento. Embora isso possa acontecer, não é certo que ocorra. E em algum momento é necessário se perguntar: você está disposto a permanecer em um relacionamento se o preço a pagar for a sua sanidade?

Esse foi o dilema que Kelley enfrentou quando começou a reconhecer o problema.

Cinco etapas (não exaustivas) para ajudá-lo a se curar da codependência

1. **Processe a ferida principal.** A ferida principal costuma ser o que leva você buscar esses padrões disfuncionais. Em vez de culpar o parceiro, tente entrar em contato com o que você está repetindo para si mesmo. Alguém fez com que você se sentisse controlado quando criança, como se não pudesse dizer não? Você se sentia muito fora de controle e precisava controlar os outros para se sentir seguro? Como era isso? Você se lembra de algum sentimento? Gentilmente, conheça a criança ferida em você, que está revivendo essas feridas hoje.

2. **Entre em contato com sua intuição e suas necessidades.** É importante perceber sua reação física quando surge o desejo de autoabandono. Quando alguém lhe pede para fazer algo, o que seu corpo diz? Você tem uma pontada de irritação e ressentimento ou se sente calmo e receptivo? Por ora, você não necessariamente precisa reagir de forma diferente, apenas se conectar à intuição para ver se suas necessidades estão em conflito com as da outra pessoa. Trata-se de recuperar a confiança em si mesmo, para que aquela criancinha aí dentro possa confiar que você vai dar conta depois de anos se sentindo abandonado.

3. **Tome medidas práticas para criar uma distância saudável em seus relacionamentos.** Além de processar os relacionamentos da infância, você precisa fazer mudanças nos relacionamentos adultos. Reconhecer e proteger sua individualidade é uma parte importante

de se sentir completo. A interdependência saudável (em que um depende do outro em alguma medida, mas na qual cada um também pode atender principalmente às próprias necessidades e cuidar de si mesmo) requer alguma separação. É importante reconhecer que vocês são pessoas diferentes, com sentimentos, desejos, pensamentos, valores, gostos e insatisfações diferentes. Muitos podem achar difícil tolerar essa distinção, por achar que precisam fazer as mesmas coisas que o parceiro, ter os mesmos amigos, curtir os mesmos lugares, concordar em tudo. Manter esse limite saudável entre vocês impede que um se torne responsável pelo outro. Seu parceiro não é responsável por seus sentimentos e você não é responsável pelos dele. Celebre suas diferenças (provavelmente foram elas que atraíram o outro até você, para início de conversa).

4. **Comunique-se.** Grande parte de estabelecer sua individualidade tem a ver com a comunicação. Dizer a alguém como você se sente é, por si só, definir limites, porque ao fazer isso você está reconhecendo que os sentimentos não são os mesmos, que a outra pessoa não pode ler sua mente. Se sentir ressentimento por algo que o parceiro faça, deixe-o saber disso (de modo ponderado e construtivo). Quando você toma as rédeas da raiva e a expressa com compaixão, em vez de descontá-la de forma incontida na outra pessoa, ela pode ser uma ferramenta útil para criar alguma barreira entre vocês, porque você está se respeitando ao dizer que, a seu ver, algo não está bom. O autorrespeito é um entrave à codependência. Como você está se defendendo e atendendo às próprias necessidades, não precisará usar os outros para atender a essas necessidades ou abandoná-las por completo. A resposta dos outros nem sempre será positiva. Talvez

você não se sinta seguro o suficiente para se expressar em todos os relacionamentos. Pode ser que, em relacionamentos adultos abusivos, você seja punido por dizer não. Eu entendo que às vezes ficar quieto e não criar mais problema é uma estratégia de sobrevivência. É importante que você perceba se o relacionamento parece seguro o suficiente para você se manifestar.

5. **Estabeleça limites.** Os limites são o antídoto para o hábito de agradar pessoas e para a codependência. São a forma de firmar nossa individualidade. Estabelecer um limite traça uma linha entre nós e os outros, ajudando-nos a separar nossos sentimentos e necessidades dos deles e a nos sentirmos inteiros e fortes. Os limites são protetores. Podemos não ter tido essa defesa quando crianças. São uma expressão de diferença: "Eu não quero fazer isso. Eu tenho uma mente separada da sua. Eu posso te amar e apoiar e mesmo assim querer fazer as coisas de maneira diferente."

Como estabelecer limites

Existem três etapas principais para estabelecer limites:

1. **Identifique qual é o seu limite.** Antes de definir o limite, é preciso ter clareza sobre o que exatamente você é e o que não está disposto a suportar.

2. **Comunique-se.** Sem culpar ou atacar seu parceiro, indique com clareza o seu limite e a consequência caso ele não seja respeitado.

3. Imponha o limite. Limites precisam de consequências; caso contrário, são apenas palavras vazias. Tome medidas se o seu limite não for respeitado, mesmo que isso deixe a outra pessoa chateada.

Sugiro que você comece com pequenas coisas. Estamos tentando ensinar à mente que se negar a fazer algo não é nada terrível, então comece com algo administrável. Diga que não quer assistir determinado filme ou ir a um evento que lhe pareça chato. Vai parecer assustador no início, e talvez você até vivencie uma resposta de congelamento (veja a página 58), mas isso não é motivo para ceder. À medida que o cérebro aprende que limites são seguros, você consegue progredir para limites maiores e mais desafiadores.

Lembre-se de que limites são ações, não palavras. A maioria das pessoas não percebe que os limites precisam ser respeitados. Se o limite não for imposto, estaremos apenas ensinando às pessoas que nossas palavras não têm sentido e que não há consequências reais para o comportamento delas. Por exemplo, se não gosta do modo como alguém fala com você, uma possibilidade é pedir à pessoa que fale de forma diferente; se ela ignorar seu pedido, o limite seria encerrar a conversa. As consequências nos permitem controlar nossos limites em vez de dar o poder aos outros. Se a pessoa continuar a violar seu limite e a ignorar as consequências, você pode ter que aumentar essas consequências, e, por mais triste que seja, se afastar da pessoa caso nada mude.

Dito isso, também é importante ter a outra pessoa em mente. Quando as pessoas começam a aprender a expressar os próprios sentimentos e necessidades, costumo notar uma hipercorreção. Por parecer tão assustador, as pessoas podem se tornar rígidas demais ou culpar o outro. Ao mesmo tempo que expressa as necessidades, você também precisa encontrar uma forma de negociar e respeitar as necessidades do parceiro. Afinal, as necessidades de duas pessoas nunca serão 100% iguais; por isso é tão importante ser capaz de reconhecer e ter empatia em relação aos desejos de outra pessoa e, em seguida, explicar com calma e compaixão por que você precisa de algo diferente.

Quando comecei a manifestar meus limites, achei a coisa toda tão aterrorizante que me tornei um pouco egoísta e agressiva no modo como me comunicava. Eu era como um pêndulo que balançava para longe demais. Criada em uma família enredada, eu costumava ter dificuldade em não ir a eventos de que não queria participar por medo de que os membros da família tivessem uma impressão ruim de mim ou por temer decepcioná-los. Assim, para alcançar o que parece ser um lugar de comunicação saudável, eu passei por três cenários:

1. **Sem comunicação.** Dizia sim mesmo quando queria dizer não, aí me forçava a ir ao evento, mas o achava deplorável, e por fim ficava ressentida com a pessoa por "me fazer" ir.

2. **Comunicação não saudável.** Ficava com raiva por terem tido a audácia de me dizer que eu tinha que ir ao evento e gritava que eles eram manipuladores e egoístas, aí acabava ficando em casa, com raiva, e mais tarde me sentia culpada por ter sido tão irracional.

3. **Comunicação saudável.** Explicava calmamente que não queria ir ao evento, reconhecendo que isso era decepcionante para eles (e suportando a chateação deles) e oferecendo um acordo que atendia à minha necessidade de não ir e, ao mesmo tempo, fazia com que se sentissem cuidados.

Com o tempo, depois de muitas tentativas fracassadas e limites que eram rígidos demais, consegui me posicionar de modo a comunicar minhas necessidades e ao mesmo tempo levar a outra pessoa em consideração.

Tudo isso parece bastante simples, mas todos sabemos muito bem que negociar limites é mais difícil do que parece. Por quê? Como limites podem chatear outras pessoas, é possível que elas deixem de gostar de nós ou que fiquem zangadas, e muitos acham difícil lidar com isso. Esse é o desafio para qualquer um que gosta de agradar pessoas: tolerar não ser amado. E as pessoas nem sempre vão reagir bem a seus limites, ainda mais aquelas que se beneficiavam com a falta deles (e sua família, que moldou você para ser assim).

Lembre-se de que não é necessário que todos gostem de você o tempo todo. Tudo bem se as pessoas ficarem feridas, chateadas ou bravas — você vai aguentar (mesmo que seus instintos de sobrevivência lhe digam o contrário). A reação dos outros não é responsabilidade sua. Em geral, é menos doloroso viver com honestidade e aprender a aceitar que nem sempre outras pessoas vão gostar disso.

E se você for o mais controlador?

Os relacionamentos codependentes têm dois lados: aquele que é exigente e controlador e o que se abandona e não estabelece limites. Tenho a impressão de que há mais pessoas que sofrem com o autoabandono e o hábito de agradar aos outros, porque é o que mais vejo no meu consultório. Ainda assim, todos nós temos a capacidade de ser mais como Trish (controladores e exigentes, dependentes de nossos parceiros para nos salvar, como se fossem nossos pais).

No entanto, alguns de vocês podem, como Trish, querer que o parceiro se adapte a você e atenda às suas necessidades. Se for o seu caso, é muito importante reconhecer e não se envergonhar, porque essa é a única maneira de trabalhar essa questão. É provável que isso também venha de uma ferida da infância. Quando alguém discorda do que você disse, talvez você encare isso como rejeição e abandono, como a mãe de Kelley. Talvez esteja repetindo o padrão dos seus pais. Ou pode ser que exigir que atendam às suas necessidades faça com que você se sinta no controle. É igualmente importante que rastreie a fonte desse padrão e, em seguida, tente aprender nos relacionamentos adultos que o fato de um parceiro discordar ou querer fazer algo diferente não significa que ele não o ama.

O que acontece quando alguém muda em um relacionamento?

As pessoas nem sempre vão gostar de nós quando mudarmos.

"Algo estranho aconteceu", diz Kelley. "Trish me pediu pra parar de vir à terapia."

Em meio a uma ressaca, Trish assume a posição habitual na cama e chora nos braços da parceira. Kelley sente os dedos começarem a se contorcer e se lembra do que tínhamos conversado, que ela não é responsável pelos sentimentos das pessoas. "Sinto muito que você esteja se sentindo mal, querida", responde, "mas vou me encontrar com Dana para ir à exposição".

Trish é tomada pelo pânico. "Você não pode me deixar sozinha. Sabe como fico muito deprimida sem você. Não pode desmarcar? Eu preciso de você." Kelley continua torcendo os dedos, as articulações das mãos ficam brancas.

"Lamento que esteja passando por um momento difícil, mas não posso resolver isso por você. Não posso ser sua cuidadora", diz ela, a voz trêmula.

"Foi a sua terapeuta que falou para você dizer isso?", esbraveja Trish, soltando a mão de Kelley.

"Bem, sim, de certa forma. A terapia me fez perceber que somos muito codependentes e que não sou responsável por fazer você se sentir melhor."

"Não acho que a terapia esteja ajudando, querida", responde Trish, virada para o outro lado. "Tudo o que ela está fazendo é colocar você contra mim."

Kelley está prendendo a respiração. Está presa entre o antigo jeito habitual de ser e o novo *self* em construção que é capaz de dizer "não" e de se colocar em primeiro lugar. Ela expira e diz a Trish com a maior firmeza possível que precisa de um pouco de tempo para si e que vai voltar mais tarde.

Quando um parceiro muda, isso pode perturbar o *status quo*. É comum que parceiros se sintam ameaçados pela terapia, porque é ela que está gerando a mudança. *Esse não é um motivo para deixar a mudança de lado.* Se seu parceiro gosta da sua versão antiga e ferida, pergunte-se se este é um lugar saudável no qual você pode se desenvolver e se curar. Muitas vezes, nós saímos de relacionamentos à medida que nos curamos, mas isso não significa que todos eles tenham que acabar. Para que essa relação funcione, parece que Trish precisa fazer um pouco do dever de casa também. Se fizer isso, talvez as duas possam buscar uma forma mais interdependente de ser.

Interdependência: o Santo Graal

Com o tempo, o objetivo acaba sendo passar da codependência para a interdependência. A interdependência é uma relação mais equilibrada e igualitária, na qual ambas as partes se sentem como dois indivíduos separados que estão escolhendo construir um relacionamento juntos, em vez de dois meios-indivíduos que não podem existir um sem o outro.

Não há nada errado em depender de alguém (considero até muito saudável), mas a interdependência tem a ver com depender do outro sem abrir mão do senso de identidade. Há liberdade no relacionamento comprometido e íntimo. Você se sente seguro para confiar no outro e contar com a pessoa quando precisar, e também seguro para ser você mesmo e manter uma distância saudável. Ainda pode haver concessões quando suas necessidades são conflitantes, mas isso é mais equilibrado, como uma gangorra, que sobe e desce.

É difícil, e a culpa é uma bola de neve, mas Kelley dá continuidade à prática de dizer não, ao cuidado das próprias necessidades e ao sentimento de ser inteira fora do relacionamento.

Quando Kelley começa a mudar, algo milagroso passa a acontecer: Trish também vai melhorando aos poucos.

Kelley percebe isso pela primeira vez quando saem certa noite. Em geral, ela monitora de perto a bebida de Trish, dizendo à parceira quando fica farta daquilo e implorando para que pare. Dessa vez, Kelley prometeu não intervir. No terceiro drink de Trish, quando Kelley normalmente sugeriria que passassem a beber água, ela não diz nada. É difícil. Ela literalmente morde o lábio inferior para se impedir de dizer qualquer coisa, tentando respirar em meio à irritação de ver Trish pedir uma quarta bebida. Então, quando alguém pede outra rodada, Trish boceja. "Na verdade, não quero ficar muito bêbada. Vamos para casa, querida?" Kelley fica atordoada. Isso nunca tinha acontecido. Pela primeira vez, ela percebe que, quanto mais trata Trish como criança, mais ela se comporta como tal. Quando Kelley parou de se esforçar para ajudá-la e de agir como um pai ou uma mãe, Trish conseguiu moderar a própria bebida e cuidar de si mesma.

Quando uma pessoa muda em um relacionamento, é comum que isso influencie a outra. E, embora nem sempre funcione bem para todos (parceiros resistentes à mudança podem fazer tudo o que puderem para sabotar o progresso do outro), às vezes isso pode agitar a dinâmica de forma positiva. Como Kelley não age mais como um pai ou uma mãe, Trish sai do papel de criança.

Essa relação de adulto para adulto está mais próxima do reino da interdependência, em que cada parte cuida das próprias necessidades enquanto ainda apoia a outra.

Algumas semanas depois, Kelley se senta em meu consultório, as mãos pousadas no colo, sem se mexer. Percebo que ela parece menos ansiosa. Algo dá a impressão de estar mais leve.

"Tivemos uma ótima conversa", diz ela, transmitindo alívio na voz, "e Trish está fazendo terapia."

Depois de um revés em que Trish desabou e implorou a Kelley que cancelasse os planos para cuidar dela, Kelley teve um estalo. "Acho que você não percebe o quanto isso é difícil para mim", desabafou Kelley, chorando. "Não posso cuidar de você. Isso está me consumindo e me deixando muito ansiosa; é como se eu fosse responsável por uma criança, como se eu não pudesse ter vida própria sem sentir que estou decepcionando você. Eu te amo, mas não posso salvá-la, e vou me anular se continuar tentando."

"Você disse isso para Trish ou para sua mãe?", pergunto.

Ela sorri para mim. "As duas?"

Embora tenha sido uma conversa difícil, a vulnerabilidade de Kelley mudou a dinâmica do relacionamento mais uma vez. Em vez de Kelley ser a faz-tudo e Trish, a necessitada, agora Kelley expressava um pouco de dor, o que permitiu que, para variar, Trish cuidasse da amada. "Eu não tinha noção de como tudo isso estava afetando você", disse ela, pegando Kelley nos braços. "Sinto muito, não é justo colocar tudo nos seus ombros."

Mais tarde naquela noite, Trish se sentou ao lado de Kelley. "Mandei um e-mail para um terapeuta. Não quero mais sobrecarregar você com as minhas coisas. Ver como você está mudando está me levando a querer fazer o mesmo."

Demora até que elas se reequilibrem no relacionamento, e repetidas vezes acabam voltando aos velhos padrões. A diferença é que, depois que isso acontece, as duas estão dispostas a refletir, aprender e tentar fazer as coisas de um jeito diferente. E conforme

Trish se fortalece e se torna mais capaz, Kelley se vê dando abertura de um modo mais vulnerável. Ela se permite ser cuidada e passa a conversar com Trish sobre alguns dos problemas que teve com a mãe. Ela se surpreende com a disposição e a capacidade de Trish de apoiá-la. À medida que o relacionamento se reequilibra, elas caminham rumo à interdependência, em que cada uma cuida de si mesma ao mesmo tempo que cuidam uma da outra.

Sinais de interdependência:

- estabelecer limites saudáveis;
- ter senso de separação;
- estar presente um para o outro;
- assumir a responsabilidade por si mesmo e não culpar o outro;
- ser vulnerável e aberto um com o outro;
- comunicar-se com clareza, expressando diferenças.

Estou ciente de que nem todos os relacionamentos codependentes terminam como o de Kelley e Trish. Haverá muitos casos em que terminar é a melhor opção. No entanto, muitas vezes nos dizem para terminar um relacionamento assim que esses tipos de rachadura começam a aparecer, quando, na verdade, a mudança é possível, desde que ambas as partes estejam comprometidas em evoluir e fazer ajustes.

BRIGAS E COMUNICAÇÃO

Como parar de ter a mesma briga de sempre com meu parceiro?

Giorgia e Dexter têm a mesma discussão há vinte anos. A briga é sobre limpeza, só que não tem nada a ver com limpeza. E é Dexter que costuma começar.

Ele chega em casa depois de um longo dia de trabalho. Giorgia deixou a cozinha bagunçada. O pescoço dele chega a ficar quente. Bufando e grunhindo, ele arruma a baderna, resmungando para si mesmo que ela não o respeita, que isso sempre acontece. Quando tudo está limpo, ele canaliza o aborrecimento de forma passivo-agressiva sovando uma massa de pão para demonstrar seu cuidado e fazê-la se sentir culpada pela negligência.

Quando se conheceram na universidade, Giorgia era uma estudante estrangeira de visita por um semestre. A bagunça fazia parte de seu charme. Ela ia para as aulas com meias estranhas, papéis caindo da bolsa, o cabelo comprido e volumoso amarrado em um coque frouxo. Dexter olhava para ela se perguntando como fazê-la se apaixonar. Ele era exatamente o oposto, sentindo-se confortável apenas com camisas branquíssimas e sapatos brilhantes. Eles riam de como eram diferentes, "como água e vinho", brincava ela. Dois filhos, quatro mudanças e inúmeras discussões depois, a bagunça de Giorgia já não é mais tão atraente.

Ela chega em casa igual a um trator, falando sem parar de um problema que aconteceu no trabalho. Larga a bolsa no corredor, joga os sapatos e meias no chão, prepara uma xícara de chá, deixando a colher, o leite e o saquinho de chá na pia da cozinha, e se joga no sofá, tudo isso sem nem sequer mencionar a cozinha recém-limpa ou o cheiro de pão no forno.

Dexter está prestes a explodir. Diz a Giorgia que ela é imprudente, uma desleixada e uma princesa que espera que todos os outros arrumem as coisas dela. O pescoço dele fica mais vermelho. Ela não pensa em ninguém além de si mesma. Egoísta, é isso que Giorgia é.

Giorgia está exausta. O chefe ficou no pé dela o dia todo e a fez ficar até mais tarde, de novo. Ela passou o tempo todo de olho no relógio à espera do momento em que poderia tirar os sapatos e relaxar no sofá com uma xícara de chá. Dexter ainda grita. Ela bate a caneca com tudo, abandonando qualquer esperança de uma noite relaxante, e grita de volta. Será que ele não pode deixá-la sossegada por um segundo? Por que ele é tão cricri e controlador? Será que não consegue ver que ela está estressada e não precisa de mais essa? É ele o egoísta.

O pescoço de Dexter assume um tom ainda mais vermelho. Ele traz à tona a vez em que Giorgia chegou uma hora atrasada no cinema e ele teve que assistir à primeira metade do filme sozinho. Giorgia menciona o momento em que ele a criticou por cortar o pão da maneira errada. Logo eles esquecem o motivo inicial da discussão.

O pão. "Ah, não!", diz Dexter, arregalando os olhos quando percebe.

"Está queimando?", pergunta Giorgia.

Do forno cheio de fumaça, Dexter tira a bola preta de carvão que ele passou tanto tempo sovando meticulosamente. Agora ele está fumegante, o pescoço praticamente roxo. Em seguida, grita que tudo aquilo é culpa de Giorgia, que ele tem a sensação de estar morando com uma criança. Ela certamente não se importa com ele. Giorgia o chama de maluco controlador e narcisista.

"Você pareceu a sua mãe falando", ela se esquiva. Dexter joga o pão na lixeira e sobe as escadas. Com o chá frio, Giorgia fica no sofá se perguntando como eles acabaram tendo a mesma briga mais uma vez.

O conteúdo da briga muitas vezes não é a verdadeira razão do conflito. É só a ponta do iceberg! O que está abaixo da superfície costuma ser algo que vem ameaçando os relacionamentos de apego. Então sobre *o que* Dexter e Giorgia estavam discutindo?

Dexter considerava a bagunça de Giorgia uma rejeição a ele. Ela não arrumava nada porque não dava valor ao marido. Quando a esposa voltava para casa sem reconhecer seus esforços e mais uma vez deixava tudo desorganizado, Dexter se sentia ainda mais desrespeitado. Isso pode ter desencadeado algo do seu passado. A mãe pode ter sido crítica, sempre apontando e fazendo com que ele sentisse que estava cometendo erros. Ele costumava tentar impressioná-la terminando toda a lição de casa, arrumando o quarto e sendo bonzinho, mas ela nunca notava. Voltava para casa, ignorava os esforços dele e o repreendia por parecer desalinhado ou por não guardar a mochila. Sem que Dexter perceba, quando Giorgia não reconhece a cozinha limpa, esses mesmos sentimentos de ser ignorado e criticado vêm à tona. A reação dele vem do garotinho em seu interior, que nunca sentiu ser o suficiente. Com certeza, alguns de vocês devem ter percebido (assim como Giorgia) que Dexter se tornou controlador e crítico, igual à mãe. Eu diria que, em algum lugar ao longo da cadeia intergeracional, a mãe de Dexter também foi criada para se sentir rejeitada e controlada, e o ciclo está se repetindo.

Nós internalizamos nossos pais e, apesar de não querermos ser como eles de jeito nenhum, muitas vezes acabamos repetindo exatamente as mesmas coisas que gostaríamos que eles não tivessem feito. Claro, alguns tentam se rebelar e ser exatamente o oposto, mas com frequência é impossível fugir dos traços de nossos pais.

Uma das razões para isso é que não aprendemos outra maneira de nos comunicar. A mãe de Dexter nunca o ensinou a compartilhar os sentimentos e, por isso, ele aprendeu a expressar mágoa por meio da crítica aos outros. Então agora, quando se sente rejeitado por Giorgia, ele não sabe como comunicar isso. Tudo o que Dexter sabe é criticar e controlar.

— EXERCÍCIO —

Reflita a respeito dos tipos de discussão que você costuma ter com as pessoas, caso vivencie esses conflitos. Você está comunicando com honestidade como se sente? Está brigando por algo que aparentemente não tem relação com nada, como Dexter e Giorgia? Você é avesso a conflitos ou é passivo-agressivo, comunicando indiretamente a raiva que sente?

Agora pense em como isso reflete a maneira de brigar da sua família: o que você aprendeu quando criança? Consegue se lembrar de uma briga específica na infância? Se não consegue, também é algo interessante de se observar.

Qual é o estilo de comunicação da sua família? Como seus pais ou irmãos discutiam, se é que discutiam? E qual era a frequência das brigas? Houve muitas delas, nada foi falado ou você foi ensinado a falar abertamente do que estava incomodando você? Como isso pode ter relação com o modo como você tende a brigar agora?

Como se comunicar de forma diferente?

Aqui o antídoto é a vulnerabilidade. Em vez de retaliar, tente se conectar aos sentimentos que foram desencadeados e expressá-los a seu parceiro. Se conseguir encontrar uma forma de comunicar que está magoado, poderá começar a ter conversas com mais poder de cura.

O primeiro passo é a conscientização. Dexter tem que reconhecer que está machucado antes de conseguir mudar a abordagem. Quando você começa a se sentir irritado com alguém, culpando-o, querendo gritar ou fazendo comentários passivo-agressivos, ou mesmo querendo machucá-lo de algum modo, isso é sinal de que algo serviu como gatilho. Antes de reagir, reserve um momento para se conectar com o que está doendo. Ao refletir sobre o que está por trás disso, Dexter percebe que sua raiva pode ter origem em algo além da bagunça.

Vamos abordar a situação novamente para ver como eles poderiam responder de outra maneira.

Quando Giorgia volta a deixar a casa uma bagunça e Dexter arruma tudo com ressentimento, ele percebe o pescoço ficar quente de novo. Ele tem criticado a esposa mentalmente a tarde toda, esperando que ela volte para casa para que possa gritar. Mas então ele para. Percebendo toda a frustração reprimida no corpo, Dexter dedica um tempo para regular o sistema nervoso. Ele se deita na cama no andar de cima e respira fundo dez vezes. As coisas parecem um pouco melhores; a raiva se esvai.

Esse momento de consciência é fundamental (impede Dexter de ser tão reativo). "Seja curioso", lembra-se de ter ouvido. Ele dedica um tempo à observação. "O que estou sentindo?", pergunta-se. "Estou me sentindo rejeitado", responde uma voz, "como se você não se importasse, como se estivesse ignorando meu trabalho duro, assim como minha mãe costumava fazer". Ele pensou naquele garotinho em seu interior, triste e não amado. A raiva volta, mas, cansado da mesma discussão, ele sabe que não quer descontar em Giorgia.

Ao entender e processar a dor que foi desencadeada, Dexter consegue impor alguma distância entre ele e a raiva reativa. Espera Giorgia chegar em casa, tirar os sapatos e aproveitar a xícara de chá. O pescoço continua vermelho, mas ele consegue respirar. Então, após ouvir sobre o dia estressante de Giorgia, ele tenta uma abordagem diferente.

Começa com "Eu fico": "Eu fico magoado quando você deixa toda a arrumação para mim. A bagunça me deixa estressado, e eu sei que você sabe disso. Então, quando deixa as coisas bagunçadas, parece que não se importa comigo e não está pensando em mim. Assim, quando você não percebe que estou limpando e ajeitando a sua bagunça, mais uma vez eu me sinto rejeitado. Sei que é bobagem, mas isso realmente me machuca. Traz gatilhos de algumas coisas com minha mãe que fazem com que me sinta um garotinho de novo, que ninguém prioriza. Isso me deixa muito chateado, mas não quero ser controlador como ela."

Giorgia, que percebe quanto é difícil para Dexter dizer isso, dá um abraço nele. "Sinto muito, querido, eu não percebia isso. Sou caótica às vezes. Sei que isso não é legal… Eu simplesmente não gosto que me digam o que fazer, então às vezes me rebelo como se você fosse um pai ou algo assim. Mas pensei que você estava apenas resmungando sem motivo. Não percebi que era porque isso estava fazendo você sentir como se eu não me importasse." Ela beija a cabeça dele. "É claro que me importo com você. E vou tentar fazer um esforço maior para demonstrar isso."

Dexter tira o pão do forno, e os dois se deliciam juntos no sofá com torradas grossas cheias de manteiga.

Como Dexter externou seus sentimentos, em vez de criticar o caráter de Giorgia, ela não precisou partir para a defesa. Assim, por não ter se sentido atacada, ela conseguiu sentir empatia por ele e refletir a respeito do próprio comportamento. Ao expressar vulnerabilidade, Dexter fez algo incrivelmente corajoso, introduzindo uma nova maneira de se comunicar — compartilhando sua dor, em vez de tentar retaliar e ferir de volta. Ao lidarem com os próprios sentimentos, em vez de atacarem um ao outro, eles conseguiram baixar a guarda e se encontrar a partir de um lugar de afeto.

Ruptura e reparação são a chave para a cura

Na terapia, muito se fala de ruptura e reparação. As rupturas ocorrem em todos os relacionamentos, mas é nosso modo de repará-las que afeta o relacionamento e nosso próprio bem-estar emocional. As rupturas podem ser semelhantes às que você teve na infância, ou aos tipos de discussão e tensão que seus pais demonstravam. A cura consiste em reparar tais rupturas de uma forma diferente de como foram tratadas na infância, para que possamos aprender maneiras novas e mais saudáveis de lidar com conflitos. É por meio da reparação das rupturas que podemos sair mais fortes, mais conectados e mais bem compreendidos.

Nota: Esse pode não ser o caso para relacionamentos abusivos. Você precisa ter certeza de que vai expressar sua mágoa e sua vulnerabilidade a uma pessoa que transmita segurança, que cuide de você e o trate com a ternura que merece (é claro que nenhum de nós é perfeito — às vezes não respondemos a entes queridos partindo de um lugar de cuidado e ternura —, mas você deve achar que essa pessoa, no geral, responderá com cuidado). Se estiver lendo isto e se sentir preocupado com a possibilidade de estar em um relacionamento abusivo, recomendo que converse com uma pessoa de confiança (um amigo, um membro da família ou um profissional). No final do livro, você encontrará recursos para o caso de precisar de suporte (veja a página 309).

Como ter conversas difíceis

Aqui estão algumas das minhas regras de ouro para a comunicação. Pode demorar um pouco até dominá-las (é tudo uma questão de tentativa e erro).

- **Atenha-se às declarações "Eu fico".** Quando você começa culpando outra pessoa, ela de imediato pode se sentir atacada e entrar em modo defensivo. Assuma a responsabilidade pelos próprios sentimentos, em vez de listar todas as coisas que o outro fez de errado. Esfrie a cabeça e apenas diga ao outro o que as ações dela dão a entender; por exemplo, "Eu fico magoado quando você..." é muito menos ofensivo do que "Você fez isso e me magoou...".

- **Pense no que você pode estar projetando no outro.** A pessoa tem mesmo características que o incomodam, ou é você que está projetando nela as críticas que faz a si mesmo? Será que Giorgia estava fazendo algo errado por ser bagunceira, ou será que Dexter estava projetando as inseguranças nela? Antes de culpar outra pessoa, tente refletir sobre quanto disso tudo vem de você e por quais fatores você pode assumir a responsabilidade.

- **Reconheça seus sentimentos.** Segundo pesquisas, a chance de conflitos diminui se as duas partes do casal forem capazes de entender os sentimentos e as perspectivas um do outro. Mesmo que não concorde, reconhecer como o outro está se sentindo e deixá-lo saber que você se importa com a perspectiva dele pode ajudar muito.

- **Tente tolerar o desconforto do medo de não ser amado ou de deixar alguém com raiva.** Se você é avesso a conflitos, conversas difíceis podem parecer muito assustadoras. Para dizer o que realmente pensa e se comunicar sem restrições, é preciso aprender a não se preocupar tanto com os sentimentos da outra pessoa.

Se você é do tipo que gosta de agradar aos outros, pode ser difícil ser assertivo, e é por isso que é necessário praticar. Lembre-se de que não é sua função mantê-los felizes, e evitar tópicos que possam incomodar alguém é uma forma de autoabandono. Ao evitar conflitos, você prioriza as necessidades do outro (ou, pelo menos, as necessidades que você está imaginando que o outro tem) em detrimento das suas.

- **Tente se comunicar quando a raiva tiver passado.** Acho que a regra de que nunca se deve ir para a cama brigado é um mito. Ter conversas quando um ou ambos estão desregulados emocionalmente costuma ser inútil, porque os dois estão muito ocupados reagindo, e as coisas tendem a piorar sem que cada um realmente ouça o outro. Às vezes, a pessoa mais evasiva pode precisar se retirar para regular as emoções (e está tudo bem). Não tenha medo de fazer intervalos. Faça uma pausa, fique isolado, respire. E aí, quando ambos voltarem a se sentir calmos, retome a conversa partindo de um lugar mais regulado e menos defensivo. Claro, somos todos humanos: nem sempre é possível que os dois estejam regulados durante a conversa. Às vezes, pode ser necessário pedir desculpas, em especial se alguém disse algo particularmente doloroso; às vezes, será necessário "ir primeiro" para ajudar o outro a se regular. Também é importante que, depois das desculpas, quando os dois tiverem se acalmado um pouco, haja uma comunicação real e compreensão mútua do que aconteceu.

- **Seja curioso e escute.** Quando levantamos uma questão, às vezes podemos nos concentrar em botar pra fora tudo o que queremos dizer, em vez de ouvir a outra pessoa. É muitíssimo importante que as duas pessoas de fato ouçam uma a outra e exercitem a empatia o máximo possível, em vez de partir para a defesa ou o ataque. Mesmo quando a conversa é difícil, pode ser mutuamente favorável se você respeitar o ponto de vista do outro e esperar que ele respeite o seu.

"É mais fácil ser diferente com pessoas novas." Isso é algo que minha terapeuta me diz com frequência. O que ela quer dizer (acho) é que é muito difícil começar a agir de maneira diferente com pessoas que estão acostumadas à forma como agimos. É muito mais fácil estabelecer limites e nos comunicar com pessoas que acabamos de conhecer, porque elas não nos conhecem como os comunicadores precários e incapazes de impor limites que já fomos.

A sociedade valoriza relações antigas. Nós romantizamos relacionamentos que começam no ensino médio e sentimos que precisamos ficar perto das pessoas com quem estudamos. Mesmo que tenhamos nos tornado pessoas radicalmente diferentes que não têm mais nada em comum, nos apegamos a velhas amizades por serem valorizadas como superiores. No entanto, pode ser mais fácil fazer mudanças em novas amizades, porque essas pessoas estão conhecendo como somos agora, com as mudanças já em vigor.

É claro que não se trata de uma solução única que serve para todos. A cura profunda também pode ocorrer em relacionamentos antigos, ainda mais se conseguirmos mudar como um todo, como na terapia de família, em que todos se curam juntos. No início, pode ser útil praticar ser diferente com alguém novo em sua vida e se esforçar para implementar essas novas maneiras de estar com as pessoas que já fazem parte de seu círculo de convivência.

Seção quatro

Fora do relacionamento

TRAIÇÃO

Por que as pessoas traem?

Maeve vem para a sessão sem paixão ou desejo. Parece bastante nervosa, como a maioria na primeira sessão, segurando a bolsa no colo e sem tirar o casaco marrom-esverdeado. "Você vai gravar isto?", pergunta, desconfiada. Entendo a pergunta como uma falta de confiança em mim (e por que seria diferente?). Até então sou uma desconhecida e garanto a ela que nosso trabalho juntas é totalmente confidencial e que nada será registrado.

Ela coloca a bolsa no chão. Começamos.

Maeve acabou de voltar ao trabalho como advogada depois de ter o segundo filho e está tendo dificuldade em recuperar o senso de identidade. Tudo parece monótono e sem sentido. No trabalho, se sente incapaz porque está distraída pensando nas crianças e, em casa, se sente um fracasso por não ter evoluído muito na carreira. É muita coisa para lidar sozinha. Pergunto como o parceiro a ajuda e apoia. "Não quero vir à terapia para falar do Finn", diz ela. Registro a resposta defensiva e a deixo continuar.

Minutos depois, ela está me contando de um colapso que teve quando Finn deu açúcar às crianças antes de dormir, o que as fez começarem a correr uma atrás da outra pela cozinha enquanto Maeve tentava trabalhar em alguma…

Ela se interrompe no meio da frase. "Não quero falar dele", diz novamente.

"Foi você que tocou no assunto", comento, brincando. Ela não ri, nem sequer abre um sorriso. Há algo tenso que dificulta nossa conexão.

Parece que ela está escondendo algo sobre o marido, algo que não quer confrontar ou colocar em palavras. Tento ser paciente e deixar a história vir à tona na hora certa.

Na sessão seguinte, ela coloca a bolsa no chão e desabotoa o casaco, embora não o tire. Fala pouco sobre Finn e o faz de forma segura, uma breve reclamação de que ele trabalha até tarde, deixando os cuidados com as crianças integralmente para ela. Mais uma vez, anoto isso mentalmente, mas decido não a assustar com muitas perguntas cedo demais. Ela faz uma piada sobre ter três filhos, não dois. Conforme compartilha mais, o ressentimento começa a sair da boca que ela tenta manter fechada. Na quarta sessão, as queixas rolam com intensidade e rapidez. Finn trabalha muito. Quando chega em casa, está sempre cansado demais para ficar com ela ou ajudá-la. Ela fica com a função de arrumar a casa, separar a comida das crianças, colocá-las para dormir, tudo isso enquanto tenta equilibrar a própria carreira. Nesse meio-tempo, Finn fica no sofá, assistindo a partidas de futebol americano, ou vai para o pub com os amigos.

Em nossa sexta sessão, Maeve aparece com o casaco totalmente abotoado e segurando a bolsa mais uma vez. Ela me diz que é um alívio falar de Finn; estava com muito medo de que falar desse assunto piorasse tudo, mas que é bom desabafar e aliviar o peito. As palavras dela não condizem com a linguagem corporal (a bolsa está literalmente bloqueando o peito que ela diz agora estar aliviado). É como se ela novamente precisasse do casaco e da bolsa para reprimir algo. O que mais ela está mantendo perto do peito?

"O problema de Finn", continua ela, "é que ele foi mimado demais pela mãe. Ele tinha tudo de mão beijada e agora espera manter esse padrão".

"Você já conversou com ele sobre isso?", pergunto.

"Não", responde ela.

"Então qual é a sua atitude em relação ao problema?"

Maeve parece atordoada, olhando de um lado para outro como se estivesse decidindo o movimento seguinte. É um olhar de pânico e vergonha, que me diz para ir com cuidado. Então não pressiono e espero que ela fale.

Ela suspira profundamente, decidida a me contar.

Joe é um homem do trabalho com quem tem flertado. Era inofensivo no início, algumas piadas perto da máquina de café, contato visual persistente nas reuniões de equipe, mensagens bobas. Então uma noite, após alguns drinques com o pessoal do trabalho, eles se viram sozinhos depois que todos foram embora. Ele roçou os dedos nos dela enquanto dizia corajosamente que Maeve era linda. Ela se sentiu mais viva do que nunca.

Quando ela me conta sobre o caso, está cheia de culpa e arrependimento, mas há outra emoção na voz. A adrenalina é palpável; eu consigo sentir isso enquanto ela me conta que eles trocam beijos sorrateiros na cozinha do escritório e permanecem até o final dos encontros sociais do trabalho para ficar sozinhos de novo. Ela sabe que é errado; uma parte dela se sente péssima, mas a outra precisa desse caso para se sentir viva. Eu me vejo atraída, quase me divertindo com a emoção de tudo aquilo. De repente, Maeve deixou de ser uma paciente com quem eu não conseguia me conectar e passou a ser alguém emocionante e intrigante. Eu me pergunto se é assim que Maeve se sente com relação a si mesma.

"Você está gostando disso", digo. Maeve olha para baixo, tímida. "Você vira uma pessoa diferente quando fala do caso… É como se tivesse ganhado vida."

Maeve assente. "Eu sei, é terrível. Eu me sinto como uma adolescente de novo, como uma pessoa misteriosa e interessante. Então penso em Finn e nas meninas e me sinto a pior mãe do mundo. Se eles descobrissem… Meu Deus, nem sei o que eu faria.

Mas toda vez que tento parar, não consigo. Ele é como uma droga que é a única coisa capaz de me fazer sentir algo."

Agora, talvez alguns de vocês estejam julgando Maeve, talvez achem que ela é de fato uma mãe terrível, que deveria se sentir envergonhada, mas essa não é a minha função. Enquanto me sento com ela, tento entender por quê: por que Maeve precisa trair? Qual é a função que isso desempenha para ela? O caso a está fazendo se sentir desejada, criando uma sensação de mistério e emoção? Ela está furiosa com Finn e personificando a raiva por meio do amante? Ou está se sabotando, arruinando a vida familiar porque uma parte de si não acredita ser merecedora, ou porque está acostumada a uma família mais caótica e desestruturada? Eu não sei o motivo, e é claro que pode haver muitos, mas isso deve ser descoberto junto a ela.

Razões para a infidelidade

Existem diferentes tipos de traição e diferentes razões para trair. Muitas pessoas não têm noção do motivo que as faz trair (se perguntar a elas, dirão que não sabem). Isso não significa que não há um motivo, apenas que o motivo é inconsciente. Sei que nem todos os casos são como os de Maeve, pontuais e cheios de culpa. Há pessoas que traem cronicamente; "o boy lixo" que gosta de brincar com os sentimentos das pessoas; pessoas que traem por pressão de amigos e riem disso com eles; pessoas que se apaixonam por outra e mantêm o caso escondido por anos; pessoas que se sabotam estragando algo bom; pessoas que precisam de um segredo; pessoas que traem por vingança ou raiva; ou que amam o parceiro, mas deixaram de sentir tesão por ele.

Embora esteja ilustrando relacionamentos monogâmicos, a traição ainda pode ocorrer nos não monogâmicos. Quando alguém cruza um limite que é definido dentro da relação, isso pode ser uma transgressão.

Muitos acreditam que a traição é fruto de pura crueldade, mas, na verdade, pode vir de algo mais profundo. As pessoas costumam trair não apenas por atração sexual, mas como um tipo de fuga. Relacionamentos são repletos de conflitos e revelam nossas feridas e inseguranças mais profundas. A traição permite às pessoas que escapem para uma fantasia em que o conflito não existe, em que o outro é perfeito. Elas estão fugindo da pessoa que a intimidade revelou que ela de fato é. Veja Jay, por exemplo, que procurava desesperadamente um relacionamento e acabava traindo as mulheres por quem se apaixonava. Esse é o tipo de traição que protege as pessoas da intimidade. Ao arruinar o relacionamento e ferir os outros no processo, elas nunca precisam se arriscar a se aproximar de verdade de alguém.

Muitas vezes, as pessoas traem por se sentirem muito próximas do parceiro e precisarem de distância (como Maeve) ou por não se sentirem conectadas o suficiente e precisarem de conexão em outro lugar, ou por temer a proximidade por completo (como Jay). A maioria das pessoas trai não porque é má, mas porque está ferida ou porque deseja algo diferente.

Obviamente, não estou defendendo a traição, ela pode causar muita dor para muitas pessoas. Se houve uma expectativa quanto ao relacionamento que foi violada, não está tudo bem. Se você foi traído, cabe a você decidir se consegue se recuperar dessa mágoa.

O traidor não é inocente, pois ultrapassou um limite, o que é doloroso, mas tem suas nuances. Embora possamos ficar um pouco melhor no momento em que demonizamos o traidor e o categorizamos como uma pessoa má sem bússola moral, isso só vai tornar o problema mais difícil de ser discutido, pois ficará mais envolto em vergonha.

Seja por qual motivo for, meu entendimento é que trair é uma forma de agir e comunicar o que não pode ser dito. Portanto, se pudermos sempre conversar uns com os outros de forma aberta sobre como nos sentimos, será menos provável que alguém recorra à infidelidade.

Na maioria dos exemplos anteriores, se o traidor pudesse ter falado de seus sentimentos vergonhosos ou difíceis com o parceiro, talvez não tivesse precisado agir de tal forma. Quando percebemos que não podemos falar sobre como nos sentimos com nosso parceiro, por medo de machucá-lo ou deixá-lo com raiva, reagimos a esses sentimentos (seja por meio do medo, da raiva, do ato de se sentir indesejado, da ânsia por algo diferente ou até mesmo da atração por outra pessoa) em vez de trabalhá-los.

Maeve

Não faço muita coisa. Não se trata de sugerir ferramentas, tarefas de casa ou de dar a Maeve algo para FAZER; aqui o objetivo da terapia é fornecer um lugar onde ela possa discutir os próprios medos sem se sentir envergonhada. Vergonha e medo são duas das razões pelas quais Maeve não conseguiu falar com Finn sobre o que está faltando no relacionamento deles, e esses sentimentos a têm acompanhado na busca por Joe. Para diminuir a vergonha, quero fazer tudo o que estiver a meu alcance para que Maeve diga o que quiser na terapia sem medo de julgamentos. Dito isso, é importante que ela também não fique isenta de nenhuma responsabilidade. Não quero afastá-la de seu próprio senso de moralidade. Ainda assim, essas situações não são simples. Ela causou grande dano ao ter esse caso, mas também está se machucando.

Não é fácil assumir erros e admitir que estamos machucando os outros, e é por isso que acredito que é tão importante falar de nossos lados sombrios para impedi-los de entrar em ação. Muitas vezes, trair é uma manifestação de sentimentos dos quais não se pode falar. Ao proporcionar a Maeve um lugar onde pode falar dessas coisas, talvez a necessidade dela de dar vazão a esses sentimentos diminua.

Maeve explica que um dos principais problemas é que ela e Finn pararam de ter relações sexuais depois que o segundo bebê nasceu. Não é só porque eles estavam muito cansados e ocupados, mas porque ela não queria chegar perto do marido. Quando ele tentava ficar aconchegado ou beijá-la antes de dormir, todo o corpo dela recuava em repulsa. Era preciso recrutar cada célula de seu ser para não o afastar para longe. Em algum momento, ela parou de ver Finn como um ser sexual.

Então, quando Joe apareceu, ele era bastante descomplicado e pouco exigente. Ela não precisava fazer o jantar ou arrumar as coisas para ele. Joe era um homem, não outro bebê que necessitava de cuidado. Havia algo na masculinidade e na independência de Joe que despertou uma parte em Maeve que ela não sabia que havia perdido: a parte que quer ser vista como adulta, não como mãe.

Por que não quero mais transar com meu parceiro?

Uma das razões mais comuns para casos extraconjugais é o fato de a chama ter se apagado, então as pessoas buscam ser desejadas em outro lugar. Elas podem amar profundamente o parceiro e querer continuar junto, mas suas necessidades sexuais não estão sendo atendidas. No livro da psicoterapeuta Esther Perel, *Sexo no cativeiro*,[17] ela apontou que era bastante comum que as pessoas se tornassem menos atraídas pelos parceiros de longa data porque estar MUITO perto podia extinguir o desejo.

A teoria dela é a de que, quando as pessoas estão muito próximas, começam a sentir como se fossem da família. Queremos nos sentir próximos e poder depender dos nossos parceiros. Mostramos nossos lados confusos e vulneráveis, compartilhamos responsabilidades, contas, filhos. Eles nos veem quando estamos doentes, bagunçados e no nosso pior momento. Embora isso possa contribuir para um relacionamento saudável, também pode comprometer o mistério e a paixão. Nossos instintos biológicos dizem para não irmos para a cama com alguém da família, então deixamos de nos sentir atraídos por elas.

Em um relacionamento, há duas necessidades concorrentes: segurança e desejo. Temos que equilibrar a atração com a proximidade e a familiaridade. Se houver muita proximidade, há chance de nos sentirmos menos atraídos pelo outro, pois ele poderia facilmente se passar por um familiar seu. Se houver muita distância e não houver segurança suficiente, a química pode ser ótima, mas a relação emocional, não.

Reconectar é reequilibrar essas necessidades conflitantes de segurança e desejo. Se você está tendo dificuldades com isso, sugiro que crie algum espaço no relacionamento (talvez encontrar hobbies separados ou priorizar amigos). O desejo tem a ver com experimentar o parceiro como alguém único, como uma pessoa de destaque. Um pouco de distância cria uma sensação de mistério e diversão, para que vocês possam se lembrar do que os atraiu em primeiro lugar e voltar a se relacionar e reconectar. É um clichê, mas sair à noite pode, sim, ajudá-lo a ver o parceiro como um par romântico, em vez de apenas o pai dos seus filhos, um colega que mora com você ou um amigo.

O problema com a dinâmica pai-filho

Manter o desejo é difícil, em especial em relacionamentos codependentes ou quando uma pessoa se sente cuidadora da outra. Todos nós temos a capacidade de entrar no modo pai ou filho — ainda mais quando as partes do casal são muito conectadas, pois essas relações são as mais semelhantes às nossas relações familiares íntimas.

Estar no modo pai e mãe pode parecer muito carinhoso e afetuoso, mas também crítico e controlador, dependendo do tipo de parentalidade a que você foi exposto. Um parceiro com um estado parental forte pode permitir que a outra pessoa ocupe o estado infantil, tornando-se impotente, passiva e sem responsabilidade. Inconscientemente, muitos procurarão uma figura parental em suas parcerias adultas, o que, até certo ponto, funciona. Essas pessoas podem encontrar um parceiro que faça tudo por elas, que as priorize e as acalme quando necessário. Ou seja, até que o parceiro comece a vê-las como uma criança carente e deixe de se sentir atraído por elas. Elas podem ter todas as necessidades de segurança e cuidado atendidas, mas à custa da atração e do desejo. Sejamos sinceros, não é sexy cuidar de alguém que não consegue cuidar de si mesmo. Claro, em relacionamentos amorosos às vezes é natural escorregar para um papel de cuidador, quando o parceiro está doente ou precisando de assistência ou quando estão passando por um período particularmente estressante. No entanto, se agimos como pais na maioria das vezes, começa a ficar bem pouco atraente ter um bebê adulto como parceiro. O exemplo típico é um "homem-criança", incapaz de cozinhar, limpar ou fazer qualquer coisa sozinho enquanto a esposa faz tudo e o serve. Não é de surpreender que ela não queira mais transar com ele, porque já não o vê mais como um adulto em um relacionamento recíproco; em vez disso, ele é o filho, carente e incapaz. Essa não é uma dinâmica necessariamente de gênero, pois também vemos homens que se esforçam muito para satisfazer às vontades das parceiras, sentindo-se parentificados no mesmo nível.

Se representar o papel de pai ou mãe é algo com que se identifica, é importante entender o que você está ganhando com essa dinâmica. Embora possa se sentir ressentido e amargurado, suponho que exista uma razão que justifique sua preferência:

- talvez o tenham feito agir como pai ou mãe quando criança;
- talvez você tenha dificuldades em estabelecer limites e em dizer não, então acaba priorizando as necessidades de outras pessoas em detrimento das suas;

- talvez você se sinta mais seguro no papel de cuidador, porque é menos provável que a outra pessoa caia fora se precisar de você;
- talvez você esteja projetando toda sua carência e vulnerabilidade no outro, para que possa se sentir independente e forte.

Análise transacional

A análise transacional, um tipo de psicoterapia desenvolvida por Eric Bern na década de 1950, acredita que todos nós manifestamos três estados: a criança, o pai e o adulto.[18] O pai somos nós nos comportando como nossas figuras parentais; a criança traz de volta sentimentos e comportamentos da infância; e o adulto somos nós nos comportando com consciência e controle no presente. Nosso estado depende de como fomos educados na infância, de traumas que nos condicionaram a agir de determinada maneira e de como a outra pessoa está agindo. Se alguém estiver agindo no modo criança, isso pode nos fazer entrar no modo pai.

O objetivo da análise transacional é ajudar as pessoas a permanecerem no estado adulto, conseguindo perceber quando entram em um estado de pai ou criança. Em geral, trata-se de um modo inconsciente de agir, portanto, é importante que estejamos cientes de quando entramos no modo criança ou pai para que possamos voltar ao modo adulto de nos relacionarmos.

Se você se identifica com o papel de criança, pode ser por uma destas razões:

- você se sente impotente e incapaz de fazer as coisas sozinho — talvez seus pais não tenham alimentado seu senso de poder e autonomia;
- talvez você tenha enfrentado um trauma quando era muito jovem, que lhe desperta gatilhos com facilidade e faz com que responda sob a ótica de uma criança;
- talvez, por causa das primeiras necessidades não atendidas, você sinta que precisa ser cuidado para compensar o que não recebeu;
- talvez você tenha sido forçado a crescer muito rápido, então sua criança interior permanece presa, sem desenvolver as emoções;
- talvez haja algo ameaçador em estar em uma posição mais forte e menos passiva.

Esses papéis têm influência mútua; a dinâmica está entre você e outra pessoa e é potencializada por ela (ou seja, se agimos como criança, evocamos o pai no outro, e vice-versa). Por exemplo, a bagunça de Giorgia evoca o pai irritado de Dexter; a evasão de Connor desencadeia a criança "carente" de Abby; a bebida e o desamparo de Trish trazem à tona a mãe excessivamente responsável de Kelley.

Maeve

Seis meses depois, Maeve entra e tira o casaco pela primeira vez.
"Estou pronta", anuncia.
"Pronta para o quê?"
Ela pendura o casaco no gancho. "Para contar pro Finn."

Nos últimos meses, conforme aprendeu a expressar a frustração e a raiva em relação a Finn, um monte de outros sentimentos também ganharam voz. Amor, culpa, solidão, raiva de si mesma e medo do que vai acontecer com a família quando ele souber. O fato de não falar sobre os problemas é parte do motivo pelo qual ela acabou tendo um caso. "Será como jogar uma bomba", explica, "mas pelo menos é uma bomba honesta, e talvez a gente consiga salvar algo entre os destroços". Não é que ela queira se separar (muito pelo contrário). Ela quer se abrir para que os dois possam reconstruir algo novo. Há esperança em contar para ele, esperança de que ele a perdoe, esperança de que ela consiga aprender a se comunicar quando se sentir sem apoio e como se fosse a mãe dele. Ela está jogando a bomba na esperança de que, juntos, possam criar um tipo diferente de relacionamento, de igualdade, respeito e desejo.

"Me deseje sorte", pede ela enquanto se levanta, o medo deixando sua voz trêmula. Ela olha para mim, os olhos bem abertos e determinados. "Eu sei que é estranho, mas estou um pouco orgulhosa de mim mesma." Eu sorrio. Também estou muito orgulhosa dela. Ela tira o casaco do gancho, abotoa e vai embora.

Por que tenho dificuldade em confiar nas pessoas?

O senso de confiança nos outros é baseado na experiência com nossos pais. Se não o desenvolvemos, toda e qualquer traição trará de volta todas essas feridas da infância.

Os bebês chegam ao mundo totalmente dependentes de confiança, porque precisam ser assim. Se uma criança for amada e cuidada o suficiente, desenvolverá um senso de segurança e confiança nos outros. Aqueles com apego seguro são mais confiantes do que pessoas que são inseguras. Se uma criança tem pais deprimidos, ansiosos, esnobes, muito carentes ou irritadiços, sua capacidade de confiar nos outros pode ser prejudicada. Se seus pais não conseguiram atender a todas as suas necessidades emocionais, talvez você ande por aí com a máxima de que "as pessoas me decepcionaram". Para nos proteger, construímos um sistema de defesa para evitar novas frustrações. Como resultado, podemos deixar de confiar nas pessoas, evitar qualquer relacionamento ou ficar atentos a sinais de traição. Depois, quando os detectamos, acabamos nos sentindo vingados.

Esse plano pode influenciar o tipo de parceiro que escolhemos, tornando-nos mais propensos a escolher pessoas infiéis e, assim, ratificar uma profecia autorrealizável quando alguém nos trai ou nos abandona. Você pode se considerar uma pessoa confiável, que continua escolhendo pessoas farsantes, mas ao ignorar cegamente os sinais de alerta e se concentrar apenas nas coisas boas, pode haver uma parte inconsciente e ferida de si que está escolhendo alguém para repetir as feridas de traição e desconfiança provenientes da infância, a fim de confirmar o que você já testemunhou: que o outro vai machucá-lo como todo mundo.

Conforme temos relacionamentos em que há quebra de confiança, nossa falta de confiança vai aumentando como uma bola de neve. Quando a confiança é violada repetidas vezes, é provável que suas expectativas de relacionamento sejam negativas. Depois de ser traído uma vez, você pode ficar convencido de que isso acontecerá em todas as outras relações. Tudo resulta da ferida original de sermos decepcionados pelas mesmas pessoas em quem confiamos para nos manter em segurança e, depois, acabarmos ferido por aqueles que deveriam nos amar.

Como reconstruir a confiança após uma traição

Aprender a confiar nas pessoas tem menos a ver com encontrar alguém que nunca vai nos machucar, e mais a ver com aprender a confiar que seremos capazes de lidar com a situação se elas nos traírem.

- **Olhe para dentro em vez de para fora.** Você pode se sentir furioso e querer gritar insultos, mas isso provavelmente não vai ajudá-lo a processar o que aconteceu. É claro que sua raiva é válida e deve ser expressa, mas tente se concentrar em você e não no outro. Dê a si algum tempo para processar o choque e a dor pela qual está passando.

- **Reflita sobre o relacionamento.** Mesmo que ache difícil, seja curioso quanto aos motivos que fizeram seu parceiro trair e seja honesto em relação à parte que cabe a você nos problemas do relacionamento. Às vezes, quem trai pode ser a pessoa que está descontrolada, sinalizando que o relacionamento está passando por dificuldades e precisa de atenção (embora nem sempre seja o caso). Isso não é um passe para ignorar a dor e a raiva, mas para permitir que você reflita sobre o que deu errado.

- **Decida se você quer partir ou ficar.** Trair é um problema para muitos, mas nem sempre precisa ser o fim de um relacionamento. Se você acha possível restaurar a confiança e a outra pessoa está disposta e comprometida a trabalhar no que deu errado, não há vergonha em tentar. Se você está pensando em ficar, é importante estar ciente de como a outra pessoa responde aos problemas ou conflitos: ela é defensiva e insensível ou é aberta e amorosa? Se for o primeiro caso, a traição pode lhe dar clareza de que o relacionamento não é adequado para você.

- **Comunique-se em vez de agir.** Talvez você nunca mais queira falar com seu parceiro, e isso é válido. No entanto, a comunicação ainda é necessária se você quiser encontrar uma forma de voltar a confiar nas pessoas. É importante ser claro em relação às suas mágoas no passado e quaisquer medos que tenha, seja com o parceiro antigo ou o novo, porque isso impede que nossa falta de confiança se manifeste. Os problemas decorrentes da falta de confiança muitas vezes afastam as pessoas e até se tornam uma profecia autorrealizável quando não são expressos de modo adequado. Acabamos recorrendo apenas a comportamentos controladores, como fuçar o telefone do parceiro ou determinar quem ele pode encontrar, quando estamos com medo e desconfiados. Se pudermos ter controle disso e comunicar, é muito menos provável que seja necessário agir dessa forma. Ao mudar a maneira como se comunicam um com outro, vocês talvez consigam encontrar um caminho de volta à confiança.

TÉRMINOS E LUTO

Como superar um relacionamento?

Faz dois anos que Maeve se divorciou. Ela ainda tem dificuldade em lidar com a situação, o que é compreensível. Não consegue se concentrar no trabalho. Senta-se no pub com os amigos e fica aérea. O corpo está lá, mas por dentro Maeve está morta. Ela só ganha vida quando fala de Finn.

Maeve vem toda semana com os olhos arregalados, calculando como fazê-lo perdoá-la pelo caso extraconjugal. Finn foi firme: não há volta. Ainda assim, ela se agarra a pequenos detalhes: um amigo que o viu cabisbaixo em uma cafeteria ou uma confusa série de emojis no final de uma mensagem sobre advogados. Quando os filhos vão ficar com Finn nos fins de semana, Maeve os interroga e vive dos detalhes por meses.

A vida continua ao redor de Maeve, as amizades se afastam, a irmã engravida, a equipe no trabalho é reestruturada, mas ela continua parada no tempo. Não consegue seguir em frente e está infeliz na própria inércia.

Por que é tão difícil perder alguém?

É normal sentir várias emoções após o rompimento (ou qualquer forma de sofrimento): medo, raiva, tristeza, choque, solidão. É uma espécie de morte do relacionamento, do mundo como o conhecemos, dos planos e esperanças para o futuro.

Quando lidamos com a perda, é saudável sentir a dor. Quando passamos o dia todo de pijama, cancelamos o encontro com amigos, choramos no banheiro do escritório ou gritamos ao telefone com a mãe, você estabelece uma espécie de aceitação, um entendimento de que perdeu essa pessoa. Embora possa parecer custoso, a dor acaba se transformando em algo mais positivo e produtivo, e essa sensação de progresso nos permite seguir em frente e reconstruir nosso mundo, mesmo que esse pareça diferente sem a pessoa em questão.

Isso é o que eu consideraria um tipo saudável de luto. Pode demorar mais do que se gostaria e talvez seja muitíssimo angustiante, mas a dor passa e mais cedo ou mais tarde será possível seguir em frente.

Maeve está passando pelo que considero um tipo de luto mais complicado, no qual a pessoa não segue em frente, mantendo-se paralisada. Enquanto o luto normal muda com o tempo, nesse tipo mais complexo de luto a pessoa tem dificuldade de superar; ela fica aprisionada, o que a impede de seguir normalmente.

Nesses casos, a perda pode ter desencadeado algo insuportável, de modo que fica preso no inconsciente. Embora Maeve esteja sentindo muita dor, sua estagnação me diz que há sentimentos que ela não está processando. Evitar o processo de luto nos impede de aceitá-lo, o que nos mantém presos ao passado.

Se você está com dificuldade de superar alguém, sua perda pode ter menos a ver com a outra pessoa e mais com o que você perdeu de si. Perdemos partes de nós quando perdemos pessoas, seja um relacionamento amoroso, uma amizade ou alguém que morreu. Sem elas, nós não nos sentimos inteiros. E tentar reconquistá-las ou ainda ansiar pela presença delas faz parte da fantasia de que nos sentiremos completos se as recuperarmos.

A perda pode nos fazer questionar quem somos sem essa pessoa e nos deixar com a sensação de que não podemos seguir em frente por conta própria. Isso talvez impeça você de estar aberto a alguém novo, o que faz com que as coisas pareçam ainda mais estagnadas. Compartilhando um relato pessoal, términos costumavam acabar comigo, mas também me proporcionaram muito crescimento e muita consciência a respeito de mim e do que eu quero. Se evitarmos o luto, agarrando-nos à pessoa ou entorpecendo nossos sentimentos com bebida alcoólica, comida e distrações, como relacionamentos rebote, pode ser mais difícil superar esse luto, e sentir-se completo de novo torna-se uma tarefa ainda mais árdua. Também existem outros tipos de fim de relacionamento que desencadeiam o luto. O fim das amizades é algo sobre o qual não se fala muito, mas, de acordo com minha experiência, traz à tona os mesmos sentimentos de abandono, perda e baixa autoestima que um rompimento amoroso traz.

Términos de amizades

Ainda tenho pesadelos com um término de amizade bastante difícil. Por anos fui próxima dessa pessoa; contávamos segredos uma para a outra, viajávamos nas férias, nos ligávamos quando estávamos andando em algum lugar tarde da noite. Ela fez uma festa surpresa para mim quando terminei o doutorado, lembrava-se de trazer exatamente o meu chocolate preferido quando eu estava estressada e conseguia contar melhor do que eu sobre meus terríveis encontros amorosos. Ingênua, presumi que ela estaria na minha vida para sempre. Mas, um dia, levei *ghosting* dela por razões que ainda não entendo. E foi isso. Alguém que considerava minha melhor amiga estava fora da minha vida, sem nenhum motivo aparente.

Não nos desentendemos, não nos afastamos; ela apenas deixou de ser minha amiga. O luto foi intenso e complicado. Meu desespero foi semelhante ao sentimento de levar um fora, só que mais confuso, afinal não havia um fora para elaborar, apenas uma ausência. Havia algo na incompreensão que dificultava o processamento. Conversei com amigos em comum, fucei o Instagram dela, reli nossas mensagens em busca de pistas sobre o que tinha dado errado. Eu tenho minhas teorias — a essa altura você já deve ter percebido que eu adoro analisar as coisas, o que é útil para a terapia, embora não seja tanto para o dia a dia —, mas nunca vou saber o real motivo.

No início, eu me julgava por me importar tanto. Por que estava tão arrasada? Então percebi que essa perda era tão dolorosa quanto qualquer outra, que precisava me permitir sofrer assim como faria no caso de um relacionamento amoroso. Você perdeu uma pessoa importante (está tudo bem em se sentir do jeito que for em relação a isso). Dê a esses sentimentos espaço para serem processados sem julgamento.

Como se sofre por um relacionamento?

Se você está tendo dificuldade com a perda, em primeiro lugar, sinto muito. É uma das experiências mais dolorosas e não há um remédio para isso. Em segundo lugar, odeio ser a portadora de más notícias, mas a coisa mais saudável que se pode fazer é passar por isso. Quanto mais evitarmos a dor, menos seremos capazes de seguir em frente.

Você se permitiu sofrer? Sofrer de verdade? Em caso negativo, por que não? Está se pressionando para seguir em frente ou superar o relacionamento? O que pode acontecer caso você se permita sentir exatamente como está se sentindo? Você está em negação quanto à dor? O que aconteceria se permitisse que doesse tanto quanto é necessário?

Amizades

Ao longo da vida, conforme crescemos e mudamos, acabamos nos afastando naturalmente de algumas pessoas. Isso não faz de nós um fracasso (não temos que continuar apegados a pessoas que não têm mais a ver com a gente). No entanto, é interessante notar que muitos de nós estejam dispostos a se esforçar em seus relacionamentos amorosos (falar de como se sentem, expressar seu amor, pensar com cuidado sobre a dinâmica em jogo, até mesmo procurar terapia de casal), mas, quando se trata das amizades, esperamos que elas funcionem mediante nenhum esforço? Todas as dinâmicas que menciono nos relacionamentos amorosos também existem nas amizades. Mas, como não costumamos nos comunicar com os amigos da mesma forma que fazemos com parceiros amorosos, muitas amizades perdem a força ou são rompidas.

As amizades, assim como os relacionamentos amorosos, são importantes para o nosso crescimento. Embora seja muito normal superar a perda de uma amizade, me pergunto quantas amizades não poderiam ser salvas se conseguíssemos falar de coisas difíceis, em vez de apenas nos afastarmos quando a situação fica difícil.

Fases do luto

Segundo Elisabeth Kübler-Ross,[19] muitas pessoas passam pelos cinco estágios do luto: negação, raiva, barganha, depressão e aceitação. Não se trata de uma regra, nem todos passam pelos estágios nessa ordem. E é comum ficar estagnado em um determinado estágio. Isso acontece quando não aceitamos a perda por preferir evitar os sentimentos muito dolorosos que a acompanham. Maeve, por exemplo, está presa nas fases de negação e barganha; ela precisa superar a depressão por meio do ato de processar a perda para então passar para o lado da aceitação e da esperança.

O processo do luto nunca está totalmente "concluído", porque é algo com o qual aprendemos a viver. Dito isso, não vai doer do mesmo jeito para sempre. No entanto, vai ser mais complicado se não aceitarmos a dor. Permita-se sentir tudo para que possa avançar e se reerguer.

— *EXERCÍCIO* —

Pense nas principais coisas que você acha que perdeu após o relacionamento. Pode ser de qualquer tipo: companheirismo, amigos em comum, uma companhia para ir a eventos, alguém para fazer você se sentir amado. Para cada coisa que acha que perdeu, nomeie três maneiras de preencher esse vazio. Você pode pedir aos amigos para irem a esses eventos com você, ou passar um tempo com família ou amigos que amam você. De fato, há algumas coisas que não podemos substituir e, para lidar com isso, teremos que nos permitir sentir a dor da perda, mas isso também pode ser uma oportunidade de fazer mudanças que nos ajudem a nos sentirmos completos de novo.

Agora pense em três coisas que perdeu durante o relacionamento. Você perdeu a proximidade com certas pessoas, desistiu de coisas que gosta de fazer, passou a ter menos tempo de autocuidado? Ou talvez tenha perdido o senso de identidade, a independência, as coisas que fazem você se encher de vida.

Para cada coisa que perdeu, nomeie alguns meios de recuperá-las. Talvez você possa ir atrás de projetos para os quais não tinha tempo ou se comprometer a se compreender melhor, voltando a explorar quem você é.

Por que Maeve não consegue seguir em frente?

Fica óbvio que Maeve não quer falar de nada além de Finn. É como se falar dele o mantivesse vivo e a tornasse viva por procuração. Há uma espécie de prazer e emoção ao falar do ex, e eu me vejo consumida por aquilo. Ansiosa, aguardo as sessões para ter mais detalhes sobre a perseguição forense que ela faz nas redes sociais. Me pego conspirando com Maeve sobre o que ela deve dizer em seguida e como deve dizer. Em certa sessão, depois de ela passar dez minutos lendo uma troca de mensagens de meses antes, percebo algo. Toda essa conversa sobre Finn está me impedindo de fazer meu trabalho. É como se ela estivesse pulando para cima e para baixo, apontando e dizendo: "Olha pra cá!" E funciona (eu estou olhando), até que paro e penso que ela está me distraindo.

Isso é um sinal de alerta de que toda essa obsessão deve ser o modo dela de evitar algo. Então tento mudar o foco para ter uma noção mais completa de Maeve e de quem ela é. No entanto, cada vez que pergunto sobre o trabalho, a família ou os amigos, acabamos voltando para Finn alguns minutos depois. É cansativo, mas fica nítido que falar dele serve a algum propósito para Maeve; é como cumprir uma espécie de objetivo.

Percebo que, na verdade, falar dele e dos motivos do rompimento a está impedindo de seguir em frente. Como um dependente que não consegue parar. Mesmo que saiba que acabou, não parece que ela tenha aceitado isso por completo. E, quando estamos em um estado de negação, é comum que evitemos a dor que vem com a aceitação.

"Me parece", digo a Maeve, "que, com todos os cenários e textos que está organizando, você acha que vai conseguir reconquistá-lo". Ela assente com timidez. "Mas tenho a impressão de que Finn não quer ser reconquistado. Parece que não há nada que você possa fazer."

Estou sendo direta e talvez um pouco desafiadora demais, mas sinto que Maeve ainda está agarrada a uma fantasia de controle e não aceita a realidade. Maeve tem pouco controle sobre esta situação, mas sua obsessão e as intrigas lhe dão uma falsa sensação de que pode fazer algo a respeito.

Eu digo isso para Maeve. As bochechas dela começam a ficar vermelhas e os olhos lacrimejam.

"O que aconteceria se você aceitasse que ele foi embora?", pergunto.

"Não consigo", responde ela, piscando para afastar as lágrimas. "Doeria demais."

Ela tosse para afastar a tristeza e começa a falar dos detalhes da última conversa que tiveram e do que ela desejava ter dito de outra forma (saindo do modo do sentimento e voltando para o modo da conspiração). Eu murcho.

Como Maeve é tão resistente a abrir espaço para o luto, começo a me perguntar se algo se desencadeou pelo rompimento que Maeve está achando difícil enfrentar.

O que mais está acontecendo?

A maneira como respondemos a um rompimento é influenciada pela nossa forma de lidar com a rejeição e o fracasso. Términos podem desencadear feridas pontuais de abandono, rejeição e perda, o que significa que podem suscitar uma série de sentimentos dos quais sequer estamos cientes.

Em geral, é mais difícil processar a dor quando há feridas de apego particularmente profundas que foram abertas pelo rompimento. Talvez você esteja revivendo uma experiência da infância em que se sentiu rejeitado e lutando para superar seu ex porque precisava que ele provasse que você merece receber amor.

Lembra-se da "defesa moral" que mencionei antes (veja a página 127)? Essa é a técnica de sobrevivência que usamos na infância para permanecermos perto de nossos pais, acreditando que eles são bons e nós, maus (porque precisamos que eles sejam bons para nossa sobrevivência). Isso nos leva a acreditar que tudo é nossa culpa e a precisar dos outros para que provem que somos dignos de receber amor.

Quando relacionamentos terminam, a sensação de ser uma pessoa má ou desagradável pode voltar à tona. Nós precisávamos do amor do parceiro para provar que somos bons, então sem ele nos sentimos feios, exagerados, envergonhados, pequenos, ruins. O fato de o outro nos deixar pode desencadear uma crença central que temos a nosso respeito: se tivéssemos sido melhores, mais atraentes, menos carentes, mais atenciosos, talvez eles tivessem ficado. Como efeito dominó, esse acontecimento pode trazer de volta lembranças de quando integrantes de nossa família faziam com que nos sentíssemos rejeitados quando estavam chateados, irritados ou quando eram críticos. E, em meio a isso, não tínhamos capacidade de entender o que havíamos feito de errado, o que, por sua vez, nos faz sentir ainda mais envergonhados e rejeitados. Então, para fugir de todos esses sentimentos horríveis, desejamos essa pessoa, ficamos obcecados e ansiando por ela, porque, quando ela foi embora, levou junto a parte que nos fazia sentir suficientes. O que realmente desejamos é a prova de que somos amados e bons.

O que estamos de fato perseguindo não é o outro, mas sim a pessoa que pensávamos ser quando estávamos com ele: digna e boa. A solução é mudar a defesa moral, aprender que somos bons, que as falhas de nossos pais não foram culpa nossa, para que possamos nos sentir completos por conta própria e não precisemos de ninguém para confirmar nosso valor.

Pode até ser que não tenhamos consciência disso, mas isso não significa que não esteja acontecendo. Se você não consegue superar alguém, é uma pista de que o término pode ter mexido em algo mais profundo.

O avanço de Maeve

Aos poucos, nos raros momentos em que não estamos falando de Finn, Maeve se abre mais a respeito do passado. O pai não lhe dava muita atenção quando mais nova. Ele fazia todas as coisas certas (jogava com ela, comprava presentes, ficava por perto), mas havia uma desconexão. Ele sempre parecia preferir a irmã mais nova, que era engraçada, um pouco masculinizada e interessada em futebol, assim como ele. Maeve tentou de tudo para fazê-lo gostar dela: fingia gostar de esportes, perguntava sobre o trabalho do pai, mas ele estava sempre distraído, com um olho na TV, como se ela não fosse importante o suficiente para receber sua atenção. Então a irmã entrava pela porta, e o rosto dele se iluminava. Ele desligava a televisão, pegava uma bola e os dois iam correr juntos, deixando Maeve sozinha no corredor, se perguntando por que ela não estava sendo escolhida.

A única conclusão lógica que seu *self* criança podia tirar era a de que a irmã devia ser melhor. Sem maturidade emocional suficiente para entender que a apatia do pai tinha mais a ver com ele do que com ela, Maeve cresceu acreditando que era inferior, que não merecia ser amada.

Então Finn apareceu e a preencheu com a adoração pela qual ansiou a vida toda. O amor dele aparecia nos pequenos momentos. De manhã, ele servia o café na caneca preferida dela, passava creme nas partes das costas que ela não conseguia alcançar, assistia a *EastEnders* a seu lado, mesmo que achasse a série entediante. Certo ano, próximo ao Natal, ele fez de forma manual um calendário do Advento, para a contagem dos vinte e quatro dias que antecedem o Natal, o qual ela abriu com orgulho na frente das colegas de quarto invejosas. Com Finn, ela sabia onde era seu lugar; foi a primeira vez que experimentou a sensação de pertencimento.

À medida que se conheceram mais, Maeve confessou a Finn que vivia se comparando com a irmã, que estava convencida de que era mais feia e menos interessante, e que, às vezes, no lado obscuro da mente, se perguntava se Finn a trocaria pela irmã se surgisse a oportunidade. Finn riu, não por crueldade, mas por amor. "Você sempre será minha predileta", disse ele. Ela saboreou as palavras dele como se fossem néctar. Pela primeira vez, começou a acreditar que era digna de ser cuidada.

Então, quando Finn parou de ajudar em casa, deixando tudo a cargo dela, Maeve teve a mesma sensação de quando perdia a atenção do pai. Seu caso extraconjugal foi uma tentativa inconsciente de mais uma vez se sentir amada e importante.

Quando Finn foi embora, todos aqueles sentimentos de estar sozinha na hora do lanche voltaram. Mas Maeve não quer acreditar que é inferior e indigna, e aceitar a rejeição de Finn faria com que ela acreditasse nisso. Então ela fica em negação porque, de uma maneira estranha, é menos doloroso do que a outra opção. Ao reconquistar Finn, ela pode recuperar o controle da rejeição dele (e da de seu pai) e provar que era, sim, digna de amor.

— *EXERCÍCIO* —

Se você se sente estagnado como Maeve e incapaz de superar um término, pode ser que algo mais profundo tenha voltado à tona.

Primeiro, pense em qualquer rejeição ou abandono que enfrentou na infância. Quando foi a primeira vez que se sentiu assim? Pode ser um abandono literal, como um pai saindo de casa ou morrendo, ou emocional. Também pode ter vindo de irmãos, professores, colegas da escola (qualquer pessoa próxima que tenha feito você se sentir rejeitado de alguma forma).

O rompimento pode ter desencadeado algum desses sentimentos ou crenças em relação a você. No caso de Maeve, o divórcio pode ter acionado o medo de não ser amada, de ser inferior. Isso não significa, no entanto, que esses medos e crenças correspondam à realidade (algo parecer real não é a mesma coisa que ser real).

Como você aceita e segue em frente?

Maeve e eu conversamos sobre como aquela garotinha se sentia quando o pai escolhia a irmã em vez dela. Ela se lembra da frieza, da raiva, da saudade do aconchego que ele visivelmente era capaz de prover.

"O engraçado é que tentei de tudo", diz Maeve. "Tentei ser muitas versões de mim mesma, mas meu pai ainda não dava a mínima."

"Lembra um pouco a situação com o Finn", pontuo.

Maeve ri.

"Talvez o jeito do meu pai não tivesse a ver comigo nem com nada do que eu estava fazendo. Aquilo não é jeito de se tratar um filho... Eu nunca faria os meus se sentirem assim", desabafa, em contato pela primeira vez com a injustiça de tudo aquilo.

Sinto vontade de abraçá-la, mas não o faço. É doloroso se conectar a essa vulnerabilidade, mas também sei que é ali que a cura pode estar.

À medida que progredimos, Finn sai um pouco da mente de Maeve e deixa de ser o foco da terapia. Em uma sessão, ela entra e começa a falar do trabalho. Fico surpresa e embarco na onda. Inevitavelmente, ele volta, mas noto uma ligeira mudança de foco. Algumas semanas mais tarde, ela está passando por uma crise de ciúme porque a irmã conseguiu um novo emprego e Maeve nem menciona Finn. Em silêncio, noto que a obsessão está diminuindo.

Conforme Maeve se torna mais consciente dos sentimentos mais profundos que o rompimento desencadeou, a necessidade de falar de Finn diminui. Quando começa a perceber que o comportamento do pai não tinha a ver com ela especificamente, Maeve passa a acreditar menos que havia algo errado com ela e já não deseja tanto Finn para provar que merece ser amada.

Aceitar as falhas dos pais é uma das partes mais dolorosas da terapia, mas é de vital importância, porque com isso conseguimos de fato entender que não há nada de errado conosco. Não éramos egoístas, excessivos ou insuficientes. Éramos perfeitamente normais; apenas fomos criados por pessoas e por uma sociedade que provavelmente já estavam um pouco corrompidas. Ao ter empatia pela criança inocente que éramos e ainda existe em nós, estamos aceitando que nossos pais nunca vão nos amar do modo como esperávamos. Isso traz um nível de luto totalmente novo. Luto pelo nosso *self* criança que não conseguiu o que precisava nem nunca conseguirá. É uma verdade amarga da qual muitos de nós passamos a vida inteira fugindo, mas aceitá-la também pode nos libertar.

Passos-chave para superar alguém:

1. **Dê a si espaço para sofrer.** Não há uma forma certa de fazer isso, e levará o tempo que for necessário, mas, até sentir a dor da perda, é difícil seguir em frente de verdade e deixar alguém para trás. Permita-se sentir o luto, independentemente do que isso provoque em você.

2. **Concentre sua energia em você.** Pense nas partes de si que perdeu no relacionamento e tente reconstruí-las. Encontre sua autoestima fora dessa pessoa, correndo atrás das coisas que importam para você e se comprometendo consigo mesmo.

3. **Priorize o prazer e o autocuidado.** Você precisa provar a si que pode ser feliz sem o outro. Coloque seu prazer no centro para entender que você ficará bem sem o outro. Isso tem a ver com encontrar uma maneira de se sentir completo mesmo estando sozinho. Também é importante se tratar com compaixão, ou seja, comer

bem, se exercitar, dormir direito. Cuide de si da forma que cuidaria de alguém que ama.

4. **Pare de falar com o ex ou sobre o ex.** Pense nisso como um incêndio que você está tentando apagar. Quanto mais você fala dele ou com ele, mais alimenta a chama queimando dentro de si e impede que você siga em frente. Por um período pode ser que você se sinta um pouco frio, mas, com o tempo, você será capaz de construir um novo fogo para si que seja todo seu.

5. **Confie nos amigos e entes queridos.** Quando nos sentimos sozinhos depois de um término, preencher essa lacuna com os amigos pode ser de grande ajuda, pois nos mostra que podemos ter conexões fora do relacionamento. Não há problema em recorrer a outras pessoas: permita-se pedir ajuda.

6. **Conecte-se à ferida original.** Quaisquer sentimentos de rejeição, impotência, tristeza ou solidão também podem desencadear uma ferida mais profunda. Tente chegar à fonte desses sentimentos e se conectar ao luto que sua criança interior precisa sentir.

CONCLUSÃO

Você não precisa sofrer

Quero deixar explícito que, apesar do que você possa pensar e do que eu tenha retratado neste livro, a cura não tem a ver com sofrimento. Sim, às vezes é preciso passar pela dor para processá-la e impedi-la de afetar sua vida, mas curar é deixar de sofrer, o que, como você notou, alguns de nós relutam em fazer.

O sofrimento pode ser viciante. Assim como acontece com o uso de algumas substâncias, o cérebro também pode ficar dependente de estados e sentimentos. O estresse e os sentimentos negativos liberam adrenalina e cortisol, que criam um círculo vicioso em que continuamos correndo atrás desses produtos químicos, e por isso procuramos mais estresse e sofrimento. Essa é a tentativa do corpo de manter o *status quo*. Se você cresceu em uma casa onde sofreu, seu cérebro pode mantê-lo em situações que causam sofrimento porque lhe parece familiar.

O inconsciente quer manter a homeostase (para que as coisas permaneçam iguais), então, se você já conheceu o sofrimento ou o caos, é provável que continue buscando isso. Nós podemos ficar viciados em sofrer dessa maneira, mesmo que as consequências sejam ruins. De um modo estranho, parece seguro, o que nos é reconfortante. Se a dor tende a ser sua solução (ao se mutilar, beber ou comer até se sentir doente, ser autodestrutivo, trabalhar demais, ficar o tempo todo estressado, falar consigo mesmo de forma negativa, se colocar em situações que o mantenham preso e miserável), você pode querer mudar de foco para permitir um pouco mais de prazer em sua vida.

Notei isso nos meus pacientes também. Eles vêm até mim compartilhando situações muitíssimo estressantes, como estar em um relacionamento tóxico ou procurar situações perigosas, mas há uma emoção, uma espécie de carga para a dor que sentem. Vejo isso em pessoas que têm pensamentos obsessivos, que enlouquecem ao pensar demais em uma pessoa ou situação e desfrutam do ciclo de ansiedade (mesmo que reconheçam que isso está arruinando a vida delas). Algumas pessoas se odeiam e ficam deprimidas, mas, de novo, há um prazer masoquista em se maltratar assim, como se houvesse uma parte delas que achasse satisfatório recorrer ao autoflagelo. É esse prazer que pode dificultar o abandono do sofrimento.

Para se livrar do sofrimento, é preciso senti-lo, e não se agarrar a ele. Pode parecer que abandonar é desistir do controle, mas a necessidade de controle é o problema, não a solução.

Certa vez, fui à terapia em meio ao estresse e à ansiedade por conta de uma situação que estava além do meu controle. Tive um embate difícil com um amigo que estava me arrastando para um drama e me colocando em uma posição que me deixava com raiva e na defensiva. "É tão injusto", lamentei para minha terapeuta, depois de ler para ela a mensagem frustrada que passei a noite toda preparando. Ela me encarou com os olhos semicerrados que ela guarda para quando está prestes a dizer algo cortante e disse: "Você está curtindo isso, não está?" Parei por um momento, alarmada, porque sabia que ela tinha razão. Eu estava sofrendo, mas também, o que me pareceu estranho na hora, estava animada e atraída por aquilo. "O que aconteceria se você deixasse isso de lado?", perguntou ela. Pensei nisso e senti os ombros relaxarem. Suspirei. "Isso é bom, relaxante, como se eu pudesse dar um passo para fora desse drama todo." Decidi não responder ao meu amigo para me desvencilhar da troca de farpas cheia de adrenalina e ficar em paz.

Como escolher a paz

Primeiro, é preciso reconhecer seu papel no próprio sofrimento. Quando se está preso a formas de pensar ansiosas e depressivas, pode parecer que a negatividade é causada por coisas externas (parceiros, família, trabalho, a situação do mundo etc.). Claro, essas coisas exercem um grande efeito sobre nós, mas em geral não temos como controlá-las. O que conseguimos mudar é a nossa atitude diante desses fatos, começando a reconhecer o que podemos controlar. Quanto mais você culpa os outros e as circunstâncias, menos empoderado se sente para mudar as coisas. Sim, meu amigo estava sendo totalmente irracional e irritante, mas eu estava escolhendo me envolver naquela situação. Há sempre uma escolha, mesmo quando você se sente de mãos atadas. Ao me afastar da situação, comecei a recuperar meu poder. Reconhecer seu papel no próprio sofrimento muitas vezes pode ser bastante empoderador, porque, se você está escolhendo o sofrimento, também pode optar por sofrer menos.

Mas veja bem, não quero dizer que todos devemos "simplesmente ser felizes"; é óbvio que não é tão fácil. Também não estou tentando culpar a vítima. Você não tem culpa por estar em uma situação abusiva, nem por nenhuma das coisas que aconteceram com você quando criança.

Dito isso, acho que a terminologia de vítima pode ser incapacitante porque faz parecer que não há nada a fazer. Sair de situações abusivas é bastante desafiador e assustador, além de demandar grande força e apoio, mas muitos conseguem. Não se trata de culpa, mas de localizar nosso poder, mesmo quando nos sentimos totalmente impotentes. Ao reconhecer as escolhas que estamos fazendo, podemos encontrar nossas próprias soluções.

Escolha a paz. Quando está sofrendo, você pode achar que não tem poder algum, ainda mais se estiver se sentindo deprimido e solitário. Mas seus pensamentos não necessariamente condizem com a realidade. Pode ser que existam alternativas; você pode apenas optar por elas.

Então, se está paralisado e se sentindo impotente, pergunte-se: como escolher a paz?

Por que a terapia funciona (se você permitir)?

A essa altura, você (com sorte) já aprendeu que relacionamentos são essenciais para nós, humanos. Eles são muito importantes para o nosso sofrimento e também para a nossa cura.

Às vezes, pode parecer solitário buscar a cura por conta própria. Esse processo envolve encarar o passado, lidar com sentimentos novos e desconfortáveis, tentar existir de forma diferente no mundo; e, mesmo assim, ainda é esperado que sigamos com a vida normal. Por trás do sorriso, as pessoas não conseguem ver pelo que você está passando. Mas você não precisa guardar as coisas só para si. A cura pode e deve ocorrer por meio dos relacionamentos.

Nós somos feridos nos relacionamentos. Pense na maioria das coisas que foram difíceis na infância; quase sempre envolve o relacionamento com o outro: morte, abuso, ausência, negligência, crítica, necessidades emocionais não atendidas, muita ou pouca proximidade. Os relacionamentos têm o poder de nos ferir além da superfície, mas também são nossa forma de alcançar.

É por isso que a terapia pode ser tão transformadora. Nela, experienciamos como é estar em um relacionamento em que a pessoa nos ouve, tenta nos entender, cria espaço para nós, nos desafia com compaixão e nos apoia incondicionalmente. Muitos talvez nunca tenham tido um relacionamento assim. Eu sei que não tive.

A terapia pode ser uma experiência reparadora. Você expõe aqueles sentimentos que tinha aprendido a não mostrar, e seu interlocutor não o larga ou grita com você por isso. Ele fica. Essa é uma lição profunda. Ter a experiência de ser corajoso a ponto de ficar com raiva ou chorar na frente de alguém e perceber que essa pessoa suporta suas lágrimas, e que ela ainda volta semana após semana, é algo reparador e indescritível. Estamos aprendendo que está tudo bem em ser como somos. Você pode ser vulnerável, confuso e "errado", e alguém ainda estará ali.

A terapia não é o único relacionamento que pode curar

Deixe-me ser muito clara: para todos vocês que leem essas coisas e pensam: "Ótimo, ela está me dando aval para tentar curar todos com quem me relaciono", não é isso o que quero dizer! Isso NÃO significa que você deve se tornar terapeuta de seus amigos e parceiros.

O que quero dizer é que *você* se cura por meio de relacionamentos. Toda vez que você mostra um sentimento que antes teria medo de compartilhar, define um limite com o qual sempre teve dificuldades, se defende, reserva um momento para refletir antes de reagir, mostra seu lado mais sensível a alguém e obtém uma resposta positiva, você está se curando. E está fazendo isso ao agir de forma diferente com as pessoas ao seu redor e aprendendo que continua tudo bem. Você está ressignificando seu sistema de sobrevivência ao aprender que é seguro fazer ou mostrar o que temia. E se você não receber uma resposta positiva, pense com cuidado no tipo de relacionamento que tem com essa pessoa.

Fora da terapia, esse tipo de relacionamento de cura ainda é possível, embora seja menos unilateral. Pode existir dentro de uma amizade em que um apoia o outro, de um relacionamento em que ambos estão aprendendo a ser diferentes ou de um grupo, como um círculo de compartilhamento ou uma aula de ioga. Qualquer lugar em que você possa ser vulnerável, onde possa se expressar plenamente e ser aceito, é um lugar de cura.

Este não precisa ser um processo individual, nem deveria ser. Não há problema em pedir ajuda. Não há problema em precisar de pessoas. Deixe seu eu mais vulnerável ser amado. Ele merece ser conhecido.

Por que mudar é tão difícil?

A maioria das pessoas vai à terapia porque deseja alguma mudança. No entanto, o que muitas vezes descubro é que, embora as pessoas queiram que as coisas passem a ser diferentes, elas também desejam que as coisas continuem iguais. Você pode dizer que quer mudar, e tenho certeza de que acredita mesmo nisso, mas, de algum modo, ainda está preso. Esse enigma foi resumido com perfeição por um paciente que uma vez me disse: "Quero que as coisas sejam diferentes, mas não quero que nada mude."

Vejo isso como um cabo de guerra. Há uma parte que quer mudar e outra que não quer; cada lado puxando com força, nos deixando presos no meio, sem nos movermos. Poderíamos tentar puxar com mais força do lado que quer mudar, mas é provável que a parte que não quer fique mais assustada e aumente a aposta.

Em vez de se culpar por isso, tente ser curioso e pensar no motivo: por que uma parte sua não quer mudar? Por que você está sabotando ou resistindo às coisas? O que você tem medo de sentir, admitir ou aceitar em si? O que você ganha ao permanecer nesta posição? Para mudar de verdade, você primeiro tem que achar esse lugar aprisionado e, em seguida, tentar soltá-lo.

Toda mudança envolve perdas, e a maioria de nós não quer enfrentá-las, então ficamos em relacionamentos que não estão dando certo para evitar o rompimento, continuamos em empregos que não estão nos fazendo felizes, mantemos contato com amigos com os quais não temos mais nada em comum, e tudo porque não queremos abrir mão de nada. Ou, por outro lado, alguns de nós se afastam antes de conhecer pessoas, brigam com amigos ou interrompem as pessoas por cometerem pequenos erros, e isso também costuma ser motivado pelo medo da perda — "Vou deixá-lo antes que você me deixe."

Muitos de nós não percebem o quanto somos resistentes à mudança. Essa resistência inconsciente nos puxa com força, nos mantendo no mesmo lugar em que acreditamos não querer estar. Lembre-se: fomos programados para ter segurança, não para sermos felizes. O que aprendemos durante os anos de formação é familiar e parece mais seguro para nosso *self* inconsciente, ainda que esses mesmos mecanismos de segurança estejam nos mantendo presos.

Como mudar

Primeiro, você precisa acreditar que a mudança é possível e, para isso, precisa reconhecer sua parcela de responsabilidade pelos seus problemas. Isso não quer dizer que outras pessoas não sejam culpadas (muitas vezes foram outras pessoas que nos deixaram assim), mas, como adultos, cabe a nós assumir a responsabilidade por nossa vida. Muitas pessoas entram na terapia se sentindo impotentes, como se não houvesse nada que pudessem fazer. Encontram falhas em todos os outros, pensando que, se o parceiro, os chefes, os amigos, a família, os filhos ou o cachorro fossem diferentes, elas poderiam ser felizes. Se você se identificou, sinto muito em dizer isso, mas não só é provável que essas pessoas não mudem, como também é improvável que resolvam todos os seus problemas. Quem pode mudar seus problemas é você.

Isso não significa que outras pessoas não sejam uma grande fonte de angústia em nossa vida. Elas podem ser terríveis e nos causar muita dor. Mas não somos impotentes diante disso. Podemos mudar nossa forma de estar nesses relacionamentos, estabelecer limites, pular fora. Quando ficamos e não fazemos nada, escolhemos a dor para nós mesmos.

Fazer diferente é um remédio amargo, mas libertador.

Depois de perceber que tem mais opções do que pensava, você pode começar a fazer coisas diferentes por si próprio. Assumir a responsabilidade pela dor que está causando a si mesmo é difícil; é algo que costumo enfrentar. Mas quando tornamos os outros responsáveis pela nossa vida, perdemos o poder de fazer mudanças, e isso nos traz de volta como a criança impotente que já fomos.

A maioria das pessoas não percebe o quanto desperdiça do próprio poder. Permitir-se ser influenciado, buscar conselhos de qualquer um, aguardar permissão para fazer as coisas, esperar que os outros mudem para atender às próprias necessidades, culpar sua estagnação por coisas fora de nosso controle... Todas essas coisas nos tornam coadjuvantes na nossa própria vida e costumam nos manter presos. Assumir a responsabilidade por si mesmo é um trabalho árduo, ainda mais se você foi criado por pais dominadores e autoritários. Mas, quando perceber que tem o poder de tomar decisões, de dizer não, de buscar oportunidades, de falar por si mesmo, sua vida vai ser muito mais pacífica.

Então, incentivo você a fazer a mudança que teme: definir os limites, sair dos relacionamentos; seja lá o que você tem medo de fazer, mas que, no fundo, sabe que deveria. Essa é provavelmente a coisa que mais mudará sua vida.

Por que demora?

Muitas pessoas entram na terapia esperando resultados imediatos, e é meu dever enfatizar que a mudança não acontece da noite para o dia. Você passou a vida inteira enraizando padrões; eles não vão mudar depois de uma única sessão. Os pacientes ficam decepcionados. Querem uma solução rápida, uma pílula mágica, que eu agite a minha varinha de condão e elimine todos os problemas.

Sei que você talvez não queira ouvir isso, mas a mudança demora porque a repetição é essencial para qualquer renovação. Queremos que o novo comportamento se torne a via neural mais forte, a rota que o cérebro assume sem pensar. Mas queremos mudar anos e anos de caminhos bem trilhados até aqui, então temos que fazer isso de novo e de novo e de novo.

Se, quando mais jovem, você tentou ser vulnerável e isso fez com que se sentisse rejeitado, seu cérebro criou uma via neural que o fez se desligar ou mudar de assunto toda vez que alguém pergunta algo que o deixa com a sensação de estar vulnerável. Lembre-se, a rejeição pode parecer uma ameaça à sobrevivência, então nossos instintos fecham o caminho da vulnerabilidade e escolhem o da evasão.

Essa via neural (vulnerabilidade = evasão) será muito forte a essa altura, similar a uma pista de esqui bem delimitada pela qual você desceu um milhão de vezes. É a rota mais segura, aquela que você aprendeu que o manterá vivo. O cérebro está interessado em economizar tempo e recursos, então esse caminho se torna automático e profundamente arraigado.

Agora, seu parceiro ou terapeuta lhe pede que se abra mais. Isso é um pouco como sair da pista e adentrar na neve fresca e virgem. Não só não parece seguro como também é completamente desconhecido. Então, digamos que esteja se sentindo corajoso e se force a se abrir um pouco e a compartilhar alguns sentimentos mais profundos. Mesmo que tudo corra bem e não pareça tão assustador quanto pensava, na próxima vez seu cérebro ainda vai voltar automaticamente à descida bem trilhada. Aí, na vez seguinte, mesmo que tenha conseguido efetuar uma mudança, seu cérebro retornará à pista de esqui mais familiar e evitará a conversa difícil.

É por isso que a repetição é essencial para qualquer mudança que queiramos fazer. Precisamos repetir o novo comportamento inúmeras vezes para que ele se torne a via neural mais forte (o caminho mais fácil e automático).

A boa notícia é que o cérebro adulto ainda é mutável. Embora pare de se desenvolver por volta dos 21 anos, a neurociência mostra que a plasticidade cerebral permanece na velhice (mesmo que se torne mais difícil mudar à medida que envelhecemos) e, portanto, é muito possível mudar. Então, se repetir o suficiente, o novo caminho vai passar a ser natural e, com o tempo, você vai perceber que estará se abrindo com facilidade, sem nem mesmo ter que pensar nisso.

Outra razão para precisar rever as coisas algumas vezes é porque estamos tentando ajudar a mente a se sentir segura o suficiente para enfrentar o que parece assustador. Sejamos realistas: se você passou anos e anos acreditando que não é seguro admitir que está com ciúme, demonstrar raiva ou ser vulnerável, então não será capaz de expressar essas coisas de uma hora para a outra. É preciso tempo para se sentir seguro.

Meu trabalho como terapeuta é ajudar as pessoas a se sentirem o mais seguras possível, o que toma tempo. Como alguém que gosta de ir rápido e está sempre com pressa, acho isso difícil demais (como terapeuta e como paciente). As pessoas querem melhorar o mais rápido possível, e eu quero ajudá-las a chegar lá, mas não podemos apressar o sentimento de segurança. Algumas pessoas se sentem seguras logo de cara e se revelam com facilidade. Outras levam anos até conseguirem se aprofundar. O processo demora o tempo que for preciso.

Eu me lembrei disso no caso de Alva, que se encontrava em um estado de dependência de *Candy Crush*. Ela andava frustrada consigo mesma porque sentia que estava evitando algo, e eu também estava achando aquilo frustrante. "Apenas permita-se sentir", queria dizer para ela. No entanto, toda vez que nos aproximávamos do sentimento, os olhos dela se enchiam de lágrimas, então ela mudava de assunto e se afastava da tristeza.

Essa dança durou meses e, quando o sentimento veio à tona, Alva suspirou, exasperada.

"Eu percebo que estou evitando a dor. É irritante. Sei que, se eu me deixasse sentir, não ficaria tão presa. Esse processo é irritante de tão lento."

"Você parece estar com pressa", comentei.

"Sim, quero me sentir melhor. Não quero mais ficar presa."

Alva estava de punhos cerrados, como se quisesse socar a dor, mas a dor não estava cooperando. Permanecia escondida, porque ainda não era seguro.

Para ter uma ideia melhor do que acontecia no seu interior, pedi a Alva que descrevesse o que estava sentindo no corpo.

Ela explicou que havia uma bola no peito coberta de correntes, impenetrável. E descreveu que a bola era frágil, como um ovo.

"Bem, então temos uma escolha", apontei. "Podemos tentar apressar as coisas, arrebentar as correntes e quebrar o ovo."

Ela balançou a cabeça em negativa. "Isso não parece bom."

"Não mesmo. Ou podemos dar ao ovo aquilo de que ele necessita."

"Do que ele necessita?", perguntou-me ela, os olhos arregalados como os de uma criança.

"Você que tem que me dizer."

"De algo gentil, acho." Ela abriu os punhos. "Algo mais suave, menos assustador, para que ele saiba que está seguro."

Quando ela saiu daquela sessão, eu me permiti chorar. Alva me lembrou da minha própria vulnerabilidade, de como a força pode fazer mais mal do que bem. Eu também estava me forçando a me curar com rapidez, frustrada com a minha defensividade. Alva me lembrou de que eu também precisava de algo lento e suave. Sempre pensei na minha própria versão de um ovo frágil como uma criança dentro de mim que estava trancada atrás de uma porta. Muitas vezes, tentei derrubá-la e em todas as portas ela corria e se escondia. O que funcionou foi abri-la bem devagar, centímetro a centímetro, até que aquela menina se sentisse segura o suficiente para sair.

Não devemos arrebentar as correntes ou forçar as portas, pois são elas que nos mantêm seguros. Se fizermos isso, o ovo vai quebrar em vez de eclodir. O que precisamos é ir devagar, deixar os sentimentos surgirem apenas quando nos sentirmos seguros o suficiente para lidar com eles.

O processo nunca acaba, e está tudo bem

A cura nunca de fato é integral. Nós nunca nos entendemos por completo ou lutamos contra todos os nossos demônios. Nunca damos por terminado, e isso é parte da beleza do processo. Lições diferentes vão aparecer em momentos diferentes da vida. Você pode achar alguns dos dilemas apresentados neste livro relevantes agora, outros podem vir a ser relevantes daqui a dez anos. Contanto que você continue sendo curioso e aberto para se compreender, estará no caminho certo.

Você pode ter lido o livro inteiro e imaginado que eu já consigo enfrentar tudo com facilidade. Levei muito tempo para aprender as lições que trouxe aqui e, mesmo assim, depois de anos de terapia e estudo para ser psicoterapeuta, ainda tenho dificuldade em lidar com muitas dessas coisas. Nós somos todos humanos e, por consequência, imperfeitos e vulneráveis. Mesmo a pessoa que você acha que sabe tudo tem as próprias inseguranças. O processo de cura nunca termina. Embora eu tenha feito muitos anos de terapia, ainda tenho momentos de descobertas, ignoro sentimentos difíceis, nego minha vulnerabilidade, tenho dificuldade em falar e ainda erro nos relacionamentos. Saber tudo isso não é um atalho para passar pelo processo de cura; na verdade, às vezes fica mais complicado, porque você acha que compreende algo do ponto de vista intelectual, mas ainda nem chegou na parte emocional. Saber toda a teoria do mundo não é a mesma coisa que passar pelo processo. É necessário sofrer pelo que nunca se teve; ficar preso na fase intermediária de saber que precisa mudar, mas não querer fazê-lo; sentir o terror espinhoso de ter uma conversa difícil pela primeira vez e se deixar ficar bravo, triste e tudo o mais.

É preciso aprender a aceitar as pessoas, e a si mesmo, e (o mais difícil de tudo) aprender a se amar de fato ao longo da jornada.

Ler a respeito disso é útil, mas não é o mesmo que colocar em prática. De certa forma, este livro é a ponta do iceberg. Agora você só precisa pegar o que aprendeu, ser corajoso e mergulhar abaixo da superfície.

RECURSOS

Se você está sentindo uma forte angústia agora e quer falar com alguém, pode entrar em contato com serviços de apoio que oferecem pessoas treinadas para te ouvir:

O CVV (Centro de Valorização da Vida) oferece atendimento pelo número 188 (24h), por chat (https://cvv.org.br/chat/) e por e-mail: apoioemocional@cvv.org.br. Para saber mais informações e acesso a outros atendimentos, visite: https://cvv.org.br/links-uteis/

Para obter um mapa com locais de atendimento, apoio, e acessar informações sobre saúde mental, visite: https://mapasaudemental.com.br/

Para buscar apoio emocional para jovens entre 13 e 24 anos, visite: https://www.podefalar.org.br

NOTAS

1. FELITTI, V. J.; ANDA, R. F.; NORDENBERG, D.; WILLIAMSON, D. F.; SPITZ, A. M.; EDWARDS, V.; KOSS, M. P. e MARKS, J. S. "Relationship of childhood abuse and household dysfunction to many of the leading causes of death in adults. The Adverse Childhood Experiences (ACE) Study", *American Journal of Preventive Medicine*, 14(4), 1998, pp. 245-258.

2. VAN DER KOLK, B. A. *O corpo guarda as marcas*: cérebro, mente e corpo na cura do trauma. Rio de Janeiro: Editora Sextante, 2020.

3. FAIRBAIRN, W. R. D. "Endopsychic structure considered in terms of object-relations", *The International Journal of Psychoanalysis* 25, 1944, pp. 70–93.

4. FINCHAM, G. W.; STRAUSS, C.; MONTERO-MARIN, J. e CAVANAGH, K. "Effect of breathwork on stress and mental health: A meta-analysis of randomised-controlled trials", *Scientific Reports* 13(1), 2023, p. 432.

5. KUZMINSKAITE, E.; PENNINX, B. W. J. H.; VAN HARMELEN, A. L.; ELZINGA, B. M.; HOVENS, J. G. F. M. e VINKERS, C. H. "Childhood Trauma in Adult Depressive and Anxiety Disorders: An Integrated Review on

Psychological and Biological Mechanisms in the NESDA Cohort", *Journal of Affective Disorders* 283, 2021, pp. 179-191.

6. WINNICOTT, D. W. *O brincar e a realidade*. São Paulo: Ubu Editora, 2019.

7. VAN DER KOLK, B. A. "The body keeps score: Approaches to the psychobiology of post-traumatic stress disorder". *In*: VAN DER KOLK, B. A.; MCFARLANE, A. C. e WEISAETH, L. (eds.), *Traumatic Stress: The Effects of Overwhelming Experience on Mind, Body, and Society*. Nova York: The Guilford Press, 1996, pp. 214–241

8. LEVINE, P. A. *O despertar do tigre*: curando o trauma. São Paulo: Summus Editorial, 1999.

9. KENDALL-TACKETT, K. "Psychological Trauma and Physical Health: A Psychoneuroimmunology Approach to Etiology of Negative Health Effects and Possible Interventions", *Psychological Trauma: Theory, Research, Practice, and Policy*, 1(1), 2009, p. 35. Veja também: RESICK, P. A. *Stress and Trauma*. Londres: Psychology Press, 2014.

10. BAKER, H. S. e BAKER, N. M. "Heinz Kohut's self-psychology: an overview", *The American Journal of Psychiatry*, 144 (1), 1987, pp. 1–9.

11. FAIRBAIRN, W. R. D. "The repression and the return of bad objects (with special reference to the 'war neuroses')", *British Journal of Medical Psychology*, 19, 1943, pp. 327–41.

12. WINNICOTT, D. W. "Ego distortion in terms of true and false self" in *The Maturational Process and the Facilitating*

Environment: Studies in the Theory of Emotional Development. Nova York: International Universities Press, Inc, 1960, pp. 140-57.

13. FLÜCKIGER, C.; DEL RE, A. C.; WAMPOLD, B. E. e HORVATH, A. O. "The alliance in adult psychotherapy: A meta-analytic synthesis", *Psychotherapy*, 55(4), 2018, pp. 316-340.

14. FISHER, H. E.; BROWN, L. L.; ARON, A.; STRONG, G. e MASHEK, D. "Reward, addiction, and emotion regulation systems associated with rejection in love", *Journal of Neurophysiology*, 104(1), 2010, pp. 51-60.

15. FREUD, S. *Além do princípio do prazer*. São Paulo: Editora Autêntica, 2020.

16. HOLMES, J. *John Bowlby and Attachment Theory*. Londres: Routledge, 2014.

17. PEREL, E. *Sexo no cativeiro*: Como manter a paixão nos relacionamentos. Rio de Janeiro: Objetiva, 2018.

18. BERNE, E. *Transactional analysis in psychotherapy*: A systematic individual and social psychiatry. Souvenir Press, 1961.

19. KÜBLER-ROSS, E. e KESSLER, D. *Sobre a morte e o morrer*. Rio de Janeiro: Martins Fontes, 2017.

AGRADECIMENTOS

Aos meus pacientes, do passado e do presente, continuo aprendendo todos os dias com a coragem e a vulnerabilidade de vocês. Eu sei o quanto é assustador se sentar do outro lado do sofá; é um verdadeiro privilégio atendê-los.

Para quem segue ou acompanha minha conta @your_pocket_therapist, nunca, nem nos meus sonhos mais delirantes, pensei que me conectaria a tantas pessoas e as ajudaria. Sou muito grata pela comunidade que construímos. É inspirador ver como as pessoas estão dispostas a se envolver consigo mesmas e com seus relacionamentos em um nível profundo (e é bom saber que não sou a única obcecada por terapia e psicologia!). Vou me esforçar para continuar tentando ajudar vocês a aprender a respeito de si mesmos e seus relacionamentos até que se cansem de mim.

A Matilda. Falando de obsessão por terapia, sou muito sortuda por ter uma agente tão obcecada por esse tema quanto eu. Você me deu apoio em todas as etapas deste processo, e sua franqueza e honestidade tornaram o livro e minha escrita infinitamente melhores. Estou animada para ver para onde sua sabedoria e suas ideias vão me levar no futuro, e, se não der em nada, podemos continuar a terapia de bate-papo até ficarmos entediadas (o que é improvável). Também gostaria de agradecer ao restante da equipe da WME: Florence Dodd, Sabrina Taitz e Adela McBride.

À minha editora no Reino Unido, Jess Duffy. Você foi a primeira pessoa a conceber este livro e ver potencial nele. Colaborar com você tem sido um sonho. Eu me senti compreendida logo de cara e, durante todo o processo, contei com seu apoio. Obrigada por acreditar em mim, fornecer ideias e compartilhar sua experiência, ao mesmo tempo que me deu a liberdade de escrever o livro que eu queria. E à brilhante equipe da Orion Spring (Carina Bryan, Helena Fouracre, Ellen Turner, Paul Stark, Katie Horrocks, Frances Rooney, Helen Ewing, Jessica Hart, Jennifer Wilson, Pippa Wright e Anna Valentine). Há muito mais pessoas envolvidas na escrita de um livro do que se possa imaginar. É realmente necessária uma aldeia inteira e estou honrada por ver esta obra sendo criada por um grupo de pessoas tão talentosas e trabalhadoras. Um enorme agradecimento também à minha editora nos EUA, Anna Montague, por seu entusiasmo e sua gentileza, e a toda a equipe da Dey Street.

Aos meus colegas, tutores e supervisores do The Guild of Psychotherapy, obrigada pelo apoio, pelo estímulo intelectual e pela liberdade para desenvolver minha própria prática e identidade como terapeuta. Este livro é o resultado da combinação de tudo que aprendi com cada um de vocês (embora eu peça desculpas se tiver massacrado a maioria deles).

Aos leitores do meu primeiro e questionável rascunho: à minha mãe, por me ensinar as regras; a James Wheale, por me ensinar que não há regras (e me dar coragem para, em primeiro lugar, fazer isto); a Chris Hemmings, por ser meu amigo mais sincero e direto (e meu maior defensor); aos meus queridos amigos e colegas Caitlin O'Donnell e Dawn Finzi, pelos anos de debates psicológicos, dedicando tempo para pensar comigo no que eu queria dizer e como, e permitindo que eu me beneficiasse da sabedoria de suas percepções experientes no meu retiro (muito chuvoso) de escrita na Califórnia; e a Chris Fish por me ajudar a criar os personagens e me dar uma mão durante o processo de escrita.

Ao meu Book Klub, por proporcionar a primeira turma de leitores. Embora a maioria de vocês tenha precisado ler o material no celular, seus insights foram inestimáveis. Agradecimentos especiais a Pete, por ser atencioso a ponto de imprimir e encadernar o livro profissionalmente: você é o melhor.

Tenho a sorte de ter amigos maravilhosos, que me fazem ser profunda e tola em igual medida: Emma Marchant, Rakhee Patel, Zoe Zietman, Emma Wyeth, Kira Pillai, Ellie Milone, Olly Needham, James Wheale, Chris Hemmings, Becca Beckley, Tom Deering, a equipe da Brismas (por passar quase um ano me ajudando a pensar em legendas), todo o grupo Whimsy e muitos mais — eu adoro todos vocês.

A Nicola, que me ensinou mais sobre terapia do que eu poderia ter aprendido com qualquer livro ou treinamento. A única razão pela qual sou tão apaixonada pelo processo de terapia é saber por experiência própria que isso pode mudar nossa vida, e devo isso em grande parte a você e aos meus terapeutas que vieram antes, Els e Paul. Você me mostrou como conter, desafiar, provocar, amar (e odiar), e tudo isso em meio a ternura e devaneios. Sem querer ser muito hiperbólica, mas este livro não existiria sem você, e minha vida seria significativamente pior.

À minha maravilhosa família estendida, ZimRoSis, obrigada por todo o entusiasmo, o apoio, a análise constante da dinâmica familiar e as palavras-cruzadas ininterruptas.

À minha mãe, por todas as conversas inspiradoras e reveladoras sobre terapia. Aprendi muito com sua sabedoria e paixão. E ao meu pai, por nos impedir de nos afogar "na conversa-fiada da psicoterapia". Mãe, obrigada por ler todos os ensaios que já escrevi e por ser a maior defensora da minha escrita. Pai, obrigada por ser meu melhor amigo, por estar tão ansioso para ler o livro e por dar insights sensatos que representam o homem comum. A vocês dois, por serem assustadoramente inteligentes e fomentarem uma sede de leitura e escrita (mesmo que eu não tenha conseguido herdar as habilidades nas palavras-cruzadas), por me fazerem acreditar que posso conseguir qualquer coisa e por me acolherem quando as coisas não saem conforme o planejado.

À minha irmã, Katie. Ser amada por você é a melhor coisa que já me aconteceu; e saber que você está do meu lado me tornou uma pessoa mais aberta, amorosa e confiante. Você me ensinou a ser vulnerável, leve e boba. Obrigada por me abraçar, por me ver, por me fazer rir, por passar a vida analisando toda a nossa dinâmica familiar e por nunca deixar de estar ao meu lado. Não tem como amá-la mais do que já amo, mesmo quando a odeio, e sou eternamente grata por tê-la como irmã e melhor amiga.

A Pete, por me surpreender das melhores maneiras e me mostrar o tipo de amor com que sempre sonhei, mas que não sabia que existia. Agora já chega.

Por fim, a Albie, a minha coestrela e terapeuta de quatro patas caseira. Fico feliz que o mundo possa experimentar sua natureza gentil e amparadora da qual me beneficio todos os dias. O amor incondicional de um cão é, talvez, a coisa mais terapêutica que uma pessoa pode experienciar. Se você não tem como custear um terapeuta, adote um cachorro.